SED-Verfolgte und
das Menschenrecht auf Gesundheit

Studienreihe der Landesbeauftragten
für die Unterlagen des Staatssicherheitsdienstes der ehemaligen DDR in Sachsen-Anhalt

Band 5

Birgit Neumann-Becker, Jörg Frommer,
Freihart Regner, Stefanie Knorr

SED-Verfolgte und das Menschenrecht auf Gesundheit

Die Anerkennung gesundheitlicher Folgeschäden sowie psychosoziale, therapeutische und seelsorgerische Perspektiven

mitteldeutscher verlag

Die Publikation erscheint mit freundlicher Unterstützung des Sächsischen Landesbeauftragten für die Stasi-Unterlagen, des Landesbeauftragten des Freistaats Thüringen zur Aufarbeitung der SED-Diktatur und der Landeszentrale für politische Bildung Sachsen-Anhalt.

Umschlagfoto: Gedenkstätte Zuchthaus Cottbus, Rekonstruktion einer Zelle: Die ehemaligen politischen Häftlinge und bildenden Künstler Gino Kuhn und Jörg Beier haben hier eine Szene nach dem Wecken dargestellt (Foto: Birgit Neumann-Becker)

Bibliografische Information der Deutschen Nationalbibliothek
Die Deutsche Nationalbibliothek registriert diese Publikation in der Deutschen Nationalbibliografie; detaillierte bibliografische Daten im Internet unter http://d-nb.de.

2015
© mdv Mitteldeutscher Verlag GmbH, Halle (Saale)
www.mitteldeutscherverlag.de

Gesamtherstellung: Mitteldeutscher Verlag, Halle (Saale)

ISBN 978-3-95462-551-2

Printed in the EU

Inhaltsverzeichnis

Verweigerte Anerkennung: Auswirkungen bei SED-Verfolgten

Problematik der Anerkennung gesundheitlicher Folgeschäden nach SED-Verfolgung: Fakten, Falldarstellungen, Verbesserungsmöglichkeiten

Psychosoziale Beratung, Psychotherapie und Seelsorge mit SED-Verfolgten

Vorwort

Der vorliegende Band ist eine Tagungsdokumentation. Am 24. und 25. Februar 2014 trafen sich in Magdeburg etwa 90 Vertreterinnen und Vertreter aus Politik und Verwaltung, von Verfolgtenverbänden, aus den Kirchen und Wohlfahrtsverbänden, Aufarbeitungsinitiativen sowie Expertinnen und Experten in Therapie und Beratung von SED-Verfolgten auf Einladung der Landesbeauftragten für die Unterlagen der Staatssicherheit in Sachsen-Anhalt und Sachsen sowie des Thüringer und der Brandenburgischen Beauftragten für Aufarbeitung der SED-Diktatur, der Konrad-Adenauer-Stiftung in Sachsen-Anhalt und der Otto-von-Guericke-Universität Magdeburg. Die bestehenden Kontroversen konnten während der Tagung offen diskutiert werden.

Speziell für die politisch Verfolgten hatten das Ende der SED-Diktatur und die neu erlangte Freiheit einen zentralen Stellenwert, weil das Gefangensein im engeren und weiteren Sinne im Unrechtsstaat DDR beendet worden war. Doch diese Verfolgung bedeutete für viele (bis heute) auch die Zerstörung von Familien, Freundschaften und Bekanntschaften, Jahre von Krankheit und schweren Beeinträchtigungen im Bildungs-, Berufs- und wirtschaftlichen Leben. In diesen Jahren haben viele um die Anerkennung ihrer durch staatliche Entscheidungen und Handlungen in der DDR verursachten Schädigungen gekämpft – teils mit Erfolg, oft ohne. Einer konsequenten Aufarbeitung von SED-Unrecht muss nun endlich die bessere Rehabilitierung und Anerkennung der SED-Verfolgten folgen.

Es geht zentral um die Wiedergutmachung von Unrecht und um die Anerkennung der oft gravierenden Folgen. Dazu sind wichtige gesetzliche Grundlagen gelegt worden. Zugleich bleibt eine Gerechtigkeitslücke, die – neben den unmittelbar Verfolgten – etwa diejenigen betrifft, die als Angehörige oder Freunde quasi in Mithaftung genommen wurden, oder Kinder, die transgenerational die Schatten der Vergangenheit erleben müssen.

In den vergangenen Jahren sind durch die Aufarbeitung von SED-Unrecht und politischer Verfolgung wichtige Grundlagen für das bessere Verständnis individueller, sozialer und speziell auch gesundheitlicher Folgeschäden bei den Betroffenen und deren Bearbeitung und Behandlung entstanden. 25 Jahre nach Beginn der deutschen Einheit besteht dennoch ein erheblicher Gesprächs- und Handlungsbedarf hinsichtlich der vielschichtigen Anerkennung von Folgeschäden nach politischer Verfolgung in der DDR. Die Beiträge der Tagung zeigen unmissverständlich auf: Die SED-Verfolgten leiden unter schwerwiegenden Folgeschäden, die eine engagierte Unterstützung ihres „Kampfes um Anerkennung" (Axel Honneth) erforderlich machen.

Der Band versammelt überdies Beiträge mit aktuellen wissenschaftlichen Ergebnissen, die einen Impuls über die Tagung hinaus geben wollen.

Der Landtag von Sachsen-Anhalt hat in diesem Sinne beschlossen, ein Projekt zum Aufbau eines Netzwerks für Beratung und Therapie in Sachsen-Anhalt zu finanzieren, mit dem Betroffene unterstützt werden sollen. Zugleich erhalten Netzwerkpartner Fortbildungsangebote und Foren zum Austausch und zur Information.

Johannes Rink, der Vorsitzende der Vereinigung der Opfer des Stalinismus in Sachsen-Anhalt e. V., hat über seine Haftzeit gesagt: „Ich wurde nicht geschlagen, dafür aber über sechs Monate in totaler Isolierung gefangen gehalten." Dieser Band soll einen Beitrag dazu leisten, dass mehr SED-Verfolgte, die von ihren Unrechtserfahrungen teils bis heute „gefangen gehalten" werden, die gesellschaftliche Wertschätzung und Anerkennung erfahren, die ihnen dabei hilft, besser mit ihren Verletzungen und Schädigungen zu leben.

Ich danke allen Kooperationspartnern für ihre Unterstützung. Dr. Freihart Regner danke ich für die kreative und engagierte Mitarbeit in der Beratungsarbeit der Behörde der Landesbeauftragten. Ihm und Stefanie Knorr von Gegenwind – Beratungsstelle für politisch Traumatisierte der SED-Diktatur sei für die sorgfältige und umsichtige Arbeit an diesem Band gedankt, Prof. Dr. Jörg Frommer für die fachkundige wissenschaftliche Begleitung.

Birgit Neumann-Becker   Herbst 2015
Landesbeauftragte für Stasiunterlagen in Sachsen-Anhalt

SED-Verfolgte und das Menschenrecht auf Gesundheit: Zur Einführung

Birgit Neumann-Becker

Sehr geehrte Abgeordnete des Landtags, sehr geehrter Herr Staatsminister Robra, sehr geehrte Frau Staatssekretärin Naumann, sehr geehrte Damen und Herren,

Ich freue mich sehr, dass unsere Einladung diese große Resonanz gefunden hat. Sie sind gekommen aus Beratungsstellen, Verwaltungsämtern, als Psychologen, als Kirchenvertreter, Politiker und vor allem auch als Betroffene. Ich verstehe Ihr Interesse als Zeichen dafür, dass unser Thema auch für Sie „dran ist" und einer Bearbeitung bedarf.

In den letzten Wochen haben wir in Sachsen-Anhalt eine intensive Debatte über das Verständnis der DDR geführt. Ausgangspunkt war der Bericht über folgende Aussage einer Lehrerin: „Wer sich in einer Diktatur anpasst, dem passiert nichts." Unsere Tagung beschäftigt sich mit dem, was Menschen im Unrechtsstaat DDR passiert ist, und den sich teilweise bis heute manifestierenden Folgen.

Um nach der Friedlichen Revolution und der deutschen Einheit politisches Unrecht „wiedergutzumachen", wurde 1992 das erste SED-Unrechtsbereinigungsgesetz verabschiedet. Mit diesem und den nachfolgenden Gesetzen soll der Einsatz für Freiheit und Demokratie gewürdigt und – so auch in der Begründung der Gesetzesvorlage von 2004 – eine Gerechtigkeitslücke geschlossen werden. Damit sollte auch auf die zwischenzeitlich entstandene Gerechtigkeitsproblematik zwischen ehemaligen Mitarbeitenden des MfS und staatstragenden Funktionären im Vergleich zu den früheren Opfern reagiert werden. „Die (im vorliegenden Gesetzentwurf vorgesehene) Gewährung einer Opferpension in Abhängigkeit von der Dauer der Inhaftierung stellt eine symbolische finanzielle Anerkennung der erlittenen Nachteile und Schädigungen dar. Sie ist sichtbarer Ausdruck für den besonderen Wert, den unsere Gesellschaft dem Handeln von Menschen beimisst, die sich gegen die Diktatur der SED gewehrt und um den Preis erheblicher persönlicher und sozialer Nachteile und unter Einsatz ihres Lebens für Freiheit und Demokratie eingesetzt haben."[1]

Dabei ist klar, dass die Betroffenen auch darüber hinaus mit dem Erlebten und Erlittenen weiterleben müssen. Ihnen soll aber durch Aufhebung von Unrechtsurteilen, Rehabilitierung, materielle Hilfen und Beratung gesellschaftliche Aufmerksamkeit und Zuwendung erwiesen werden. Für nicht wenige Betroffene führt der Weg jedoch nicht zur Anerkennung, sondern in ein „Post-DDR-Verbitterungssyndrom".

Nachdem ich 2013 zur Landesbeauftragten für die Stasiunterlagen ernannt worden war, ist mir die Problematik gesundheitlicher Folgeschäden und ihrer Begutachtung mit großer Intensität von verschiedenen Seiten vorgetragen worden. Dabei wurde mir deutlich, dass ehemals Verfolgte stärker in die Rehabilitierungsverfahren einbezogen werden sollten, verständlicher mit ihnen gesprochen werden müsse, die Begutachtung mit entsprechendem Hintergrundwissen erfolgen und somit Fehlgutachten möglichst vermieden werden sollten. Dies und die Berichte von Prof. Frommer über die sequentielle Traumatisierung von SED-Verfolgten durch Fehlgutachten haben mich dazu motiviert, diese Tagung anzuregen und dazu einzuladen. Das Anliegen dieser Tagung besteht darin, einen Gesprächsprozess zu initiieren, der in der Sache weiterführend ist. Es soll letztlich darum gehen, besser zu rehabilitieren.

Vor 20 Jahren, am 26. Oktober 1994, fand in Magdeburg eine Fortbildungsveranstaltung zu „Fragen der medizinischen, psychologischen und politischen Beurteilung von Haftfolgeschäden nach 1945 in Deutschland" statt. Frau Dr. Gerlinde Kuppe, Ministerin für Arbeit, Soziales und Gesundheit, führte in ihrem engagierten Geleitwort aus, dass die Landesregierung da-

---

1 Siehe www.gesmat.bundesgerichtshof.de/gesetzesmaterialien/15_wp/SED_Unrechtsber/ sed_unrechtsber-indes.htm (16.09.2015)

für sorgen wird, „dass die bestehenden SED-Unrechtsbereinigungsgesetze in Sachsen-Anhalt genauso umgesetzt werden, wie es ihrer Intention entspricht. Nämlich zur Entschädigung derjenigen, die ihre Freiheit und ihre Gesundheit in den Haftanstalten opfern mussten. Jede finanzielle Abgeltung dieses Unrechts kann natürlich nur eine billige Entschädigung sein. Keine noch so große Summe kann verlorene Jahre der Haft wieder gutmachen oder gar die Gesundheit wiederherstellen. Aber das, was wir leisten können, müssen wir auch rasch und effektiv zu Gunsten der Betroffenen umsetzen".[2]

Im Jahr 2003 – also neun Jahre nach der ersten Magdeburger Veranstaltung zur Beurteilung von Haftfolgeschäden – veröffentlichte die Konferenz der Landesbeauftragten für die Unterlagen des Staatssicherheitsdienstes der ehemaligen DDR ein Gutachten unter dem Titel „Gesundheitliche Folgen politischer Haft in der DDR" (Hg. Harald J. Freyberger, Jörg Frommer und andere).[3] Darin wird konstatiert, „dass wenigstens 100.000 Personen eine manifeste psychische Störung im Sinne einer posttraumatischen Belastungsstörung oder einer anderen psychischen Störung entwickelt haben und die Anzahl traumabedingter chronifizierter psychischer Erkrankungen auf wenigstens 50.000 zu schätzen ist." Ich freue mich, dass beide Autoren dieser Studie als Referenten bei unserer Tagung heute in Magdeburg aktuelle Beiträge einbringen werden. Ein zweites Gutachten von Ira Gäbler und anderen erschien 2010. Es ist nötig, dass dieses Fachwissen viel stärkeren Niederschlag bei der Beurteilung gesundheitlicher Folgeschäden findet.

In das Zentrum unserer Tagung heute haben wir die Themen „Menschen-

---

2 Die Landesregierung hat dazu beigetragen, die SED-Unrechtsbereinigungsgesetze umzusetzen: Im Jahr 2013 wurden in Sachsen-Anhalt Opferpensionen an ca. 7.000 Personen in Höhe von 17 Millionen Euro gezahlt. Davon trägt das Land Sachsen-Anhalt 35 %. Bei der Beschädigtenversorgung wurden bis 2013 1.204 Anträge gestellt, davon 249 bewilligt und 632 abgelehnt. Ein Fünftel der Anträge wurden befürwortet, 50 % abgewiesen. Aus Sicht der Opferverbände, der Landesbeauftragten und Mediziner, die in diesem Bereich tätig sind und forschen, sind hier Fragen offengeblieben.
3 Harald J. Freyberger/Jörg Frommer/Andreas Maercker/Regina Steil: Gesundheitliche Folgen politischer Haft in der DDR. Ein Expertengutachten, Dresden 2003, S. 26, online: www.stasi-unterlagen.sachsen-anhalt.de/service/dokumente/ (18.09.2015).

rechte und Begutachtung gesundheitlicher Folgeschäden" gestellt. Letzteres Thema ist auch im Koalitionsvertrag der Bundesregierung formuliert: „Für SED-Opfer, die haftbedingte Gesundheitsschäden erlitten haben und deshalb Versorgungsleistungen beantragen, werden wir gemeinsam mit den Ländern die medizinische Begutachtung verbessern."[4] Die Planung unserer Fachtagung begann natürlich lange vor der Formulierung des Koalitionsvertrages. Dennoch soll von hier ein verstärkender Impuls ausgehen.

Der Schwerpunkt im zweiten Teil unserer Tagung soll auf den Themenbereichen Beratung, Therapie und Seelsorge für SED-Verfolgte liegen. Für Sachsen-Anhalt, und sicher nicht nur hier, besteht das Erfordernis, ein Netzwerk aus Anlaufstellen und fachkundiger Begleitung zu knüpfen.

Ich wünsche unserer Tagung sehr, dass in ihr ein sachlich und fachlich lebendiger Austausch stattfindet, Kontakte geknüpft werden und dass sie ein Auftakt sein möge zu konstruktiver Weiterarbeit. Zugleich freue ich mich, dass die Fachtagung in Kooperation und mit Unterstützung der Landesbeauftragten für die Aufarbeitung der kommunistischen Diktatur in Brandenburg und Thüringen sowie dem sächsischen Landesbeauftragten für Stasiunterlagen, der Konrad-Adenauer-Stiftung und der Otto-von-Guericke-Universität Magdeburg stattfindet.

Zu danken habe ich Herrn Dr. Regner, der die Tagung konzipierte, den Kontakt zu den Referentinnen und Referenten herstellte und sie fachlich begleitete. Ich freue mich, dass es gelungen ist, die ausgewiesenen Expertinnen und Experten für diesen Fachbereich als Referentinnen und Referenten zu gewinnen. Sie alle sind seit vielen Jahren in der Begutachtung von und Arbeit mit SED-Verfolgten tätig.

Ich wünsche unserer Tagung einen konstruktiven und lebendigen Verlauf und eine darüber hinausgehende Wirkung und bedanke mich für Ihre Aufmerksamkeit.

---

4 Deutschlands Zukunft gestalten. Koalitionsvertrag zwischen CDU, CSU und SPD, 18. Legislaturperiode, S. 105, online : www.cdu.de/sites/default/files/media/dokumente/koalitions vertrag.pdf (18.09.2015).

Grußwort von Staatsminister Rainer Robra

In diesem Jahr begehen wir das 25-jährige Jubiläum der Friedlichen Revolution. Sie hat gezeigt, dass mündige Bürgerinnen und Bürger ein Unrechtsregime mit friedlichen Mitteln überwinden können. 1989 wäre nicht möglich gewesen ohne alle diejenigen, die in der DDR schon Jahre zuvor für Freiheit, Bürgerrechte und Demokratie gekämpft haben.

Ich denke an den Widerstand der Bürgerinnen und Bürger, an die vielen mutigen Frauen und Männer, die als Künstler und Intellektuelle für Freiheit und Demokratie eingetreten sind. Oder diejenigen, die sich im Umfeld kirchlicher Aktivitäten und in Oppositionsgruppen engagiert haben. Ich denke aber auch an die Zehntausenden, die für ihren Mut und ihre Zivilcourage mehrjährige Haftstrafen verbüßen mussten. All diesen Menschen haben wir viel zu verdanken. Sie waren nicht angepasst und haben ihre Kraft und ihre Gesundheit für mehr Freiheit und Demokratie eingesetzt.

Auf der Basis bürgerschaftlichen Engagements während der Friedlichen Revolution ist eine breite gesellschaftliche Kultur der Aufarbeitung entstanden. In lokalen oder regionalen Zusammenschlüssen engagieren sich bis heute Bürgerinnen und Bürger ehrenamtlich zum Beispiel in Fördervereinen von Gedenkstätten oder privaten Archiven, die das materielle Erbe der Opposition in der DDR bewahren.

Unbestritten ist der hohe Stellenwert unserer Gedenkstätten. Geschichte ist dort unmittelbar erlebbar. Allein in Sachsen-Anhalt erinnert die „Stiftung Gedenkstätten Sachsen-Anhalt", darunter die „Gedenkstätte ROTER OCHSE Halle (Saale)", die „Gedenkstätte Moritzplatz Magdeburg" und die „Gedenkstätte Deutsche Teilung Marienborn" an die Folgen kommunistischer Gewaltherrschaft von 1945 bis 1989.

Gedenkstätten und Erinnerungsorte mit ihrem hohen Anspruch an Authentizität leisten einen eminent wichtigen Beitrag, um die Erinnerung an das Leiden der Menschen wach zu halten, die von der kommunistischen Diktatur gedemütigt, drangsaliert, verfolgt, gefoltert oder gar getötet wurden. Diese Institutionen spielen auch dort eine wichtige Rolle, wo es gilt, besonders jungen Menschen ohne eigene Erinnerungen zu vermitteln, was ein Leben in Unfreiheit bedeutet. Es gibt bereits viele Angebote der politischen Bildungsarbeit, die helfen sollen, Wissenslücken zu schließen. Ich denke dabei an unsere Schulen, die das Thema im Unterricht behandeln, an ihre verstärkte Zusammenarbeit mit Trägern der politischen Bildung und mit Gedenkstätten.

Ich denke bei der Aufarbeitung von DDR-Unrecht aber auch an die wertvolle Arbeit, die Sie, sehr geehrte Landesbeauftragte für die Stasi-Unterlagen, mit ihren Mitarbeiterinnen und Mitarbeitern leisten. In Ihrem jährlich erscheinenden Tätigkeitsbericht können wir uns von den vielfältigen Angeboten überzeugen. Sie reichen von Beratungsangeboten für Betroffene über Forschungsprojekte zu Strukturen und Arbeitsweisen des MfS bis hin zu Vortrags- und Diskussionsveranstaltungen, Ausstellungen, Filmvorführungen und Schulprojekten. Mit ihrer Arbeit haben Sie die Bewältigung der politischen, ökonomischen und sozialen Folgen der SED-Diktatur nachdrücklich vorangetrieben. Dafür möchte ich Ihnen an dieser Stelle herzlich danken.

Sehr geehrte Damen und Herren,
in der Vergangenheit gab es von Seiten der Bundesregierung, aber auch von Seiten der Länder vielfältige Bemühungen, die soziale Situation der von SED-Unrecht Betroffenen zu verbessern. Die Opfer der SED-Diktatur erhalten seit 1990 Möglichkeiten zur Rehabilitierung und Entschädigung. Die beiden SED-Unrechtsbereinigungsgesetze aus den Jahren 1992 und 1994 sowie die Folgegesetze zur Verbesserung von Leistungen schufen eine Grundlage zur Rehabilitierung und Entschädigung für die am schwersten betroffenen Verfolgungsopfer der kommunistischen Diktatur in Deutschland.

Zudem wurde 2007 die sogenannte SED-Opferrente eingeführt, um das Handeln derjenigen Menschen zu würdigen, die in der DDR aus politischen Gründen inhaftiert waren, und um die materiellen Folgen ihrer Unterdrückung zu mildern. Damit wurde einer jahrelangen Forderung der Opfer und ihrer Verbände Rechnung getragen und die rehabilitierungsrechtliche Situation der Betroffenen verbessert; Bund und Länder haben dafür die entsprechenden Mittel aufgestockt. In Sachsen-Anhalt haben wir für die Zahlungen der Opferpension allein im Jahr 2014 wieder rund 17 Mio. Euro veranschlagt.

Insgesamt können wir feststellen, dass für die Durchführung der Rehabilitierungsgesetze Bund und Länder seit 1993 bis 2012 insgesamt rund 1,4 Mrd. Euro zur Verfügung gestellt haben.

Darüber hinaus haben der Bund und die ostdeutschen Länder im Juli 2012 gemeinsam den Fonds „Heimerziehung in der DDR in den Jahren 1949 bis 1990" mit einem Volumen von insgesamt 40 Mio. Euro eingerichtet. Daraus stehen ehemaligen DDR-Heimkindern, denen Unrecht und Leid zugefügt wurde, Hilfen und Unterstützungsleistungen bei heute noch vorhandenen Folgeschäden oder bei geminderten Rentenansprüchen zur Verfügung. Zwang und Gewalt gehörten für viele Kinder und Jugendliche in den Heimen zum Alltag. Noch heute leiden sie an den Konsequenzen. Vor allem in den Spezialheimen und Jugendwerkhöfen wurden Menschenrechte massiv verletzt. Die Beschreibungen der Betroffenen reichen von fehlender menschlicher Zuwendung über mangelnde schulische und berufliche Bildungsangebote, unsachgemäßen Arbeitseinsatz bis hin zu drastischen Strafen, die sich auch gegen elementarste Bedürfnisse der Kinder und Jugendlichen richteten.

Betroffene können sich an regionale Beratungsstellen wenden, wie sie in den Ländern eingerichtet wurden. Und wie wir jetzt feststellen müssen, sind es sehr viele Betroffene. Die Nachfrage übertrifft alle Erwartungen. Das Fondsvolumen von 40 Mio. Euro wird nicht ausreichen, und eine Aufstockung ist notwendig. Deshalb haben die ostdeutschen Ministerpräsidenten im Dezember 2013 einen (Umlauf-)Beschluss gefasst. Sie erwarten bis zum Frühjahr 2014 von den Obersten Landesjugendbehörden eine gemeinsam mit dem zuständigen Bundesministerium abgestimmte Bedarfsprognose und ein Umsetzungskonzept. Gemeinsam mit dem Bund und den anderen ostdeutschen Ländern sind wir bemüht, eine Lösung zu finden, die allen Betroffenen hilft.

Das begangene SED-Unrecht wirkt bis in die Gegenwart fort. Viele der Opfer leiden bis heute an den Folgen ihrer Haft oder ihrer Aufenthalte in DDR-Heimen; sie haben psychische oder andere gesundheitliche Schäden erlitten, oder sie haben bis heute berufliche Nachteile, etwa weil sie nicht studieren durften. Die damaligen Menschenrechtsverletzungen haben oftmals direkt und indirekt ganz konkrete Auswirkungen auf die soziale Lage und gesundheitliche Verfasstheit der betroffenen Menschen auch in der heutigen Zeit.

Deshalb begrüße ich es ausdrücklich, dass die Landesbeauftragten für die Stasi-Unterlagen gemeinsam mit der Otto-von-Guericke-Universität Magdeburg und der Konrad-Adenauer-Stiftung diese Fachtagung organisiert haben. Die Tagung stellt die gesundheitlichen Folgeschäden von SED-Verfolgten in den Fokus, sie befasst sich mit der Begutachtungspraxis, mit Fragen der psychosozialen Beratung, Therapie, Begleitung und Seelsorge für Menschen, die DDR-Unrecht erfahren mussten.

Ich weiß, dass trotz der strikten Anwendung der im Sozialen Entschädigungsrecht geltenden – sehr weitreichenden – Beweiserleichterungen für viele Betroffene der erforderliche ursächliche Zusammenhang zwischen Schädigung und geltend gemachtem Gesundheitsschaden dennoch schwer nachzuweisen ist. Dies ist zum einen auf den langen Zeitraum zwischen der heute bestehenden Gesundheitsstörung und dem schädigenden Ereignis zurückzuführen. Zum anderen treten die Krankheitssymptome teilweise auch erst nach Jahren auf. Daher gibt es gerade von den Opferverbänden vielfache Kritik an der Begutachtungspraxis.

Vor diesem Hintergrund erhoffe ich mir von dieser Tagung Anregungen und konkrete Vorschläge, wie die medizinische und psychologische Begutachtung verbessert werden kann. Heute und morgen werden Referentinnen und Referenten zu Wort kommen, die hierfür über einen besonderen Wissens- und Erfahrungshintergrund verfügen. Ich freue mich auf anregende Diskussionen und konstruktive Gespräche und danke allen, die am Zustandekommen dieser Tagung beteiligt waren.

Grußwort und Diskussionsbeitrag von Staatssekretärin Anja Naumann

Herr Pollmann, Sie haben mir jetzt eine Vorlage geliefert, auf die es schwerfällt, ohne wissenschaftlich tiefgründige Vorbereitung etwas zu erwidern. Zumal ich von der Praktikerseite her vielleicht das eine oder andere nicht ganz so sehe wie Sie.

Herr Rink, wir kennen uns ja noch aus dem Stadtrat. Da habe ich Sie ab und zu erleben dürfen. Und Ihre ganz persönlichen Abhandlungen, die Sie hier dargestellt haben, haben mich etwas stiller werden lassen.

Es geht hier um zwei Seiten: einmal das ganz individuelle Erleben, und zum anderen der Versuch, dies in eine menschenrechtliche oder naturrechtliche Diskussion einzuführen und somit einen großen Bogen aufzuspannen. Und dazwischen sitzen wir Juristen. Wenn wir hier über strafrechtliche Rehabilitation, Opferanerkennung und Entschädigungsleistungen reden, werden die Menschenrechte berührt. Und an der Stelle kommt von Ihnen, Herr Pollmann, nun die Aufforderung, dieser Zusammenhang sei quasi nur dann etwas wert, wenn er einklagbar sei. Dann aber sind wir auf der sicheren Seite. Denn wir haben unter bundesdeutschem Recht ein Rechtssystem, das uns genau diese Rechtswege öffnet. Das ist ein Novum im deutschen Recht, mit der Bundesrepublik Deutschland.

Was kann das formelle Recht leisten? Es kann immer nur einen Minimalkonsens feststellen.

Ich habe den Eindruck, die Erwartung ist, dass das Recht alles das aufarbeiten und aufklären soll, was die Gesellschaft bisher nicht geschafft hat. Das kann Gesetzesrecht aber nicht leisten. Gesetze sind ein minimaler Konsens, der in unserem rechtsstaatlich verfassten Staat dankenswerterweise nach demokratischen Spielregeln zustande gekommen ist. Auch das darf man nicht vergessen und sollte man sich vielleicht immer mal wieder bewusst machen.

Und ich glaube, Herr Rink, Sie wissen, wie es ist, wenn man in einem Staat lebt, wo es zwar „Recht" gibt, wo man aber keine wirklichen Bürgerrechte hat und noch nicht einmal das Urteil, aufgrund dessen man verhaftet und ins Zuchthaus verbracht wurde, in den Händen halten kann. Und wo man zudem noch diffamiert wird, indem man als krimineller Straftäter, als Dieb dargestellt wird. Und da haben Sie recht, das ist eine doppelte Verleumdung, das ist eine doppelte Menschenrechtsverletzung!

Jetzt sind wir im Jahre 2014, 25 Jahre nach dem Fall der Mauer, nachdem an vielen unterschiedlichen Stellen dazu beigetragen wurde, dass es die DDR nicht mehr gibt. Ich selbst war 1989 in einer Lebensphase, in welcher man sich für die Familie und den Beruf versucht zu orientieren. Und da bin ich bei Ihrem Vortrag, Herr Pollmann, ein bisschen irritiert gewesen. 1975 hat die DDR die KSZE-Schlussakte unterzeichnet. Das wurde zu DDR-Zeiten aber nicht kommuniziert. Also zu wissen, dass es einklagbare Menschenrechte gibt, das war für mich als DDR-Bürgerin im Jahre 1989 eine Erkenntnis. Ach, wir hatten die Menschenrechtskonvention unterschrieben? Faszinierend! Aber faszinierend auf eine anders gemeinte Weise. Ich stamme aus Marienberg im Erzgebirge, also, wie es so heißt, aus dem „Tal der Verdunklung"; Dresden war nicht weit, und Westfernsehen gab es nicht so oft. Das heißt aber, bis 1975 hatte der vormalige Staat die Menschenrechte noch nicht als allgemein verbindliche Grundlage des menschlichen Miteinanders anerkannt. Und jetzt kommt der Rechtsnachfolger, und Sie nehmen ihn in die Pflicht für alles das, was die DDR getan hat. Für die Oppositionellen gab es damals aber gewissermaßen keine Menschenrechte! Es stand vielleicht irgendwo auf dem Papier – aber Menschenrechte im Sinne von Gesetzesrecht? Dann hätte das alles eigentlich gar nicht passieren dürfen. Bis 1975 muss man also vielleicht doch ein Fragezeichen zum Menschenrechtsverständnis der DDR machen.

Vor nicht ganz einem Jahr, kurz nachdem ich ins Amt gekommen war, unterhielten wir uns grundsätzlich auch über das Thema Rentner. Und da war ich etwas irritiert. Ich habe mir etliche Broschüren kommen lassen, und da stand ein für mich ganz wichtiger Schlüsselsatz, und den möchte ich auch hier anmerken: Wichtig ist die gesellschaftliche Aufarbeitung! Und die gesellschaftliche Anerkennung dafür, dass die politischen Häftlinge, die unschuldig im Gefängnis saßen, weil sie eine eigene politische Ansicht hatten, diejenigen, die die DDR verlassen hatten oder verlassen wollten und es nicht geschafft haben – dass sie genauso zu diesem gemeinsamen Staat beigetragen haben wie all diejenigen, die dann 1989 auf der Straße standen, als es eigentlich – und da schließe ich mich auch selbst mit ein – schon relativ sicher war, auf die Straße zu gehen.

Es ist schon ein Unterschied, ob man 1965 oder ob man im Herbst 1989 protestierte. Ich gehöre zu denen, die solche Absichten ernst nahmen. Und deshalb zolle ich meinen tiefen Respekt gegenüber denjenigen, die nicht unter Abwägung persönlicher Vor- und Nachteile, sondern einfach aus Überzeugung gesagt haben: „Die DDR ist ein Unrechtsstaat! In so einem Staat möchte ich nicht mehr leben!" Denjenigen zolle ich ganz großen Respekt!

Es gibt auch noch andere Lebensgeschichten. In meiner Bekanntschaft – und es war, glaube ich, 1972, als die große Sozialisierungswelle über die Wirtschaft hereinbrach – in meiner Bekanntschaft habe ich viele, die früher Handwerker waren, Tischler, Dachdecker, eine Frisörin, ein Landwirt, ein Schmied. Die mussten in dieser Zeit abwägen: *Ich habe fünf Kinder. Ich habe den Krieg überstanden. Aber ich bin noch am Leben. Und deshalb habe ich 1972 ganz schnell die Mitgliedschaft zur PGH unterschrieben.* Die sind nicht ins Gefängnis gegangen. Allerdings wurde der eine Bekannte enteignet. Wie wird dieses Unrecht aufgearbeitet, dass man nicht mehr so einfach fassen kann, ohne die ganze Familie zu belasten? Und zwar nicht nur die betroffenen Familien, sondern auch die Nachfahren, die Enkel und Urenkel.

Wir werden uns also immer mit der Frage auseinandersetzen – und das ist fast unabhängig von dem, was wir heute diskutieren: Was tut eine Gesellschaft? Herr Pollmann, Sie haben das so konträr formuliert, der Staat sei verantwortlich, der Staat habe zu prüfen. Ich habe mir lange darüber Gedanken gemacht, was ist denn der Staat eigentlich, habe die Staatstheorie von Rousseau aus juristischer Sicht gelesen. Wer ist denn der Staat in einer Demokratie? Nun nehmen Sie sich einen Spiegel und schauen hinein: Das sind Sie alle! Denn Sie alle als Einzelne genommen wären vielleicht nur Staatsorgane, aber der Staat insgesamt sind Sie alle. Artikel 20 des Grundgesetzes formuliert es eindeutig: „Alle staatliche Gewalt geht vom Volke aus." Und das möchten Sie vielleicht aus der Diskussion mitnehmen.

Und jetzt nehmen Sie es mir bitte nicht übel, ich bin Juristin. Der Richter entscheidet nach Gesetz und Recht. Wir haben ein Anerkennungsverfahren, ein Rehabilitationsverfahren, das über einen minimalen Konsens gesellschaftlicher Überzeugung zustande gekommen ist. Und dieses wird – da bin ich mir vollkommen sicher – von den Mitarbeiterinnen und Mitarbeitern im Landesverwaltungsamt nicht nur meines Landes, sondern auch überall sonst rechtmäßig umgesetzt. Zeigen Sie mir also denjenigen Mitarbeiter, der sich willkürlich über diese Gesetze hinwegsetzt – den wird es nicht geben! Wir werden immer Auseinandersetzungen haben um die Frage der Kausalität; das haben Sie ja schon angedeutet.

Zur Forderung der Beweislastumkehr: Wir haben einen Minimalkonsens, der Beweiserleichterungen ermöglicht – etwas, was dem deutschen Recht bis vor fünfzig, sechzig Jahren völlig unbekannt war. Für einen Anspruch muss man immer die Kausalität des Sachverhalts nachweisen – in eingeschränktem Umfang. Dabei weiß ich, Herr Rink, Sie hatten es ja angedeutet, Sie hatten noch nicht einmal ein Urteil. Es gab auch sehr viele Betroffene in den Jugendwerkhöfen. Die haben gearbeitet, und in den Renten- und Sozialversicherungsnachweisen stand drin: Jugendwerkhof. Dies wurde dann aus Scham vernichtet. Wie soll er das nun nachweisen? Das ist sehr problematisch. Deswegen haben wir Beweiserleichterungen. Wir haben eine Wahrscheinlichkeitsprüfung eingeführt. Dabei maße ich mir als Juristin nicht an, über ärztliche Atteste zu entscheiden. Wenn es ein ärztliches Attest und eine ärztliche Begutachtung gibt, die feststellt, eine posttraumatische Belastungsstörung wurde verursacht durch politische Haft – da werde ich mich als Jurist nicht darüber hinwegsetzen. Das geht gar nicht, da es nicht meine Profession ist!

Ich kann bei dieser Diskussion um die Anwendung der Menschenrechte nur alle Einzelnen bitten, mit dem nötigen Augenmaß und vor allem mit dem tiefen Respekt und größtmöglicher Sensibilität weiter zu diskutieren und nicht Forderungen aufzumachen, die dem Staat und damit die Gesellschaft an Grenzen bringen. Ich wünsche mir, dass es noch viel mehr Zeitzeugen gibt, die viel aktiver in die Schulen gehen. Da war ich etwas schockiert: Meine Tochter ist jetzt in der 9. Klasse. Wenn sie denn mal keinen Unterrichtsausfall hat, etwa in Geschichte, ist die Darstellung dessen, was 1945 bis 1989 auf dieser Seite Deutschlands passierte, doch sehr rudimentär. Und auf Seiten meiner Großeltern und meiner Eltern wurde dies in der familiären Diskussion gar nicht angesprochen. Das kennen wir bereits, da sollten wir eigentlich in der Aufarbeitung nach 1945 schon viele Erfahrungen gemacht haben.

Deshalb kann ich nur jeden Betroffenen und jede Betroffene bitten: Gehen Sie in die Öffentlichkeit! Machen Sie das noch viel stärker bekannt! Schalten Sie sich ein, auch in die Lehrplandiskussion! Wenn wir etwas Positives mitnehmen wollen, auch aus Verfehlungen, dann hat das doch immer zwei Seiten: zum einen das persönliche Erleben. Das ist für uns Jüngeren heute tatsächlich nicht wirklich kommunizierbar. Es wäre unehrlich, Herr Rink, wenn ich zu Ihnen sagen würde, ich könnte das kommunizieren. Ich weiß als Jüngere gar nicht, wie ich das machen sollte. Ich kann mir nur Mühe geben, und ich kann in meiner Familie, auch in meinem Beruf alles Mögliche tun, damit so etwas nie wieder passiert. Und das ist der zweite Aspekt: Aus Verfehlungen und Unrecht kann man nur lernen, damit es nicht wieder passiert.

Vor 25 Jahren war die Friedliche Revolution. Während der Olympiade in China habe ich gedacht: der Platz des himmlischen Friedens – vor genau 25 Jahren sind die Panzer da drübergerollt – und wir sind in China noch keinen Schritt weitergekommen!

Es gibt viel zum Nachdenken. Ich wünsche Ihnen allen, dass die Diskussion, die Sie hier führen, auch für uns wichtige Erkenntnisse liefert. Lassen Sie uns miteinander reden und nicht übereinander. Und ich versuche durchaus, heute Abend die Familienplanung zu ändern und noch zu dem Vortrag von Herrn Bomberg zu kommen, weil es ein hochinteressantes Thema ist, das mich in den nächsten zweieinhalb Jahren in diesem Amt sicherlich noch begleiten wird.

Ich wünsche Ihnen eine gute Veranstaltung. Vielen Dank!

Anerkennung von SED-Unrecht: Problemdarstellung aus Sicht eines Betroffenen

Johannes Rink

Als mir von der Landesbeauftragten der Stasi-Unterlagenbehörde, Frau Neumann-Becker, der Vorschlag unterbreitet wurde, auf der heutigen Tagung zu sprechen, sagte ich sofort zu. Ich hoffe, auf diese Weise einen kleinen Beitrag zum heutigen Thema „SED-Verfolgte und das Menschenrecht auf Gesundheit" leisten zu können. Ich will damit auch anderen Betroffenen helfen, ihre Sprachlosigkeit zu überwinden.

Kurze Zeit, nachdem ich angefangen hatte, meinen Redebeitrag vorzubereiten, traten wieder meine mich seit der Haft begleitenden Beschwerden auf: Durchfall, innere Unruhe und Schlafstörungen, eigentlich Symptome, die ich schon lange habe, die sich jetzt aber wieder verstärkten. Ich habe meine Arbeit zu dem heutigen Thema oft unterbrochen, mich mit Schachspielen abgelenkt und sie nach einigen Tagen wieder begonnen. Ich wollte mehrmals alles hinschmeißen, aber Zusage ist bei mir Zusage, wie schwer es mir auch gefallen ist.

Am 10. Oktober 1961 wurde ich von der Stasi in Rostock verhaftet und am 8. Oktober 1965 aus dem Zuchthaus Brandenburg entlassen. Das ist schon über fünfzig Jahre her, und trotzdem kann ich diese vier Jahre nicht vergessen. „Die Zeit heilt alle Wunden" – dieses Sprichwort kann so nicht stimmen, haben doch viele ehemalige politische Häftlinge immer noch posttraumatische Belastungsstörungen. Und dennoch ist meine Erinnerung an diese für mich schreckliche Zeit unterschiedlich tief im Gedächtnis verankert. Die rund sechs Monate Untersuchungshaft bei der Stasi haben mehr Spuren hinterlassen als die darauf folgenden dreieinhalb Jahre im Zuchthaus Brandenburg. Ich will die Zeit im Zuchthaus nicht schönreden, aber im Vergleich mit der Stasi-Haft könnte man fast auf diesen Gedanken kommen. Mit anderen politischen Gefangenen, aber auch mit Kriminellen und Mördern zusammen eingesperrt, war ich dort nicht isoliert, ich musste wie alle anderen Gefangenen Zwangsarbeit leisten. Bei der Arbeit konnte man für kurze Zeit den Knastalltag vergessen und sich inmitten der Gefangenschaft ein kleines bisschen freier fühlen.

Doch jetzt wieder zum Anfang, zu meiner Verhaftung durch die Stasi in Rostock. Da ich mir keiner Schuld bewusst war, war der Schock über die nach meiner Meinung willkürliche Verhaftung groß. Dieser Zustand wurde noch größer, als ich die Stasi-Haftbedingungen am eigenen Leib zu spüren bekam. Auf meine Frage bei der ersten Vernehmung, was ich denn gemacht haben soll, um die Verhaftung zu begründen, wurde mir sinngemäß gesagt: „Sie haben gegen unseren Staat gehetzt!" Ich verneinte dies und bekam als Antwort zu hören: „Wir sperren keine Unschuldigen ein! Jeder, der hier ist, ist schuldig! Wir müssen es ihnen nur noch beweisen. Hier hat bisher noch jeder gestanden, es ist nur eine Frage der Zeit, und wir haben Zeit, bis auch Sie ihre Verbrechen gestehen werden!" Es war kurz nach dem Mauerbau, den ich auch öffentlich als solchen bezeichnet hatte. Die Stasi strotzte nur so vor Selbstvertrauen, und auch die Schließer fühlten sich stark genug, den einsitzenden Untersuchungsgefangenen ihre Macht spüren zu lassen.

Die Haftbedingungen bei der Stasi hatten nur ein Ziel: den Verhafteten spüren zu lassen, dass er ihnen hilflos ausgeliefert ist. Der Verhaftete sollte mit allen ihnen zur Verfügung stehenden Mitteln zermürbt, und sein Selbstwertgefühl zerstört werden. Ich wurde nicht geschlagen, dafür aber über sechs Monate in totaler Isolierung gefangen gehalten. Das Fenster aus Glasbausteinen versperrte die Sicht nach draußen. Das Geläut der Kirchenglocken war das einzige Geräusch von draußen. Die Verpflegung war ausreichend, aber schlecht. Der Tagesablauf war streng geregelt, nur die Mahlzeiten unterbrachen die Langeweile. Die Vernehmungen wurden manchmal mehrere Tage hintereinander durchgeführt, um dann ohne erkennbaren Grund für mehrere Tage unterbrochen zu werden. Die Tage ohne Vernehmung waren anstrengend, da ich immer grübelte, was die da oben sich ausdenken, welche Fragen sie stellen würden und welcher Vernehmer gerade da sein würde. Der eine Vernehmer versuchte ganz leutselig ein Vertrauensverhältnis aufzubauen, während der andere brüllte und immer wieder betonte: „Wir können auch anders!" Er versuchte mich mit Beleidigungen und angeblichen Aussagen anderer Seeleute zu einem Geständnis zu bewegen. Da das aber nicht wie gewünscht kam, wurde der Ton der beiden Vernehmer schärfer. Ich wurde nachts zum Verhör geholt. Nach der 22-Uhr-Nachtruhe, kaum eingeschlafen, wurde ich geweckt, musste mich anziehen, und dann folgte die Vernehmung bis morgens fünf Uhr. In der Zelle legte ich mich zum Schlafen hin und wurde um sechs Uhr schon wieder geweckt. Nach der zweiten Nacht mit pausenlosen Verhören und wieder nur einer Stunde Schlaf konnte ich bei der nächsten Vernehmung nicht mehr und unterschrieb alles, was man mir vorlegte.

Nach mehreren Tagen „Erholung", aber in ständiger Anspannung und Grübelei, was ich alles gestanden haben könnte, wurde ich nachts wieder zur Vernehmung geholt. Nach Meinung des Vernehmers hatte ich nicht alles gesagt. Wieder die Drohung: „Wir können auch anders, das haben Sie ja kennengelernt!" Mir wurden teils vorformulierte Aussagen zur Unterschrift vorgelegt, mit der Bemerkung: „Das haben Sie ja alles schon gestanden!" Die Verurteilung zu vier Jahren Zuchthaus überraschte mich nicht sonderlich, hatte der Vernehmer es doch schon angedeutet. Schockierend war für mich vielmehr der letzte Satz der Richterin, die mir mitteilte: „Sie werden nie wieder zur See fahren, dafür werden wir sorgen!" Der Gedanke, nach der Haftentlassung als Seemann flüchten zu können, war meine letzte Hoffnung, sozusagen mein Rettungsanker.

Dass ich so lange über die Zeit und die Misshandlung bei der Stasi gesprochen habe, war aus meiner Sicht dringend nötig, da sie sich für immer ins Gedächtnis festgesetzt hat. Nach der Haftentlassung 1965 bekam ich die ersten gesundheitlichen Probleme. Bauchschmerzen und Durchfall wurden meine ständigen Begleiter. Erst in den 1990er Jahren sagte mir ein Arzt: „Sie sind gesund, Ihre Beschwerden sind nervlich bedingt." Jedes Mal, wenn ich im Betrieb zu einer Aussprache geladen wurde, war ich mit meinen Nerven am Ende.

Die Friedliche Revolution und die Einheit Deutschlands gingen nicht spurlos an mir vorbei. Ich war frei, konnte über meine Vergangenheit offen reden, sprach mit anderen ehemaligen politischen Gefangenen, und die Vergangenheit holte mich ein. Meine körperlichen Beschwerden, die ich auch heute noch habe, kamen verstärkt zurück. Durch die Beratungsgespräche, die ich mit politisch verfolgten Ratsuchenden führte, wurde meine nervliche Situation nicht besser. Ich komme oft von der Gedenkstätte Moritzplatz nach Hause und spiele dann mit dem Schachcomputer etwa zwei Stunden Schach, um mich zu entspannen.

Auch heute kommen immer noch Besucher, die Hilfe brauchen. Es geht um Anträge an die Stiftung für ehemalige politische Häftlinge in Bonn, um Rehabilitierungsfragen oder um Rentenfragen. Aber auch die Mitarbeiter der Gedenkstätte rufen mich mitunter, um mit einem Besucher, der selbst hier in Haft war, zu sprechen. Ich bin kein Fachmann bei der Beratung, aber ich kann den richtigen Kontakt zum Gegenüber herstellen, wenn er oder sie hört, dass ich selbst in Haft war. Ich brauche dann meistens nur zuzuhören und erfahre dabei die ganze Geschichte über seine Haft und die Zeit danach. Nach einem Gespräch sagte mir die anwesende Ehefrau hinterher, dass ihr Mann zu Hause nie darüber gesprochen habe. Ein anderer trank sich erst Mut an, um die ehemalige Haftanstalt zu betreten, und blieb auf dem Innenhof stehen. Wieder wurde ich gerufen, und vor dem Hintergrund meiner Vergangenheit kamen wir ins Gespräch. Beim zweiten und dritten Besuch war er schließlich so weit gefestigt, dass er in meiner Begleitung auch den Zellentrakt besuchen konnte. Ich freue mich über jeden, dem ich helfen kann, brauche danach aber selber Zeit, um mich wieder zu entspannen, ich bräuchte dann eigentlich selbst eine Beratung. Viele Betroffene, die von Professionellen behandelt werden, haben ihre „Erstberatungen" bei uns gehabt.

Das Rehabilitierungsgesetz ermöglichte es auch mir, meine Ehre und Würde wieder herzustellen. Jetzt habe ich es schwarz auf weiß, dass ich zu Unrecht verurteilt wurde. Bis zur Friedlichen Revolution konnte ich nur mit einigen wenigen guten Freunden offen über diese Zeit sprechen. Ohne das Urteil, das mir wie allen anderen aus politischen Gründen Verurteilten nie ausgehändigt worden war, war es schwer, bestimmte Diffamierungen, wie zum Beispiel unterstellte Eigentumsverfehlungen, zu widerlegen.

Versagte Anerkennung, verletzte Menschenrechte: Zur Entschädigung gesundheitlicher Folgeschäden der SED-Diktatur

Arnd Pollmann

Wenn sich die Bürgerinnen und Bürger der ehemaligen DDR an ihren konkreten Lebensalltag in Berlin, Greifswald, Magdeburg, Dresden, Leipzig oder Gera erinnern, so dürften sie sich im Rückblick zumeist weder auf Seiten der politisch durchweg „Angepassten" noch auf Seiten der vollends „Unangepassten" verorten. Zugleich aber wird man Roland Jahn, dem derzeitigen Bundesbeauftragten für die Unterlagen des Staatssicherheitsdienstes der DDR, zustimmen wollen, der zu Beginn seines jüngsten und viel beachteten Buches *Wir Angepassten*[1] einen aufschlussreichen Zusammenhang zwischen den Risiken politischer Unangepasstheit, der Erfahrung von Menschenrechtsverletzungen, psychosozialen Folgeschäden sowie legitimen Ansprüchen auf Anerkennung, Respekt und Wiedergutmachung herstellt:

> „Die Opfer, die Menschen, die ihre Menschenrechte wahrgenommen und für ihre Selbstbestimmung gekämpft haben und die deswegen aus der Bahn geworfen, ins Gefängnis gesperrt wurden, sogar mit dem Leben bezahlten – sie haben unsere Aufmerksamkeit, unseren Respekt und unser Mitgefühl verdient. Sie haben Unrecht erlebt, sie sind an Leib und Seele beschädigt worden, ihr Leben ist durch die Unterdrückung der Menschenrechte in der DDR oft aus den Fugen geraten. Und deshalb gehört zur Aufarbeitung dieses Unrechts dazu, dass man

---

1 Roland Jahn: Wir Angepassten. Überleben in der DDR, München/Zürich: Piper 2014.

Täter und Verantwortung benennt. Das SED-Regime hat funktioniert, weil viele Menschen verantwortlich für das Unrecht gehandelt haben."[2]

Eine genauere Analyse der hier von Jahn in aller Knappheit skizzierten Zusammenhänge kann helfen, die politisch noch immer unzureichend berücksichtigte, aber dringend notwendige Debatte um eine angemessene Entschädigung gesundheitlicher Folgeschäden von SED-Diktatur und Stasi-Verfolgung mit argumentativer und normativer Rückendeckung zu versorgen. Und im Folgenden soll diesbezüglich der Vorschlag unterbreitet werden, drei politische sowie fachwissenschaftliche Diskussionen miteinander ins Gespräch zu bringen, die bislang leider noch vollends unabhängig voneinander geführt werden: Da ist, zum einen, die bis dato weitgehend auf akademische Kreise und das Feuilleton beschränkte Debatte um eine Sozialphilosophie der *Anerkennung*, deren derzeit wichtigster Vertreter der in Frankfurt am Main lehrende Philosoph Axel Honneth ist. Gemeint ist, zum zweiten, die sowohl in akademischer Breite als auch bereits mit großer Intensität in der politischen Öffentlichkeit geführte Diskussion um die *Menschenrechte* und deren wichtige Funktion in nationalen wie auch internationalen Rechtssystemen. Und da ist, zum dritten, die überaus konkrete und dringliche, aber bislang weder in akademischen Kreisen noch in der politischen Öffentlichkeit hinreichend geführte Debatte um eine Wiedergutmachung gesundheitlicher Folgeschäden von SED-Diktatur und Stasi-Repression. Der folgende Beitrag[3] unternimmt nun einen ersten Versuch, diese drei Diskussionen ansatzweise zusammenführen, und zwar in der Hoffnung auf eine produktive und wechselseitige Dynamisierung der genannten Debatten. Gegen Ende sollen dann zwei eng miteinander verknüpfte Thesen

---

2 Ebd., S. 13 f.
3 Dieser Text geht zurück auf einen Vortrag, den ich am 6. Juni 2013 bei der Bundesstiftung zur Aufarbeitung der SED-Diktatur in Berlin und dann noch einmal bei der Magdeburger Tagung „Anerkennung gesundheitlicher Folgeschäden SED-Verfolgter" am 24. Februar 2014 gehalten habe. Ich danke Freihart Regner für die Einladung zu diesen beiden Veranstaltungen, die ursprüngliche Idee zu diesem Vortrag sowie für äußerst produktive Diskussionen.

an Plausibilität gewinnen, die hier vorab schon einmal zu benennen sind: (1) Das zu DDR-Zeiten verursachte und ab 1989 nur unzureichend kompensierte SED-Unrecht stellt ein *doppeltes* und bisweilen sogar *potenziertes Anerkennungsproblem* dar; (2) als ein zivilgesellschaftlich empörendes und politisch dringliches Anerkennungsproblem wird dieses Unrecht aber wohl nur dann ins öffentliche Bewusstsein treten, wenn wir es als ein dezidiert *menschenrechtliches* Problem verstehen und rekonstruieren.

1 Die sozialphilosophische Anerkennungstheorie Axel Honneths

Axel Honneth ist der derzeit wohl profilierteste Vertreter dessen, was man in der Sozialphilosophie „Kritische Theorie" oder auch die Tradition der „Frankfurter Schule" nennt.[4] Begründet wurde diese gesellschaftskritische Denktradition in den 1930er Jahren von einer Gruppe marxistisch und freudianisch geprägter Philosophen, Ökonomen und Sozialwissenschaftler, als deren fraglos wichtigste Vertreter Max Horkheimer und Theodor W. Adorno gelten. Es handelte sich um einen interdisziplinären Forscherverbund, deren Mitglieder sich ein ehrgeiziges Ziel gesetzt hatten, und zwar die Klärung einer doppelten und aus sozialpolitischer Sicht überaus bedeutsamen Frage: Wie erklärt und begründet man aus wissenschaftlicher Sicht die Notwendigkeit von sozialen Bewegungen, von politischem Protest und offenem Widerstand? Und wie erklärt man zugleich, dass dieser Widerstand empirisch meist ausbleibt, obwohl es doch in sozialer und ökonomischer Hinsicht wahrlich genug Anlass für politischen Protest oder gar ausreichend Grund für eine „sozialistische Revolution" gäbe?
Da der Marxismus seinerzeit noch nicht diskreditiert war, und zwar weder – politisch – durch den „real existierenden Sozialismus" noch – philosophisch – durch den „wissenschaftlichen Kommunismus", konnten die

---

4   Zur Einführung: Rolf Wiggershaus: Die Frankfurter Schule, Reinbek: rororo 2010.

Mitglieder der Frankfurter Schule in ihren sozial- und kulturkritischen Analysen noch wie selbstverständlich an die Marx'sche Kapitalanalyse und das sogenannte Produktionsparadigma anknüpfen. Zugleich aber gaben sie diesen Analysen von Beginn an eine tiefenpsychologische Wendung, indem sie von der Zeitdiagnose einer den Menschen weithin „unbewussten" und daher „doppelten Entfremdung" der arbeitenden Bevölkerung und einer „total verwalteten Welt" ausgingen, die ein gesellschaftliches Bedürfnis nach Revolution schon deshalb nicht aufkommen ließ, weil sie den entfremdeten Individuen zugleich einen gewissen materiellen Wohlstand versprach, ja, sogar eine „sozialstaatliche Rundumversorgung" in Aussicht stellte.[5] Als „doppelt" war diese Entfremdung insofern zu verstehen, als sich die proletarische Bevölkerung ihrer eigenen Entfremdung nicht einmal *bewusst* schien. Damit gewann erneut die Ideologiekritik des jungen Marx an sozialphilosophischer Bedeutung, der zufolge sich die philosophische Kritik zuallererst der zugleich politisch-praktischen Aufgabe zu widmen habe, allgemein verbreitete Illusionen über das Wesen der kapitalistischen Gesellschaft abzutragen und zu destruieren, die wie „Opium" sedierend wirken und über enorme Ungerechtigkeiten sowie zivilisatorische Rückständigkeiten der bestehenden Verhältnisse hinwegtäuschen.[6]

Axel Honneth jedoch zeichnet heute ein ganz anderes Bild der gesellschaftlichen Problemlage. Ihm ist mit seiner Version einer Kritischen Theorie der Gesellschaft nicht länger daran gelegen, sämtliche gesellschaftlichen Problemlagen aus bloß dem einen Paradigma einer kapitalistisch integrierten Arbeits- und Lebenswelt „abzuleiten". Vielmehr hat er wiederholt die ökonomistische Verengung der sogenannten ersten Generation der Frank-

---

5 Als besonders pessimistisch ist das gemeinsame Hauptwerk von Horkheimer und Adorno verschrien, und zwar die Dialektik der Aufklärung, Frankfurt a. M.: Fischer 1968, welche die beiden jüdischen Denker bereits Anfang der 1940er Jahre im amerikanischen Exil und unter dem Eindruck der totalitären Barbareien verfasst haben.

6 Dazu exemplarisch der berühmte Text von Karl Marx: Zur Kritik der Hegelschen Rechtsphilosophie. Einleitung, in: Marx-Engels-Werke (MEW), Bd. 1, Berlin: Dietz Verlag 1976, S. 378–391.

furter Schule kritisiert, und zwar vor allem dafür, dass die Annahme einer unentrinnbaren und vollständigen „Verblendung" und „Verdinglichung" spätmoderner Bewusstseinsformen so etwas wie soziale „Kämpfe" widerständiger Akteure gegen soziale Ungerechtigkeiten bereits auf Ebene der Theorie unmöglich machen: Wenn die Entfremdung spätmoderner Individuen tatsächlich doppelt oder auch „total" wäre, wie Horkheimer und Adorno das in rhetorischem Überschwang bisweilen behauptet haben, so könnte sich bereits *begrifflich* kein politischer Widerstand mehr regen.[7] Doch der soziologische Blick auf die gesellschaftspolitische Realität offenbart sehr wohl vielfältige soziale Bewegungen und Protestformen, in denen sich ein mal stärker, mal weniger stark ausgeprägtes Bewusstsein dafür zeigt, dass eine „andere Welt" nicht nur möglich ist, sondern auch herbeigesehnt und tatkräftig eingefordert wird. Und um eben diese widerständigen Potenziale sozialer Konflikte und Proteste auf einen sozialphilosophischen und emanzipatorischen Begriff zu bringen, schlägt Honneth nun im Rahmen seiner Neuausrichtung Kritischer Theorie einen fundamentalen Paradigmenwechsel vor.[8]

Aus Honneths Sicht stellen sich unsere spätmodernen Gesellschaften samt der in ihnen schwelende Konflikte als weitverzweigte Netze scheiternder Verhältnisse wechselseitiger Anerkennung dar, die auf Seiten jener spätmodernen Individuen, die massiv unter fehlender Anerkennung leiden, für erhebliche Frustrationen sorgen; für Enttäuschungen, die gelegentlich, wenn auch selten, ein öffentliches Ventil finden, und zwar im Rahmen von politischem Protest, zivilem Ungehorsam und aktivem Widerstand. Zum Bezugspunkt *seiner* Version einer Kritischen Theorie wird bei Honneth damit ein – mal offen ausgetragener, mal bloß unterschwellig wirkender – „Kampf um Anerkennung" und damit die Annahme eines Gerechtigkeitsstrebens, mit dem die Mitglieder unserer spätmodernen Gesellschaften um die Erfül-

---

7   Dazu etwa die Aufsätze in: Axel Honneth: Pathologien der Vernunft. Geschichte und Gegenwart der Kritischen Theorie, Frankfurt a. M.: Suhrkamp 2007.
8   Siehe vor allem Axel Honneth: Kampf um Anerkennung. Zur moralischen Grammatik sozialer Konflikte, Frankfurt a. M.: Suhrkamp 1992. Aber auch ders.: Das Recht der Freiheit. Grundriß einer demokratischen Sittlichkeit, Frankfurt a. M.: Suhrkamp 2011.

lung grundlegender Identitätsansprüche und um moralische Forderungen nach Respekt, Achtung und Wertschätzung ringen. Die dezidiert sozialpsychologische These, die dabei für Honneth leitend ist und die sich aus ideengeschichtlicher Sicht einer produktiven Verknüpfung von philosophischen Einsichten Georg Wilhelm Friedrich Hegels und George Herbert Meads verdankt, lautet wie folgt: Der Verlauf einer jeden individuellen Persönlichkeitsentwicklung ist als ein Reifungsprozess zu verstehen, der auf soziale Anerkennung angewiesen ist und der gelingen, aber auch schmerzlich misslingen kann; wobei in eben dieser Alternative zugleich auch das Potenzial *kollektiver* Entwicklungen und Konflikte begründet ist. Das jeweils individuelle Bedürfnis nach sozialer Anerkennung ist leicht zu enttäuschen, und dessen wiederholte Frustration kann sich kollektiv summieren und so zu gemeinschaftlicher Empörung, zu kommunalen Solidarisierungen und eben auch zu aktiven politischen Kämpfen führen, die langfristig auf immer anspruchsvollere Formen des Gemeinschaftslebens und möglichst „unverzerrte" Anerkennungsverhältnisse drängen. Bleibt diese Enttäuschung hingegen einsam und stumm, kann es auf Seiten der Betroffenen zu individuellen und privaten „Pathologien" kommen, d. h. zu seelischen Störungen, abweichendem Verhalten, scheiternden Bindungen, zu Suchtphänomenen, interpersonaler Aggression oder auch zu autodestruktiven Tendenzen bis hin zum Suizid.[9]

Für die kritische Sozialphilosophie bedeutet das: Es muss ihr fortan um eine Diagnose derjenigen gesellschaftlichen Umstände gehen, die für eine systematische Verzerrung und Verletzung von Anerkennungsbeziehungen verantwortlich sind. Folglich zielt Honneths Version einer Kritischen Theorie auf eine zeitdiagnostische Freilegung versagter Anerkennungsansprüche, die in den spätmodernen und spätkapitalistischen Herrschaftsverhältnissen der Gegenwart umkämpft, teilweise aber auch blockiert, verschüttet oder schlicht verstummt sind.

---

9 Siehe die Beiträge in: Axel Honneth/Ophelia Lindemann/Stephan Voswinkel (Hg.): Strukturwandel der Anerkennung: Paradoxien sozialer Integration in der Gegenwart, Frankfurt a. M.: Campus 2013.

Zur Klassifizierung *unterschiedlicher* Ansprüche auf soziale Anerkennung hat Honneth ein Drei-Stufen-Modell entworfen, das unterschiedliche Tiefenschichten menschlicher Versehrbarkeit hervortreten lässt:[10]

(a) Auf der entwicklungslogisch frühesten und somit untersten Stufe des Modells stehen intime Nahbeziehungen der Liebe und Fürsorge auf dem Spiel. In diesen Beziehungen, so Honneth, will sich das heranwachsende Individuum von seinen intimen Erstbezugspersonen als ein „unverwechselbares Einzelnes" anerkannt sehen. Geschieht dies in ausreichendem Maße, bildet sich im Innenleben der Betroffenen allmählich ein basales Gefühl des Selbst- und Weltvertrauens heraus. Fehlen jedoch diese frühen intimen Anerkennungsbeziehungen oder scheitern sie, fehlt und scheitert entsprechend früh auch, erstens, die für das spätere Leben grundlegende Selbstbeziehung eines seelischen „Selbstvertrauens".

(b) Auf der zweiten Stufe dieses anerkennungstheoretischen Entwicklungsmodells wird das heranwachsende und allmählich reifende Individuum zunehmend in wechselseitige Beziehungen moralischer und auch rechtlicher Achtung hineinsozialisiert. In diesen Beziehungen geht es dem Menschen gerade nicht, wie noch auf der ersten Stufe intimer Liebes- oder Fürsorgeverhältnisse, um die Anerkennung seiner unverwechselbaren Einzigartigkeit, sondern darum, sich im gesellschaftlichen Miteinander immer auch als ein „Gleicher unter Gleichen" anerkannt zu wissen und damit als ein Mensch, dem exakt die gleichen grundlegenden Rechte wie allen anderen Menschen zuzuerkennen sind; wobei mit dem Gelingen oder auch Scheitern dieser egalitären Anerkennungsbeziehungen, zweitens, das für den Menschen gleichfalls elementare Gefühl moralischer und rechtlicher „Selbstachtung" auf dem Spiel steht.

(c) Auf der dritten Stufe schließlich tritt ein noch anspruchsvolleres Anerkennungsbedürfnis auf den Plan. Sieht sich der Mensch erst einmal eingebunden in wechselseitige Nah- und Rechtsbeziehungen, aber zunehmend auch in ein solidarisch und arbeitsteilig organisiertes Gesellschaftsgefüge, so will er sich in diesem Sozialgefüge meist auch als eine Person erfahren,

---

10   Für das Folgende siehe Honneth: Kampf um Anerkennung, Abschnitte I und II.

die ihren jeweils spezifischen Anteil am solidarischen Gelingen des „Großen und Ganzen" hat. Gemeint ist hier gerade nicht, wie noch auf der zweiten Stufe von egalitärer Moral und identischen Rechtsansprüchen, eine Anerkennung als Gleiche unter Gleichen, sondern das jeweils individuelle und spezielle Bedürfnis, sich unter diesen Gleichen noch einmal als ein ganz besonderes Mitglied dieser Gesellschaft – mit ganz eigenen Fähigkeiten, individuellen Eigenarten und spezifischen Leistungen – anerkannt zu fühlen. Nur wenn auch diese Form von wertschätzender Anerkennung hinreichend gewährt wird, mag der Mensch, drittens, zu einer Selbstbeziehung der sozial vermittelten „Selbstwertschätzung" fähig sein.

Nun bietet sich in diesem Rahmen leider weder der Raum, dieses komplexe Entwicklungsmodell einer intersubjektiv vermittelten Trias aus Selbstvertrauen, Selbstachtung und Selbstwertschätzung kritisch zu würdigen, noch kann es hier um eine ausführliche soziologische Erklärung gehen, wie genau aus zunächst individuell versagten Anerkennungsbedürfnissen *soziale Kämpfe* entstehen. Stattdessen möchte ich mich hier auf die Frage konzentrieren, wie sich das Honneth'sche Anerkennungsmodell auf den besonderen Fall des SED-Unrechts und das Problem unzureichender Anerkennung und Kompensation gesundheitlicher Folgeschäden beziehen lässt.

Auf den ersten Blick mag es naheliegen, das betreffende Problem auf der dritten Stufe von Honneths Modell anzusiedeln und damit in der gesellschaftlichen Anerkennungsdimension einer sozialen Wertschätzung individueller Besonderheiten. Für diesen Ansatz spräche etwa die wiederholt in der Öffentlichkeit vorgetragene und immer öfter auch von sogenannten Westpolitikerinnen und -politikern[11] erhobene Forderung, man müsse die individuelle und biografische „Lebensleistung" der DDR-Bürgerinnen und Bürger anerkennen. Nur um nicht missverstanden zu werden: Wer würde sich nicht wünschen, dass der eigenen Lebensleistung ein wenig mehr öffentliche Anerkennung zuteil würde? Doch haben wir auf die solidarische

---

11   Mein persönlicher Eindruck ist: Meist will sich die politische Elite des Westens hier bloß an ein vermeintlich unentschlossenes bzw. unerschlossenes Wählerpotenzial „heranschmeißen".

Anerkennung von Lebensleistungen kein „Recht" im starken Sinne, also ein Recht, dessen Durchsetzung wir erzwingen könnten. Im Zusammenhang der Kompensation erlittenen SED-Unrechts jedoch geht es sehr wohl um Ansprüche, auf die die Betroffenen ein Recht im starken Sinne oder sogar ein *Menschenrecht* haben. Und deshalb muss es in der hier skizzierten Argumentation auch vornehmlich um die zweite Stufe des Honneth'schen Anerkennungsmodells gehen – womit wir zugleich auch bei der Frage der Menschenrechte angelangt wären.

2 Der Sinn der Menschenrechte

Es gibt einen inzwischen weitverzweigten philosophischen, historischen, juristischen und auch politikwissenschaftlichen Streit um die Frage, was überhaupt der Begriff „Menschenrechte" meint, woher diese Rechte kommen, wozu sie da sind und wie sich allgemeinverbindlich begründen lassen soll, dass diese Rechte „universell" gelten, d. h. für jeden Menschen überall auf dieser Welt, und zwar gleichermaßen und allein aufgrund ihres jeweiligen Menschseins.[12] Die nun folgenden Überlegungen konzentrieren sich auf die *politische Funktion*, die der Streit um Menschenrechte im Zuge des Kampfes gegen gesellschaftliches Unrecht und politische Diskriminierung übernimmt: Ihrer ursprünglich politisch-revolutionären Idee nach sind die Menschenrechte als Schutzvorkehrungen des demokratischen Souveräns, d. h. des geeinten Staatsvolkes, gegenüber der Gefahr öffentlicher Willkürgewalt zu verstehen.[13] Die Menschenrechte treten mit den bürgerlichen Revolutionen des 18. Jahrhunderts in Frankreich und Nordamerika auf den Plan, und die im Zuge dieser Revolutionen erstmals öffentlich und kollektiv „erklärten" Menschenrechte sollen diejenigen staatlichen Funktionsträger, die jeweils vor Ort die politische Herrschaft ausüben, in ihrer oft

---

12   Zum wissenschaftlichen Stand der Diskussion: Arnd Pollmann/Georg Lohmann (Hg.): Menschenrechte. Ein interdisziplinäres Handbuch, Stuttgart: Metzler 2012.
13   Christoph Menke/Arnd Pollmann: Philosophie der Menschenrechte. Zur Einführung, Hamburg: Junius 2007, Kap. 1 u. 2.

zur Willkür tendierenden Machtausübung binden; und zwar so, dass diese politischen Repräsentanten, deren Macht ja nur „geliehen" ist, möglichst ganz im Sinne der Regierten agieren, die ihnen diese Macht allererst geliehen haben. Die Menschenrechte dienen so der Verhinderung willkürlicher Amtsanmaßungen und repräsentativen politischen Versagens. Sie machen den verantwortlichen Amtsträgern bindende Vorschriften, wie die Bürgerinnen und Bürger regiert werden wollen - und vor allem: wie *nicht*. Als derart „gedachte" Grenzen öffentlicher politischer Gewaltausübung besitzen die Menschenrechte eine die politische Macht beschränkende und eben dadurch zugleich legitimierende Geltung. Effektiv *verwirklicht* sind (bzw. wären) sie jedoch erst dann, wenn sie juristisch einklagbar und politisch durchsetzbar gemacht worden sind. Demnach haben die Menschenrechte – bereits auf begrifflicher Ebene – nicht nur eine überstaatliche oder „vorpositive" Dimension, sondern zugleich auch eine positiv-rechtliche und eine dezidiert politische Bedeutung.

Besonders relevant für die nun folgenden Überlegungen ist außerdem, dass den Menschenrechten auf Seiten der politisch Verantwortlichen drei Arten von „Pflichten" korrespondieren:[14]

(a) Staaten und ihre Repräsentanten haben zum einen die menschenrechtliche Pflicht, aktive und direkte Menschenrechtsverletzungen zu unterlassen („duty to respect"). Ein Staat darf seine Bürgerinnen und Bürger nicht willkürlich inhaftieren, deren Meinungsfreiheit beschränken, deren religiöse Überzeugungen bekämpfen, politische Teilhabe verhindern, elementare Sozialleistungen zurückhalten, willkürlich Gewalt anwenden, töten oder gar foltern.

(b) Staaten und ihre Repräsentanten haben zudem die Pflicht, so weit wie möglich zu verhindern, dass sich ihre Bürgerinnen und Bürger wechselseitig gravierende Schäden zufügen („duty to protect"). Dieser Pflicht kommt die öffentliche Ordnung z. B. dadurch nach, dass entsprechende Strafgesetze erlassen und auch vollstreckt werden, und zwar durch eigens dafür vorgesehene Gerichte, Ämter und die Polizei.

---

14   Ich folge hier: Henry Shue: Basic Rights (2nd Edition), Princeton: UP 1996.

(c) Staaten und ihre Repräsentanten haben außerdem die Pflicht, allen Menschen, die sich auf ihrem Hoheitsgebiet aufhalten und die unfreiwillig in Not sind, durch angemessene Hilfsmaßnahmen und Unterstützungsleistungen in die Lage zu versetzen, sich aus dieser Notlage auch wieder zu befreien („duty to fulfill"), z. B. durch entsprechende Sozialleistungen oder durch ein System der Gesundheitsversorgung.

Diese dritte Pflicht gilt ganz besonders dann, wenn die betreffenden Notlagen das Ergebnis staatlicherseits verübter Menschenrechtsverletzungen sind. Dann nämlich kommt zu der ohnehin bestehenden „Beseitigungsverantwortung" staatlicher Funktionsträger mit Blick auf die Bekämpfung akuter Notlagen noch eine ursprüngliche „Verursachungsverantwortung" hinzu.[15] Und wie wir gleich noch sehen werden, *vermischen* sich diese beiden Varianten von Verantwortlichkeit im historischen Übergang des Jahres 1989 von der DDR zum vereinten Deutschland. Zunächst aber ist wichtig, dass mit den drei genannten menschenrechtlichen Pflichttypen – Unterlassungspflichten, Schutzpflichten, Hilfspflichten – korrespondierende Möglichkeiten von Rechtsverletzungen und staatlichem Versagen einhergehen, die von den Betroffenen häufig als fundamentale Erfahrungen politischer *Ohnmacht* erlebt werden. Eben das ist für Verletzungen der Menschenrechte typisch: Sie werden auf Seiten der Betroffenen weniger als „Ungerechtigkeiten" im engeren Sinn durchlebt, sondern als deprimierende Erfahrungen politischer Machtlosigkeit. Opfer von Menschenrechtsverletzungen fühlen sich hilflos staatlicher Willkür ausgesetzt, als „Menschen zweiter Klasse" oder sogar wie „Untermenschen", „Ungeziefer" oder „Dreck" behandelt, wie es wahlweise im menschenverachtenden Jargon der Nazis oder auch vieler Stalinisten hieß.[16] Kurz: Opfer von Menschenrechtsverletzungen fühlen sich gerade *nicht* als vollwertige Menschen anerkannt;

---

15 Zum wichtigen Unterschied zwischen diesen beiden Typen von Verantwortung: David Miller: „Wer ist für globale Armut verantwortlich", in: Barbara Bleisch/Peter Schaber: Weltarmut und Ethik, Paderborn: Mentis 2007, S. 153–170.

16 Dazu überaus instruktiv: Rolf Zimmermann: Philosophie nach Auschwitz, Reinbek: Rowohlt 2005.

als Gleiche unter Gleichen; als Menschen, auf die es ankommt; deren Existenz einen Unterschied macht und deren Stimme Gewicht hat.

Mit besonderem Blick auf erlittenes SED-Unrecht sowie entsprechende Forderungen nach Anerkennung und Entschädigung gesundheitlicher Folgeschäden kann das menschenrechtliche Argument nun vor allem aus zwei Gründen politisch hilfreich sein, wobei vor allem der erste dieser beiden Gründe sehr häufig übersehen wird:

(a) Erst der Hinweis auf vorstaatlich gedachte Menschenrechte macht deutlich, *warum* die Opfer von SED, MfS und Stasi politisch und rechtlich zu rehabilitieren sind. Sie mögen seinerzeit gegen ein ominöses Strafrecht der DDR verstoßen haben, als sie sich politisch „unangepasst" zeigten, aber sie haben dies zumeist in Ausübung ihrer elementaren Menschenrechte getan, als sie z. B. ihre Meinung frei äußerten, die öffentliche Führung verulkten, sich politisch engagierten, politisches Liedgut verbreiteten oder einfach nur ausreisen wollten. Es kommt hier folglich weniger darauf an, dass die Betroffenen gegen das Strafrecht der DDR verstießen. Es kommt hier vielmehr darauf an, dass das politisch instrumentalisierte Strafrecht der DDR gegen die Menschenrechte verstieß. Und *deshalb* sind die Betroffenen zu rehabilitieren.

(b) Erst der rhetorische Bezug auf die Menschenrechte versieht die bislang oft unzureichend erfüllten Wiedergutmachungsansprüche mit einer justiziablen und überdies auch transnationalen Reichweite. Die deklarierten Menschenrechte des späten 18. Jahrhunderts mögen seinerzeit bloß „gedachte" Rechte, also noch ohne juridische Wirklichkeit gewesen sein. Aber mit der Zeit und spätestens ab Mitte des 20. Jahrhunderts sind die Menschenrechte vielerorts zu verfassungsrechtlich einklagbaren Grundrechten sowie zu völkerrechtlich garantierten Weltbürgerrechten geworden, z. B. im Rahmen der Vereinten Nationen oder auf Ebene des Europarats und des Europäischen Gerichtshofs für Menschenrechte.

Dieser juridisch kodifizierte Menschenrechtsschutz mag noch immer sehr unzureichend ausgestaltet sein, aber er sieht ausdrücklich vor, dass sich die Bundesrepublik Deutschland national und international verbindlich auf die Menschenrechte verpflichtet hat. Der deutsche Staat hat demnach die Menschenrechte all jener Menschen zu achten, die sich auf seinem Hoheitsgebiet und damit im Geltungsbereich des Grundgesetzes aufhalten. Und das bedeutet auch, wie nun abschließend gezeigt werden soll, dass die Menschenrechte den deutschen Staat und seine Funktionsträger selbst noch dazu verpflichten, Menschenrechtsverletzungen zu kompensieren, die zu DDR-Zeiten begangen wurden.

3 Gesundheitliche Folgeschäden der SED-Diktatur aus menschenrechtlicher Sicht

Angesichts gesundheitlicher Folgeschäden durch SED-Diktatur und Stasi-Verfolgung haben wir es mit einer *doppelten Menschenrechtsverletzung* und damit zugleich mit einem potenzierten Problem versagter Anerkennung im Sinne Honneths zu tun:

(a) Ursprünglich ging und geht es dabei um *aktive* Menschenrechtsverletzungen durch öffentliche Funktionsträger der DDR, etwa im Rahmen von willkürlicher bzw. politischer Inhaftierung, bei der nicht selten die Grenze zu Folter überschritten wurde, von sogenannter „Zersetzung", verwaltungsrechtlicher Enteignung, Ausbildungs- und Berufsverboten und anderen Repressalien. Hier sind zuvorderst elementare Freiheitsrechte und mithin konstitutionell festgeschriebene Grundrechte verletzt worden, die sich die DDR-Verfassung bekanntlich selbst gegeben hatte, ohne dass sich die Verantwortlichen aber daran gebunden gefühlt hätten.[17]

(b) Hinzu kommt das unzureichende Bemühen oder sogar Versagen der deutschen Innen- und Sozialpolitik nach 1989, das einst hunderttausendfach erlittene Unrecht juristisch aufzuarbeiten, hinreichend publik zu machen, angemessen zu kompensieren und die Täterinnen und Täter adäquat zur

---

17 Einführend dazu die Online-Dokumentation „Die Stasi und die Menschenrechte": www. demokratie-statt-diktatur.de/DSD/DE/Service/Hintergruende/Menschenrechte-DDR.html (09.09.2015).

Verantwortung zu ziehen. Dieses Versagen ist nicht einfach nur politisch „unklug" oder moralisch misslich. Da hier öffentliche Funktionsträger in Ausübung ihrer menschenrechtlichen Verantwortung enttäuscht oder gar versagt haben – und dies noch immer tun –, indem sie Pflichten verletzen und schlicht zu wenig für die Rehabilitierung der Betroffenen tun, kommt es erneut zu Verletzungen von Menschenrechten, und zwar nun vor allem zu Verletzungen *sozialer Menschenrechte*, so z. B. auf einen angemessenen Lebensstandard, auf Bildung, Arbeit und vor allem Gesundheit.[18]

Daraus folgt: Der bundesrepublikanische „Nachfolgestaat" verletzt seine dezidiert menschenrechtliche Pflicht, den einstmals erlittenen und bis heute fortdauernden fundamentalrechtlichen Anerkennungsentzug durch SED- und Stasi-Terror, so gut es geht, zu entschädigen. Und so summiert sich zu der zu DDR-Zeiten durchlittenen menschenrechtlichen Missachtung auf überaus deprimierende Weise ein folgenreicher zweiter Anerkennungsverlust, der von den Betroffenen bisweilen geradezu als ein „Verrat"[19] erlebt zu werden scheint: Man trat in einen anderen Staat ein, der u. a. auch versprach, das erlittene Unrecht wiedergutzumachen – und doch fühlt man sich von diesem neuen Staat im Stich gelassen. Diese individuelle Enttäuschung, dieser Vertrauensverlust mag den ursprünglich erlittenen Anerkennungsverlust nicht einfach nur verdoppeln, sondern unter Umständen sogar auf deprimierende und vollends entmutigende Weise potenzieren. Denn kaum etwas stimmt menschenrechtlich ohnmächtiger als das subjektive Gefühl, dass man am Ende auch noch von diesem neuen politischen System, auf das man einst im Zuge der Revolution von 1989 seine Hoffnungen gesetzt hatte und für das nicht wenige DDR-Bürgerinnen und -Bürger viel riskiert hatten, im Stich gelassen wurde – und auch weiterhin im Stich gelassen wird.

Am Ende dieser kurzen Argumentationsskizze zu einer produktiven Verschränkung von Forderungen nach einer Wiedergutmachung gesundheit-

---

18 Zur inhaltlichen Teilklasse spezifisch sozialer Menschenrechte siehe Michael Krennerich. Soziale Menschenrechte: Zwischen Recht und Politik, Schwalbach/Ts.: Wochenschau 2013.
19 Ich folge hier einem Gedanken von Arthur Schopenhauer: Über die Grundlage der Moral, Hamburg: Meiner 2007, S. 118 f.

licher Folgeschäden der SED-Diktatur mit Honneths Sozialphilosophie der Anerkennung einerseits und dem gegenwärtigen Menschenrechtsdiskurs andererseits drängen sich einige politische Schlussfolgerungen auf:

(a) Die Einsicht in den doppelten Anerkennungsverlust durch DDR-Unrecht einerseits und die unzureichende Kompensation dieses Unrechts im vereinten Deutschland nach 1989 andererseits wirft zunächst die Frage auf, ob und wie dieser doppelte menschenrechtliche Anerkennungsverlust überhaupt kompensiert werden kann. Die Beschränkung auf *monetäre* Hilfe, so notwendig Letztere auch sein mag, wirkt oftmals reichlich hilf- und phantasielos. Auch aus Sicht der Empfänger dürfte Geld häufig nur ein schlechter Ersatz für etwas ganz anderes sein: *Echte* Anerkennung sieht anders aus. So hätte man sich, meiner Meinung nach, sehr viel Leid und wohl auch Geld sparen können, wenn es nach 1989 zur Einrichtung einer in breiter Öffentlichkeit wirkenden „Wahrheitskommission" nach dem Vorbild Südafrikas oder auch Perus gekommen wäre.

(b) Mit speziellem Blick auf die Anerkennung gesundheitlicher Folgeschäden ist politisch vor allem darauf zu drängen, dass die zukünftige Rechtslage endlich auch den bislang vernachlässigten, aber vielerorts bedrückend nachwirkenden Tatbestand der Zersetzung abbilden muss. Überdies gilt es in verfahrenstechnischer Hinsicht für eine deutliche Beweislasterleichterung bis hin zur sogenannten Beweislastumkehr zu kämpfen. Außerdem fehlen speziell geschulte und koordinierte Gutachterinnen und Gutachter, sensibilisierte Amtspersonen und selbstredend meist auch finanzielle Mittel.

(c) Die Einsicht in die menschenrechtliche Relevanz sowohl der einstigen Repression als auch der nicht ausreichend erfolgten Kompensation des einstmals erlittenen Unrechts, macht es dringend notwendig, den Diskurs um Spätfolgen der DDR-Diktatur auch rhetorisch umzustellen: Es macht einen enormen Unterschied, ob man von fakultativen und nach Art von „Gnadenakten" gewährten Kompensationen durch „Opfer-Renten" und von Maßnahmen der „Unrechtsbereinigung" spricht – oder ob man darauf hinweist, dass seinerzeit schwere Menschenrechtsverletzungen begangen wurden und diese kaum dadurch wettgemacht werden können, dass nunmehr neue Verstöße gegen Menschenrechte hinzukommen.

Die Menschenrechte dienen nicht zuletzt dazu, allen Menschen weltweit ein Leben in Würde zu ermöglichen. Ein derart menschenwürdiges Leben wäre vor allem eines, in dem die Betroffenen von einem grundlegenden Gefühl des Anerkanntseins und der Selbstachtung getragen wären; einem Gefühl der Selbstachtung, das auf dem Wissen beruht, als ein vollwertiger, gleicher Mensch unter vollwertigen gleichen Menschen respektiert zu werden. All jene Menschen, die dieses Privileg aufgrund biografischer Folgeschäden durch SED-Unrecht nicht hinreichend genießen können, „haben unsere Aufmerksamkeit, unseren Respekt und unser Mitgefühl verdient", wie Roland Jahn sagt. Sie haben für ihre Menschenrechte gekämpft, und eben diese stehen ihnen nun auch zu. Den Opfern von SED-Diktatur und Stasi-Verfolgung muss geholfen werden. Das ist, wie schon gesagt, nicht bloß politisch klug oder moralisch wünschenswert, sondern, wie hier in aller Kürze dargelegt werden sollte, menschenrechtlich strikt geboten.

Anerkennung und sequentielle Traumatisierung: Eine Analyse der postdiktatorischen Lebenssituation politisch Verfolgter des SED-Regimes

Stefanie Knorr

Politisch Traumatisierte der SED-Diktatur leiden noch heute weitestgehend unter der fehlenden gesellschaftlichen Anerkennung ihrer Leiderfahrungen. Ausgehend von meinen Arbeitserfahrungen in der Beratungsstelle „Gegenwind" für politisch Traumatisierte der SED-Diktatur möchte ich im Folgenden das Konzept der sequentiellen Traumatisierung von Hans Keilson sowie die gesellschaftlichen Sphären der Anerkennungstheorie von Axel Honneth für die Analyse der gegenwärtigen Lebenssituation politisch Verfolgter unter der SED-Diktatur heranziehen.

Keilson untersucht in seinem 1979 erschienenen Forschungswerk[1] die Situation jüdischer Kriegswaisen ca. 25 Jahre nach dem Zweiten Weltkrieg. Er kristallisiert drei traumatische Sequenzen heraus, die sich auf die verschiedenen Phasen der Verfolgung und die anschließende Integrationsphase beziehen.

Die erste traumatische Sequenz beschreibt die Phase der beginnenden Verfolgung mit Angriffen auf die soziale und psychische Integrität.[2] Die zweite traumatische Sequenz besteht in der tiefgreifenden traumatischen Einwir-

---

1 Hans Keilson (1979): Sequentielle Traumatisierung bei Kindern. Untersuchung zum Schicksal jüdischer Kriegswaisen. Psychosozialverlag 2005, unveränderter Neudruck der Ausgabe von 1979.
2 „Die feindliche Besetzung der Niederlande mit dem beginnenden Terror gegen die jüdische Minderheit. Angriffe auf die soziale und psychische Integrität der jüdischen Familien." Ebd., S. 427.

kungsphase.[3] In der anschließenden Phase – dem Leben in der Nachkriegs-
gesellschaft – sieht Keilson die dritte traumatische Sequenz angelegt.[4]
Das Potenzial für die folgende Analyse liegt besonders in der Bestimmung
dieser dritten traumatischen Sequenz durch Keilson: Die Lebenssituation
der jüdischen Kriegswaisen in dieser Phase erwies sich als entscheidend
dafür, ob die Kinder in eine Erholungs- und Genesungsphase eintreten
konnten oder aber ihr traumatisches Erleben verfestigt und eine dauerhafte
Gesundheitsstörung angelegt wurde.[5]
Bezogen auf die politisch Inhaftierten unter der SED-Diktatur lassen sich in
Anwendung der Untersuchungsergebnisse von Keilson zunächst folgende
drei Sequenzen der Traumatisierung unterscheiden:

1. Politische Verfolgung mit Repression und Bespitzelung im Alltag
2. Verhaftung und Inhaftierung
3. Zeit nach der Haft

Die Zeit vor der Haft, die der ersten Sequenz sensu Keilson entspricht, ist
gekennzeichnet durch Repression und Überwachung, psychisch und phy-
sisch erlebte Enge, fehlende Entwicklungschancen und Perspektiven in der
DDR. Ein Klima des Misstrauens, der Bedrohung und Bespitzelung durch-
dringt alle Lebensbereiche der Betroffenen und ihrer Familien.
Die zweite Sequenz mit der tiefgreifenden traumatischen Einwirkung entspricht der Verhaftung und Inhaftierung. Sie ist gekennzeichnet durch
plötzliche, oft erschreckende und gewaltförmige Festnahmen; im weiteren
Verlauf durch Orientierungslosigkeit, Hilflosigkeit und Ausgeliefertsein
an bewusst inszenierte Irritation, psychische und körperliche Bedrohung

---

3 „Die direkte Verfolgung: Deportation von Eltern und Kindern, resp. Trennung von Mutter und Kind; Versteck in improvisierten Pflegefamilieus; Aufenthalt in Konzentrationslagern."
Ebd.
4 „Die Nachkriegsperiode, mit der Vormundschaftszuweisung als zentralem Thema. [...]
Auch die Bemühungen um die soziale Rehabilitation gehören in diese Sequenz." Ebd.
5 „Kinder mit einer günstigen zweiten, aber einer ungünstigen dritten traumatischen Sequenz zeigen ca. 25 Jahre später ein ungünstigeres Entwicklungsbild als Kinder mit einer un-
günstigeren zweiten, aber einer günstigen dritten traumatischen Sequenz." Ebd., S. 430.

und Gewalt durch die staatlichen Beamten in der Untersuchungshaft. In der Haft zieht sich das Erleben von Zwang, Willkür, Gewalt und Rechtlosigkeit fort. Bei den Betroffenen wird somit eine dauerhafte Erlebniskette von Angst und Ohnmacht, von psychischer und physischer Bedrohung erzeugt.

Für die Zeit nach der Haft müssen wesentliche Unterschiede hervorgehoben werden zwischen den politisch Inhaftierten, die in die DDR entlassen worden sind, und denjenigen, die freigekauft und in die BRD entlassen worden sind:

Das Weiterleben in der DDR nach der Haft ging einher mit fortlaufender Verfolgung. Die Betroffenen sollten sich in der sozialistischen Gesellschaft bewähren und unterlagen dem Schweigegebot über die Haftbedingungen. Sie standen weiter unter Beobachtung und staatlicher Kontrolle. Ihre Lebensverhältnisse waren unter anderem durch Orts- und Arbeitsplatzzuweisungen, Berlin-Verbot, regelmäßige Vorladungen und durch Meldungen bei der Polizei fremdbestimmt und entrechtet. Teilweise wurde nur ein Passersatz, der sogenannte PM 12, ausgestellt. Die Betroffenen waren einer totalen Überwachung ausgesetzt und von erneuter Inhaftierung bedroht. Es bestand also nicht nur die Unmöglichkeit, über die Hafttraumatisierungen zu sprechen – geschweige denn Hilfe und Anerkennung zu erfahren – es traten auch neue traumatische Belastungen kumulativ hinzu. Die Gesamttraumatisierung wurde also in dieser Phase der dritten traumatischen Sequenz bei den politisch Inhaftierten, die in die DDR entlassen wurden, noch verstärkt.

Die Haftentlassung in die Bundesrepublik bedeutete auf andere Art eine Erfahrung der Verleugnung, des Schweigens und Nichtverstehens für die Betroffenen. Die Verdrängung der traumatischen Hafterlebnisse war motivational mit dem Wunsch nach einem unbelasteten Neubeginn in Freiheit verknüpft. Gleichzeitig gab es zumeist kaum jemanden im sozialen Umfeld, mit dem man über das Erlebte hätte sprechen können, der das Erzählte verstanden oder überhaupt geglaubt hätte. Das heißt auch dieser Teil der Betroffenen blieb nach der politischen Haft weitestgehend stumm, aber nicht entrechtet. Unter Hinzuziehung der Anerkennungstheorie Axel Honneths lässt sich für diese Personengruppe sagen, dass sie nun zumindest Zugang zu den Anerkennungssphären des Rechts und der Wirtschaft gewonnen hatten. Dies zeigt sich nicht zuletzt in den in der BRD bereits vor der Wiedervereinigung bestehenden Rehabilitierungsmöglichkeiten im Rahmen des Häftlingshilfegesetzes (HHG).[6]

Nach der Haftentlassung haben die Menschen unterschiedliche Phasen in der persönlichen Auseinandersetzung mit ihren Traumatisierungen durchlebt. Die meisten berichten zunächst von einer Euphorisierung nach der Ankunft im Westen: Das Vergangene sollte vergangen bleiben. „Wir schauen nach vorn und beginnen das Leben neu. Alles ist jetzt möglich." Erzählungen von attraktiven Arbeits- und Verdienstmöglichkeiten, von aufgenommenen Studienplänen und Berufswünschen, die in der DDR versagt worden waren, bestimmen diesen Lebensabschnitt. Albträume und posttraumatische Übererregungssymptome werden in dieser Zeit ignoriert. Notfalls zieht man in eine Umgebung weit weg von allen DDR- und Hafterinnerungen. Auf keinen Fall wird über die Hafterlebnisse gesprochen. Lebensläufe werden „frisiert", Stigmatisierungen wegen der Haftzeit oder „Ost-Biografie" sollen verhindert werden. Mitunter wird sogar eine neue „West-Biografie" gestrickt, nichts soll mehr mit dem Osten verknüpft sein.

Im weiteren Lebensverlauf berichten viele dieser Betroffenen jedoch von Brüchen, in denen die Fassade der Vermeidung und Verleugnung bröckelte. In sozialen und beruflichen Einschnitten, wie Trennungen und Arbeitsplatzverluste, aber auch in chronischen Erkrankungen, die sich häufig als Folge der traumatischen Belastungen entwickelten, zeigte sich die dauerhaft erhöhte Vulnerabilität der Betroffenen. Bis dahin latente posttraumatische Belastungssymptome konnten so nach Jahren zum Ausbruch kommen.

Einen besonderen Stellenwert in der Analyse der sequentiellen Traumatisierung von politisch Verfolgten der SED-Diktatur nimmt die Phase nach der Wiedervereinigung ein, die als post-diktatorische Sequenz gesondert hervorgehoben werden muss, da sich hieran die Erwartungen an die rechts-

---

6   Zu den Rehabilitierungsmöglichkeiten siehe den Beitrag von Wolfgang Laßleben in diesem Band.

staatliche Gesellschaft und deren Möglichkeiten zur „Wiedergutmachung" und „Unrechtsbereinigung" knüpfen. In dieser post-diktatorischen Phase wurde der bis dahin subtile Stasi-Terror benennbare Realität. Die Öffnung der Akten des Staatssicherheitsdienstes der DDR ermöglichte dem Einzelnen wie der Gesellschaft, die ungewisse Ahnung in eine – oft erschreckende – Objektivität der totalen Überwachung und Manipulation des bisherigen Lebens in der DDR[7] zu überführen. Zudem brach mit dem Fall der Mauer für die zuvor in die BRD übergesiedelten politisch Inhaftierten der vermeintliche Schutz vor den früheren Verfolgern zusammen.

Mit dem Stasi-Unterlagengesetz (StUG) und den SED-Unrechtsbereinigungsgesetzen (SED-UnBerG) wurden die gesetzlichen Grundlagen für die Aufklärung und Rehabilitierung des staatlichen Unrechts gelegt. Zugleich aber beinhalteten diese Gesetzgebungen Beschränkungen (z. B. Datenschutz vs. Aufklärung im StUG, Beweislast bei gesundheitlichen Folgeschäden nach dem Bundesversorgungsgesetz) sowie Ausschlüsse (nicht alle Betroffenengruppen werden mit ihren Leiderfahrungen in den Rehabilitierungsgesetzen erfasst). Mit einer Täterverfolgung nach dem bundesdeutschen Strafgesetz blieb auch der Wunsch nach gerechter Bestrafung der einstigen Peiniger für die allermeisten unerfüllt.[8]

Auf jener post-diktatorischen Sequenz soll nun auch der Fokus der weiteren Analyse liegen. Um mit Keilson zu sprechen, vermag in dieser Phase des Bemühens um Rehabilitierung der Schlüssel zur „Heilung", d. h. zur Durchbrechung der Traumatisierungskette, oder aber zur Verfestigung und Fortschreibung der biografischen Leiderfahrungen zu liegen. Die Betroffen haben entweder die Erfahrungsmöglichkeit: Mir wurden Anerkennung, Entschädigung und neue Lebenschancen zuteil – oder aber sie erleben erneute Ausgrenzung, Ablehnung, Ungerechtigkeit und fehlende soziale Chancen.

---

7   Aber auch ein Teil der Betroffenen, die nach der politischen Haft in der BRD weiterlebten, konnte in ihren Akten eine fortlaufende Überwachung dokumentiert finden.
8   Zur Strafverfolgung von DDR-Unrecht siehe Klaus Marxen/Gerhard Werle/Petra Schäfer: Die Strafverfolgung von DDR-Unrecht. Fakten und Zahlen. Herausgeber: Stiftung zur Aufarbeitung der SED-Diktatur/Humboldt-Universität zu Berlin 2007.

Gesellschaftliche und soziale Anerkennung wird in der psychosozial-therapeutischen Fachliteratur zu politischer Traumatisierung häufig als ein wesentlicher Faktor für eine gelingende Traumaintegration benannt. Ethisch wird sie häufig mit der Wahrung der Würde der Betroffenen und einem respektvollen Umgang mit ihnen gleichgesetzt.

In einer aktuellen Fragebogenstudie der Freien Universität Berlin zu „Staatlicher Anerkennung als Betroffene_r von Menschenrechtsverletzungen", bestehend aus den Dimensionen „Würdigung", „Gleichstellung" und „Abwesenheit von Missachtung", die unter politisch Traumatisierten der SED-Diktatur durchgeführt wurde, ergaben sich negative Zusammenhänge von staatlicher Anerkennung mit PTBS und Depression, positive Zusammenhänge dagegen mit subjektivem Wohlbefinden und Gerechtigkeitserleben. Die Autorinnen interpretieren ihre Studienergebnisse dahingehend, dass staatliche Anerkennung einen Beitrag zur Wiederherstellung allgemeiner und persönlicher Gerechtigkeit leiste. Gerechtigkeitserleben könne wiederum die psychische Gesundheit direkt beeinflussen oder als Moderator fungieren. Die Studienergebnisse zeigten zudem, dass soziale Anerkennung als Mediatorvariable den Zusammenhang zwischen staatlicher Anerkennung und den abhängigen klinisch-psychologischen Variablen PTBS und Depression sowie Wohlbefinden vermittelt.[9]

Ähnlich formuliert das DSM-V, das eine Unterteilung der Risiko- und protektiven Faktoren in prätraumatische, peritraumatische und posttraumatische Faktoren vornimmt, unter den posttraumatischen Umweltfaktoren „das wiederholte Auftreten von Situationen, die an das Trauma erinnern, nachfolgende belastende Lebensereignisse, finanzielle oder andere Trauma-assoziierte Verluste" als Risikofaktoren. Soziale Unterstützung dagegen vermag als protektiver Faktor den Verlauf abzumildern.[10]

---

9 Valeska Gerst/Kristina Sara Utz: Konstruktion des Fragebogens *Staatliche Anerkennung als Betroffene_r von Menschenrechtsverletzungen* und der Zusammenhang mit psychischer Gesundheit und Gerechtigkeitserleben. Masterarbeit Freie Universität Berlin 2015.
10 American Psychiatric Association: Diagnostisches und Statistisches Manual Psychischer Störungen DSM-5. Dt. Ausg. hg. von Peter Falkai und Hans-Ulrich Wittchen, Hogrefe 2015, S. 379.

Pollmann führt in seiner Rezeption Axel Honneths in diesem Band den Aspekt des Versagens sozialer Anerkennung mit seinen psychopathologischen Folgen weiter aus: Wird das Bedürfnis nach sozialer Anerkennung enttäuscht und bleibt diese Enttäuschung „einsam und stumm, kann es auf Seiten der Betroffenen zu individuellen und privaten ‚Pathologien' kommen, d. h. zu seelischen Störungen, abweichendem Verhalten, scheiternden Bindungen, zu Suchtphänomenen, interpersonaler Aggression oder auch zu autodestruktiven Tendenzen bis hin zum Suizid".[11]

Wie schon Pollmann in diesem Band möchte ich mich in der Analyse überwiegend auf die zweite Sphäre von Honneths Anerkennungstheorie beziehen. Honneth unterscheidet drei Sphären moderner Gesellschaftssysteme, in denen über sozial etablierte Interaktionsmuster unterschiedliche Prinzipien der Anerkennung verankert sind: die Anerkennungssphären der Liebe, des Rechts und der Wirtschaft.[12] Gelingende Anerkennung auf der ersten Sphäre führt zu individuellem Selbstvertrauen, als unverzichtbare Basis für die autonome Teilhabe am öffentlichen Leben,[13] auf der zweiten Sphäre zu Selbstachtung und auf der dritten zu Selbstwertschätzung. Den drei Anerkennungsformen entsprechen ebenso drei Typen der Missachtung bzw. Erniedrigung: Misshandlung, Entrechtung/sozialer Ausschluss und „Entwürdigung",[14] deren Erfahrung als Handlungsmotiv in die Entstehung sozialer Konflikte einfließen kann.

Unter den „Pathologien der rechtlichen Freiheit" beschreibt Honneth den Prozess der zunehmenden Verrechtlichung vormals weitgehend kommunikativ organisierter Lebensbereiche und eine wachsende Orientierung poli-

---

11   Zitat Arnd Pollmann in diesem Band: Siehe die Beiträge in: Axel Honneth/Ophelia Lindemann/Stephan Voswinkel (Hg.): Strukturwandel der Anerkennung: Paradoxien sozialer Integration in der Gegenwart, Frankfurt a. M.: Campus 2013.
12   Axel Honneth: Verwilderungen. Kampf um Anerkennung im frühen 21. Jahrhundert. bpb: Aus Politik und Zeitgeschichte (APuZ 1-2/2011).
13   Axel Honneth: Kampf um Anerkennung. Zur moralischen Grammatik sozialer Konflikte, Frankfurt a. M.: Suhrkamp 1994. S. 174.
14   Ebd., S. 215 ff.

tischer Diskurse am Medium des Rechts.[15] Der fortschreitende Prozess der Verrechtlichung führt zu zunehmenden Kommunikationsabbrüchen. Die Erfordernisse intersubjektiven Handelns geraten aus dem Blick angesichts der gesellschaftlichen Tendenz, die Lösung sozialer Konflikte „schnell und beinah automatisch dem Handlungssystem des Rechts zuzuweisen: [...] die Sprache des Rechts durchzieht zunehmend auch die politisch öffentliche Sphäre, [...] in wachsendem Maße wird auf Bedürfnisse in Form von rechtlichen Ansprüchen Bezug genommen."[16]

Die dritte traumatische Sequenz sensu Keilson – auf die politisch Verfolgten bezogen hier speziell die post-diktatorische Lebensphase – ist entsprechend gekennzeichnet durch „Kämpfe um Anerkennung", die sich für die Betroffenen konkret in jahrelangen Rehabilitierungsprozessen bei den Versorgungsbehörden und Gerichten abspielen und weitere Belastungserfahrungen mit sich bringen, die die Gesamttraumatisierung kumulativ verstärken.[17] Wir haben es hier mit einer Phase zu tun, in der die Betroffenen verzweifelt nach ihrem legitimen Platz in der Gesellschaft suchen. Sie sind als Mahner der unrechtmäßigen Verhältnisse in der DDR überflüssig geworden, die Teilhabe an einer rechtsstaatlich verfassten Gesellschaft wurde durch „das Volk" erkämpft. Nun ginge es darum, ihre Rolle als Vorreiter und Wegbereiter dieses Wandels für alle anzuerkennen und ihnen einen würdigen Platz in der neuen Gesellschaft einzuräumen – was übrigens auf andere Art auch für die „in der Demokratie nicht angekommen" Menschen aus der DDR zutrifft.[18] Eine gelingende Integration, d.h. die Wiederherstellung eines positiven Selbstverhältnisses im Sinne Honneths, das aus den gesellschaftlichen Sphären der Anerkennung erwächst, könnte hier das

---

15 Axel Honneth: Das Recht der Freiheit, Berlin: Suhrkamp 2011, S. 161.

16 Ebd., S. 166f. Zur zunehmenden Verrechtlichung der Rehabilitierungsansprüche politisch Verfolgter der SED-Diktatur siehe den Beitrag von Wolfgang Laßleben in diesem Band.

17 Vgl. hier zum Problem der Begutachtung gesundheitlicher Folgeschäden die Beiträge von Carola Schulze sowie Ruth Ebbinghaus und Doris Denis in diesem Band.

18 Vgl. hier Annette Simon/Jan Faktor: Fremd im eigenen Land?, Gießen: Psychosozialverlag, 2. Aufl. 2010.

Potential entfalten, das Keilson in seiner Untersuchung der dritten Sequenz zuschreibt, nämlich „Heilung" zu ermöglichen.

Honneth stellt in den modernen Gesellschaften „Verwilderungen" in den jeweiligen Sphären der Anerkennung fest, die sich in veränderten Ausdrucksformen des sozialen Konflikts verdeutlichen. Als soziale Pathologie bezeichnet er die gesellschaftliche Situation, dass ein wachsender Teil der Bevölkerung vom Zugang zu den etablierten Anerkennungssphären abgeschnitten sei und über keine Wege mehr verfüge, „Selbstachtung aus der Partizipation am gesellschaftlichen Leben zu schöpfen".[19] Der „von unten" geführte Kampf um Anerkennung „findet daher heute in der verwilderten Form eines bloßen Erkämpfens von öffentlicher Sichtbarkeit oder kompensatorischem Respekt statt."[20] Auch für die Gruppen, die noch in die sozial etablierten Anerkennungssphären integriert sind, habe das Prinzip der subjektiven Rechte „seinen einbeziehenden Sinn verloren und ist weitgehend zu einem Instrument der Abwehr von statusbedrohenden Ansprüchen geworden. Über Rechte zu verfügen bedeutet immer weniger, sich einer wechselseitig eingeräumten Ermächtigung zur individuellen Freiheit zu erfreuen, sondern beinhaltet vor allem, die Begehrlichkeiten anderer mit legitimen Mitteln zurückweisen zu können."[21]

Diese Abwehr von Ansprüchen zeigt sich auch im Umgang mit den Rehabilitierungs- und Entschädigungsforderungen der ehemals politisch Verfolgten. So bestehen für die Betroffenen von SED-Unrecht zwar formal rechtliche Ansprüche zur Rehabilitierung und Entschädigung in den SED-Unrechtsbereinigungsgesetzen und im Bundesversorgungsgesetz. Die Praxis der Umsetzung und Auslegung der rechtlichen Normen ist jedoch durch die Abwehr dieser Ansprüche durch die Behörden geprägt.[22] Das „blaming the victim" findet seinen Ausdruck im Vorwurf der fehlen-

---

19 Axel Honneth: Verwilderungen. Kampf um Anerkennung im frühen 21. Jahrhundert. bpb: Aus Politik und Zeitgeschichte (APuZ 1-2/2011)
20 Ebd.
21 Ebd.
22 Vgl. hier zum Problem der Begutachtung gesundheitlicher Folgeschäden die Beiträge von Carola Schulze sowie Ruth Ebbinghaus und Doris Denis in diesem Band.

den Anpassungsbereitschaft oder -fähigkeit. So begegnen Gutachter den Betroffenen beispielsweise mit Aussagen wie: „Sie hätten ja in die Partei eintreten können, dann hätten Sie auch in dem Beruf arbeiten können" oder kommentierten, der politisch Inhaftierte hätte sich ja in zwei Jahren an die Haftbedingungen gewöhnen müssen, so dass hier nicht von einer andauernden Traumatisierung die Rede sein könne. Hinzu kommt die Unterstellung von Versorgungsbegehren oder innerpsychischem Versagen bei der Bewältigung der Traumatisierung. Letzteres zeigt sich etwa in den Versuchen ein sogenanntes Verbitterungssyndrom als Diagnosekategorie zu etablieren. Damit wird aber der Blick auf den gesellschaftlichen Kontext und die dahinterstehenden versagten Anerkennungsverhältnisse verstellt. Das Problem wird weitgehend individualisiert und in die innerpsychische Kompensation verlagert, indem der Einzelne als krank und individuell behandlungsbedürftig stigmatisiert wird.[23]

Auch für Honneth scheint sich der Kampf um Anerkennung „eher in das Innere der Subjekte verlagert zu haben, sei es in Form von gestiegenen Versagensängsten, sei es in Formen von kalter, ohnmächtiger Wut."[24]

Die Problemlagen der Hilfesuchenden, die in die Beratungsstelle Gegenwind kommen, lassen sich wie folgt zusammenfassen:

Die Betroffenen leiden unter sozialer Marginalisierung, beruflichem und finanziellem Abstieg sowie chronischen gesundheitlichen Folgen. Die Belastungen wirken sich auf Partner und Kinder aus.[25] Typische psychosoziale Folgen sind Misstrauen, sozialer Rückzug, Ängste, depressive Stimmungsbilder, aber auch aggressive Impulsdurchbrüche und psychosomatische

---

23 Dass dieses Ausblenden der gesellschaftspolitischen, historischen und juristischen Begründungszusammenhänge dennoch nicht aufgeht, zeigt sich darin, dass die Betroffenen kaum in die psychiatrische und psychotherapeutische Regelversorgung integriert werden können. Auch diejenigen, die Zugang zur kontextbezogenen Beratungsstelle Gegenwind finden, äußern ihr Misstrauen gegenüber einer „Psychologisierung" ihrer Probleme.
24 Axel Honneth: Verwilderungen. Kampf um Anerkennung im frühen 21. Jahrhundert. bpb: Aus Politik und Zeitgeschichte (APuZ 1-2/2011).
25 Zu den Spätfolgen und den Auswirkungen auf die 2. Generation siehe: Stefan Trobisch-Lütge/Karl-Heinz Bomberg (Hg.): Verborgene Wunden. Spätfolgen politischer Traumatisierung in der DDR und ihre transgenerationale Weitergabe, Gießen: Psychosozial-Verlag 2015.

Belastungen, die zu schweren psychischen und somatischen Krankheitsbildern führen können.

Die politisch Verfolgten berichten überwiegend von gesellschaftlichen und politischen Ablehnungserfahrungen. Sie haben den Eindruck, kein Gehör für ihre Anliegen zu finden, auf Ämtern und Behörden mit alten Seilschaften konfrontiert und abgewiesen zu werden. Das Erleben doppelter Bestrafung und fortwährender Ungerechtigkeit durch soziale und rechtliche Benachteiligung gegenüber ehemaligen Stasi-Tätern sowie fehlende gesellschaftliche Anerkennung des erlittenen politischen Unrechts stellen die zentralen Themen der politisch Verfolgten in unserer Beratung dar.

Auch Pollmann spricht in diesem Band von einer Summierung der zu DDR-Zeiten durchlittenen menschenrechtlichen Missachtung und eines bisweilen geradezu als „Verrat" erlebten folgenreichen zweiten Anerkennungsverlustes im neuen politischen System nach 1989.

Resümierend lässt sich feststellen: Wir sind weit entfernt von der Möglichkeit einer Selbstachtung und Selbstwert generierenden Anerkennung, weil wir die Betroffenen auf ihre Opferrolle reduzieren, ihre schrecklichen Geschichten zu Jahrestagen aufwärmen, uns darüber schockieren, ihnen über die Rehabilitierung ein Gnadenbrot gewähren, das sie sich zuvor aufgrund der Beweislast hart erkämpfen müssen, um uns schließlich dafür den Deckmantel des Schweigens zu erkaufen und die tatsächliche gesellschaftliche Auseinandersetzung mit den Strukturen und verschiedenen Akteuren der Diktatur zu vermeiden. Die gesellschaftliche Auseinandersetzung mit der zweiten deutschen Diktatur wiederholt damit die gleichen Muster, die die beiden Gesellschaften nach der Nazidiktatur aufwiesen: Verleugnung, Verdrängung, plakatives Brandmarken und Gedenken, das den Einzelnen von der Reflexion seiner Mitschuld entbindet, und ein unbescholtenes Weitermachen in einer neuen, moralisch besseren Gesellschaft suggeriert. Nicht zuletzt wiederholt sich das Anzweifeln und Beschuldigen der Opfer in den Rehabilitierungsverfahren und Begutachtungen der gesundheitlichen Folgeschäden, nachdem ihre berechtigten Forderungen nach „Wiedergutmachung" zuvor auf diese Instanzen reduziert wurden. Wie Honneth es als

Dynamik einer sozialen Pathologie darlegt,[26] kommt es auch hier zu jahrelangen juristischen Auseinandersetzungen, denen Denken und Handeln motivational untergeordnet sind und hinter denen die eigentlichen Bedürfnisse der Beteiligten und notwendigen gesellschaftlichen Auseinandersetzungen verstummen.

---

26 Honneth stellt anhand des Films „Kramer gegen Kramer" die Dynamik einer sozialen Pathologie dar, „den Prozeß einer Verwandlung von Individuen in pure Charaktermasken des Rechts" (Axel Honneth: Das Recht der Freiheit, Berlin: Suhrkamp 2011, S. 164 f.).

„Anerkennung" aus juristischem Blickwinkel

Wolfgang Laßleben

Bei der Anwendung des Rechts geht es, unter anderem, um die Herstellung des Rechtsfriedens in einer Gesellschaft. Dabei wird zunächst darauf gesetzt, dass alle Beteiligten (Personen, Rechtssubjekte) sich aus der Einsicht heraus an die gesetzten Regeln halten, dass es somit für alle am einfachsten ist, wenn das Handeln aller berechenbar, also entsprechend den gesetzten Regeln ist. Das Zustandekommen dieser Regeln ist hierfür nur dann interessant, wenn es um deren Änderung geht.[1] Für Regelverstöße sind – je nach Schwere – verschiedene Antworten vorgesehen, die jedoch in jedem Fall justiziabel sind, also vor Gericht verhandelt werden (können).[2] Ist dann ein Streitfall ausgeurteilt, also letztinstanzlich entschieden, soll im Idealfall damit der Rechtsfrieden wiederhergestellt sein.

Hierbei ist zu sehen, dass damit nicht jedem individuellen Wunsch nach Durchsetzung des eigenen (vermeintlichen) Rechts Genüge getan werden kann (es kann nicht jeder gewinnen), sondern es wird lediglich ein Weg zur Verfügung gestellt, so viel Gerechtigkeit wie – bei widerstreitenden Interessen! – möglich zu erreichen.

Auf diesem z. T. langen Weg soll jeder seine Sicht der Dinge vor einer neutralen Instanz darstellen können; deswegen ist die Unabhängigkeit der Justiz auch ein so hohes Rechtsgut, insbesondere wenn einer der Streitpartner der Staat ist.

---

1 Diese rechtspositivistische Sicht orientiert sich an der Praxis; im „Alltagsgeschäft" fällt die Rücksichtnahme auf höherrangiges Recht oder den Sinn und Zweck der Norm gelegentlich unter den Tisch; dies zu beheben gibt es die Rechtsmittel bis hin zur Verfassungsbeschwerde.
2 Außergerichtliche Verfahren, z. B. der Täter-Opfer-Ausgleich, aber auch ungeregelte Streitschlichtungen im privaten Umfeld haben nicht dieselbe zwingende Wirkung und bleiben deswegen in diesem Zusammenhang außer Betracht.

Folge ist dann eine Verbindlichkeit (Rechtskraft), die dazu führt, dass das Rechtsverhältnis ein für alle Mal, endgültig geregelt ist (Ausnahmen gibt es bei der sog. Rechtskraftdurchbrechung, deren Ausnahmecharakter schon aus dem Namen zu entnehmen ist), und – je nach Fallgestaltung – auch mit Wirkung gegen Jedermann (praktisches Beispiel: der Schwerbehindertenausweis kann jedem vorgelegt werden).

Betrachtet man dieses „Konstrukt" aus dem Blickwinkel der „gesellschaftlichen Anerkennung", so lassen sich einige Unterschiede feststellen, die erklären, warum es mit gewisser Häufigkeit Klagen über das Auseinanderfallen von (subjektiv definierter) Gerechtigkeit und „dem Rechtsstaat" gibt. Denn der Rechtsstaat garantiert ja nur ein rechtsförmiges Verfahren, nicht aber ein bestimmtes (gewünschtes) Ergebnis. Gesellschaftliche Anerkennung kann unabhängig vom tatsächlichen Sachverhalt z. B. auf Grund von Sympathie oder Antipathie gewährt bzw. verweigert werden, und insbesondere von unterschiedlichen Personen (oder sogar denselben Personen und unterschiedlichen Situationen) unabhängig voneinander: es gibt Einzelne, die jedem „recht geben", der sie nach ihrer Meinung fragt.

Auszug aus dem Tätigkeitsbericht der Landesbeauftragten 2014, Kapitel 1.2

Unter dem Blickwinkel der „gesellschaftlichen Anerkennung" müssen deshalb in Beratungsstellen, namentlich bei der Landesbeauftragten für die Stasi-Unterlagen, auch Beratungen zu nicht zu rehabilitierendem DDR-Unrecht durchgeführt werden. Eine staatliche Diskriminierung durch die „Organe der DDR" führt nur dann zu einer Rehabilitierung, wenn damit ein politischer Strafprozess, eine politische Verfolgungszeit, gesundheitliche Folgeschäden, ein abgebrochener Ausbildungsgang oder eine berufliche Schlechterstellung verbunden waren. In all diesen Fällen ist die dokumentarische Nachweisführung aus den verschiedenen Akten oder die Beibringung von Zeugen Voraussetzung für ein erfolgreiches Rehabilitierungsverfahren.

In diesbezüglichen Beratungsgesprächen kommt es zunächst darauf an, die Gesprächspartner ernst zu nehmen, da sie schon öfter mit dem Hinweis abgewiesen wurden, sie würden sich ihre Verfolgung nur einbilden. Für die Betroffenen ist das aber keine Einbildung, sondern Realität. Ihre Realität hängt in der Regel ursächlich mit einem oder mehreren Ereignissen in der Vergangenheit zusammen. Diese zu finden und die Zusammenhänge herzustellen, ist die Aufgabe der Beratung. Hierbei kann die Landesbeauftragte nur eine qualifizierte Erstberatung leisten. Die fortgesetzte Beratung oder Therapie muss nach professionellen Standards erfolgen.

Für das Rehabilitierungsrecht gelten in tatsächlicher Hinsicht zwei wesentliche Grundsätze, die immer wieder zu Fragestellungen bei der Beratung führen:

• Der immense Umfang von Diskriminierung und Repression in allen Bereichen der DDR-Gesellschaft und die damit verbundenen gesteuerten Benachteiligungen sowie Verhinderungen beruflicher Besserstellung (durch Verweigerung von Ausbildungsgängen oder Anstellungen) wird nicht rehabilitiert. Der Gesetzgeber geht hier davon aus, dass es schier unmöglich ist, verhinderte Lebensläufe und berufliche Karrieren zu rehabilitieren. Dies gilt auch für den neu in den Fokus der Aufmerksamkeit gekommenen Bereich der Heimeinweisungen in Kinderheime (einschließlich Jugendwerkhöfe) in der DDR.

• DDR-Urteile zu Vergehen, die auch in einer demokratischen Grundordnung geahndet werden, unterliegen ebenfalls nicht der Rehabilitierung durch die SED-Unrechtsbereinigungsgesetze. Voraussetzung für eine Rehabilitierung nach diesen Gesetzen ist immer die politische Verfolgung wegen Widerstand gegen das SED-Regime. NS-Kriegsverbrechen, kriminelle und zivilrechtliche Tatbestände, auch wenn sie auf der Basis ideologisch-politischer DDR-Rechtsnormen geahndet wurden, unterliegen damit nicht der Reha-Gesetzgebung. Dies gilt ebenfalls für die insbesondere seit der 2010 in Kraft getretenen Änderung des StrRehaG nach dem 4. Gesetz zur Verbesserung der SED-Unrechtsbereinigungsgesetze häufig von den Gerichten zu beurteilenden Einweisungsbeschlüsse der Jugendhilfe der DDR: wenn die Jugendhilfe auch in einer demokratischen

Grundordnung einzuschreiten gehabt hätte, wird nicht rehabilitiert; die Unterbringungsbedingungen werden hierbei nicht berücksichtigt (es wird in jedem Fall davon ausgegangen, dass die Heimunterbringung den Bedingungen einer Haft entspricht).

Im Ausnahmefall einer Einweisung in den Geschlossenen Jugendwerkhof (GJWH) Torgau wird allerdings die menschenrechtswidrige Unterbringung, die offenkundig nicht der Erziehung im eigentlichen Sinn des Wortes diente, sondern der ideologischen Disziplinierung, insofern berücksichtigt, als diese Unterbringung gerade das Motiv der Einweisungsentscheidung (im Volksbildungsministerium der DDR) war und diese Entscheidung somit ohne Rücksicht auf die sonstigen Einweisungsgründe (Körperverletzung, Diebstahl etc.) rechtsstaatswidrig macht.

Auszug aus dem Tätigkeitsbericht, Kapitel 1.6

Für die Beratungen ist unter den Bedingungen eines Flächenlandes Folgendes zu berücksichtigen:

- Es sind flexible (Spät-)Sprechstunden für Berufstätige in verschiedenen Mittelzentren anzubieten; insbesondere müssen Möglichkeiten genutzt werden, auch außerhalb der Oberzentren (Magdeburg und Halle) *monatliche* Termine anzubieten, weil diese Oberzentren (v.a. aus der Altmark, Anhalt, der Harzregion und dem Burgenlandkreis) nur mit erheblichem Aufwand zu erreichen sind.
- In Folge der Fristverlängerung vom 02.12.2010 (in Kraft seit dem 09.12.2010) bis zum 31.12.2019 ist mit konstanten Beratungszahlen zu rechnen; weiterhin steht für eine große Zahl von Betroffenen die Kontenklärung bei der Deutschen Rentenversicherung (DRV) noch aus, in deren Verlauf i.d.R. der Beratungsbedarf spätestens festgestellt wird.
- Für alle Bewohner des Landes muss mindestens alle zwei Jahre ein wohnortnahes Angebot (unter 20 km Fahrtweg) bereitgestellt werden. Die Erfahrung hat gezeigt, dass längere Anfahrtswege kaum in Kauf genommen werden.

• Bei jedem Beratungstag überwiegt bei Weitem die Zahl der Erst- (und damit Einmal-)Besucher. Die Auseinandersetzung mit der eigenen, belastenden Vergangenheit findet häufig in bestimmten Lebensabschnitten statt, beispielsweise nach Verlust des Arbeitsplatzes bzw. zum Renteneintritt.

• Antragsberechtigte auf Rehabilitierung benötigen häufig ein bestimmtes, geschütztes Umfeld, um über ihre Vergangenheit überhaupt reden zu können; dieses finden sie – gerade in der Fläche – nur im Rahmen der Beratungsoffensive vor.
Allgemeine (z. B. Ehe-, Familien- und Lebens-) und anderweitig spezialisierte (z. B. Sucht-) Beratungsstellen u. a. zeigen häufig diese spezifische mit sehr speziellem Fachwissen kombinierte Sensibilität nicht; es sollte versucht werden, dies zu verbessern.

• Bei Beratungsangeboten in Niedersachsen, sowie am Tag der Deutschen Einheit und am Beispiel von Einzelfällen, in denen die Betroffenen aus ihren neuen Wohnsitzen im Früheren BundesGebiet (FBG, also in den alten Bundesländern) zu den Beratungstagen angereist sind, wurde erneut deutlich, dass die heute in den alten Bundesländern wohnenden ehemaligen Häftlinge oft die Nachzahlung zur Kapitalentschädigung und die berufliche Rehabilitierung nicht beantragt haben – sie haben lediglich die Bescheinigung nach § 10 Abs. 4 HHG und Leistungen (sog. Eingliederungshilfe nach §§ 9a, 9c HHG) der (damals in Berlin-Marienfelde sitzenden) Stiftung für ehemalige politische Häftlinge erhalten.

Konkretes Beispiel:
das strafrechtliche Rehabilitierungsverfahren
für Heimkinder aus der DDR

Unabhängig von den Leistungen des Fonds Heimerziehung DDR, und auch unabhängig von den dortigen Fristen (30. September 2014), besteht die Möglichkeit, bei politisch motivierten Heimeinweisungen ebenso wie bei politisch motivierten Verurteilungen Rehabilitierungsanträge zu stellen. Seit der letzten Gesetzesnovellierung von 2010 ist als letzte mögliche Antragsfrist der 31. Dezember 2019 festgelegt – deutlich nach Ende der Laufzeit des Fonds.

Grundsätzlich beraten (auch) die Stellen, an denen der Antrag zu stellen ist (d. h. die Landgerichte), zur Vorgehensweise bei der Antragstellung, darüber hinaus sind insbesondere die Landesbeauftragten für die Unterlagen des Staatssicherheitsdienstes bzw. zur Aufarbeitung der Folgen der kommunistischen Diktatur (so die Amtsbezeichnung in Brandenburg) oder zur Aufarbeitung der SED-Diktatur (Freistaat Thüringen) zuständig für die Beratung zu und die Entgegennahme von Rehabilitierungsanträgen. Dies gilt insbesondere auch schon für die Unterstützung bei der Suche nach der richtigen Rehabilitierungsbehörde bzw. (an den Landgerichten) Rehabilitierungskammer.

Hier soll kurz das strafrechtliche Rehabilitierungsverfahren, auch in Abgrenzung zum Verfahren beim Fonds Heimerziehung, dargestellt werden, mit den möglichen Folgeansprüchen, -leistungen und -anträgen. Dabei ist ein wichtiger Punkt, dass die Fondsleistungen und die Rehabilitierungsverfahren sich auf Grund unterschiedlicher Anknüpfungspunkte in der Zeit bis 2. Oktober 1990 nicht gegenseitig ausschließen.

Der Fonds Heimerziehung (DDR) ist eine feste Geldsumme (auch wenn nun aufgestockt wird), aus dem Leistungen an ehemalige Heimkinder, die heute noch unter den Folgen der Heimunterbringung leiden, in einem sehr niederschwelligen Verfahren ausgeschüttet werden. Nach aktuellem Stand haben sich 27.000 ehemalige Heimkinder aus der DDR (von geschätzten 495.000) beim Fonds angemeldet. (Quelle: Datenbericht der Geschäftsstelle des Fonds Heimerziehung beim Bundesamt für Familie und zivilgesellschaftliche Aufgaben/BaFzA) Zur Auszahlung kommt eine Summe von bis zu 10.000 € pro Heimkind, allerdings nicht als Geldbetrag, sondern (über verschiedene Konstruktionen) als Sachleistung, insbesondere um ggf. eine Anrechnung auf andere Sozialleistungen zu vermeiden. (Quelle: Bund-Länder-Vereinbarung/Satzung)

Die strafrechtliche Rehabilitierung von Einweisungen in Einrichtungen der Jugendhilfe der DDR

Die strafrechtliche Rehabilitierung ist gesetzlich geregelt. Dies hat zur Folge, dass jedermann, der die gesetzlich geregelten Voraussetzungen erfüllt, eine entsprechende Rehabilitierungsbescheinigung in Form eines Gerichtsbeschlusses bekommt. Ebenso kann jeder Berechtigte – wenn keine Ausschließungsgründe vorliegen – die Folgeleistungen in Anspruch nehmen. Die finanziellen Mittel hierfür werden über den allgemeinen Haushalt zur Verfügung gestellt. Eine Begrenzung „nach oben" wie beim Fonds Heimerziehung gibt es hierbei nicht. Jedoch genügt es nicht – im Gegensatz zum Heimfonds – den Heimaufenthalt nachzuweisen und die Beeinträchtigung darzulegen, sondern es muss zusätzlich der Einweisungsbeschluss (bzw. bei Haft: das Urteil) eine politische Verfolgungsmaßnahme darstellen. Im Einzelnen:

1. Das strafrechtliche Rehabilitierungsgesetz
Das strafrechtliche Rehabilitierungsgesetz trifft in seinen §§ 1 und 2 Regelungen, nach denen auch schon in der ursprünglichen Formulierung die Rehabilitierung einer Einweisung (Entscheidung über die Unterbringung) in einen Jugendwerkhof oder ein (Spezial-)Kinderheim möglich war.
Bei der (derzeit) letzten Novellierung des Gesetzes im Jahre 2010 wurde § 2 so ergänzt, dass nunmehr die bislang so wichtige Frage der Unterbringungsbedingungen (Frage: haftähnlich?) außen vor bleibt, und sich die rechtliche Würdigung auf die Gründe der Einweisung, die an § 1 gemessen werden müssen, konzentriert.
Anträge auf Rehabilitierung sind, wie schon einleitend erwähnt, (nur noch) bis zum 31.12.2019 möglich.

2. Einweisungen nach DDR-Recht
Mit der bedingungslosen Kapitulation 1945 ging die Staatsgewalt für Deutschland zunächst auf die Alliierten über; von unten nach oben auf-

bauend, wurde hoheitliches Handeln nach und nach wieder an deutsche Stellen zurück übertragen. Aus völkerrechtlichen Gründen kommen für eine Rehabilitierung nur Entscheidungen deutscher Stellen in Betracht. Entscheidungen der Jugendhilfe wurden zunächst von den (neu besetzten) Vormundschaftsgerichten nach den Regelungen des BGB (von 1896) und des Reichsjugendhilfegesetzes (von 1922) getroffen; zunächst wurde eine Zentralverwaltung für Volksbildung durch den SMAD-Befehl Nr. 225 von 1946 errichtet, der die Kinderheime zentral unterstellt wurden; erst nach Erlass der Verordnung über die Übertragung der Angelegenheiten der freiwilligen Gerichtsbarkeit 1952[3] als eigener Regelung der DDR ging die Zuständigkeit für die Einweisungen in den Bereich des Volksbildungsministeriums, und dort der auf Kreisebene tätigen Jugendhilfeausschüsse über. (vgl. Wapler, S. 27, 30 und 39).

Verurteilungen in Strafsachen mit einer anschließenden Unterbringung in einem Jugendhaus stellen im Gegensatz hierzu keine Maßnahme aus dem Bereich der Jugendhilfe dar, sondern direkte Anwendung des Straf- und Strafverfahrensrechts, mit einigen Besonderheiten auf Grund des jugendlichen Alters der Verurteilten. Diese Fallkonstellationen werden seit jeher wie Haft Erwachsener nach dem StRehaG überprüft.

3. Unterbringungsbedingungen

Begründet in der Formulierung des § 2 StRehaG in der Fassung 1992–2010 wurde in zahlreichen Fällen umfangreich erörtert, ob die Bedingungen der Unterbringung haftähnlich waren oder nicht.[4] Nach der neuen Formulierung des § 2 ist nunmehr jeder Kinderheim- (oder Jugendwerkhof-)Aufenthalt wie eine Unterbringung in einer geschlossenen Einrichtung, oder eben wie Untersuchungs- oder Strafhaft zu behandeln.

4. Politische Verfolgung

Das Kriterium der politischen Verfolgung in § 1 Nr. 1 StRehaG orientiert

---

3 Vom 15.10.1952, GBl. 1952, 1057.
4 Hier sei auf den Beschluss des OLG Jena vom 21.07.1998 verwiesen, 1 Ws-Reha 10/08.

sich zunächst an dem dort aufgezählten Katalog an Regelfällen, zu denen sich in der Rechtsprechung weitere Fallkonstellationen herauskristallisiert haben, wie z. B. (unter zusätzlichen Bedingungen) bei einer Begründung mit § 249 DDR-StGB.

Dieser Katalog greift einerseits, wenn das Kind/der Jugendliche den Tatbestand eines der dort aufgezählten §§ erfüllt hat, und von einer Strafe abgesehen worden ist, jedoch stattdessen eine Maßnahme der Jugendhilfe ergriffen worden ist.

Andererseits ist eine Rehabilitierung möglich bei den in der neueren Rechtsprechung herausgearbeiteten Fällen der mittelbaren Verfolgung, wo die für die Personensorge zuständigen Personen (i. d. R. die Eltern) durch eine rechtsstaatswidrige (also nach StRehaG rehabilitierte oder zumindest zu rehabilitierende) Maßnahme gehindert waren, für den Betroffenen zu sorgen; wegen dieses (!) Entzugs der Betreuungsperson musste das Kind in einem Heim untergebracht werden.[5]

5. Grobes Missverhältnis

Das Kriterium des groben Missverhältnisses nach § 1 Nr. 2 StRehaG ist dann bedeutsam, wenn der Einweisung/Unterbringung keine politische Verfolgungsmaßnahme zu Grunde lag; die bezieht sich zunächst auf Fälle der sogenannten allgemeinen Kriminalität, die – auch unter Berücksichtigung der damals und zudem in der DDR schärferen Verurteilungspraxis – unangemessen hoch bestraft wurden. Hier ist seit 2011 die Einweisung in den GJWH Torgau anzusiedeln („dem Geschlossenen Jugendwerkhof Torgau kam unter den Jugendwerkhöfen eine Sonderstellung als außeror-

---

5 Kammergericht (Berlin) 2 Ws 351/09 REHA vom 16.06.2011; Thüringer OLG; OLG Naumburg; OLG Dresden; (abl.) Kammergericht (Berlin) 2 Ws 443/11 REHA vom 13.12.2011; BGH 4 StR 525/13 vom 25.03.2015: nur, wenn auch eigene Verfolgung festzustellen: „Da die Vorschrift des § 2 Abs. 1 Satz 2 StRehaG nicht auf die Verfolgung gerade des von der Unterbringung Betroffenen abstellt, ist dabei unerheblich, ob sich der mit der Anordnung der Unterbringung verfolgte Verfolgungszweck gegen die unter-zubringende Person selbst oder Dritte richtete. Auch die zur politischen Disziplinierung von Eltern oder Verwandten angeordnete Heimunterbringung stellt sich als politische Verfolgung im Sinne des § 2 Abs. 1 Satz 2 StRehaG dar." (Rnr. 17).

dentliches Disziplinierungsmittel zu, bei dem ein stets rechtsstaatswidriges Einweisungsverfahren mit einer gezielt rechtsstaatswidrigen Vollzugspraxis zusammentraf, die durch gewollt besondere Härte und Menschenverachtung der ‚Erziehung' sowie völlige rechtliche und tatsächliche Entmündigung des jungen Menschen gekennzeichnet war")[6]. Inwieweit dies für andere Einweisungsentscheidungen zutrifft und nutzbar gemacht werden kann, muss sich erst zeigen.

6. Folgen der Rehabilitierungsentscheidung

Wer – dies gilt für ehemalige Heimkinder ebenso wie für ehemalige Häftlinge – strafrechtlich rehabilitiert ist, kann eine Reihe von Folgeansprüchen geltend machen, die in mehr oder weniger umfangreichen Verfahren vor verschiedenen Stellen geltend zu machen sind.[7] Hierbei gelten unterschiedliche Antragsfristen.

Hinweis: Für die Folgeleistungen einer strafrechtlichen Rehabilitierungsentscheidung sowie die verwaltungsrechtliche/berufliche Rehabilitierung gibt es gesetzlich geregelte Ausschließungsgründe, d. h. die Leistungen werden trotz Erfüllung der Voraussetzungen dann nicht gezahlt/gewährt, wenn der Rehabilitierte gegen die Grundsätze der Menschlichkeit oder Rechtsstaatlichkeit verstoßen oder in schwerwiegendem Maße seine Stellung zum eigenen Vorteil oder zum Nachteil anderer missbraucht hat (§ 16 Abs. 2 StrRehaG, § 2 Abs. 2 VwRehaG, § 4 BerRehaG).

---

6   Kammergericht (Berlin) 2 Ws 641/10 REHA vom 30.09.2011.
7   Siehe dazu die Internet-Infomation des Bundesministeriums der Justiz und für Verbraucherschutz „Rehabilitierung der Opfer des SED-Regimes. Gesetze und Leistungen für Opfer von Willkürakten und Verfolgungsmaßnahmen des SED-Regimes", online: www.bmjv.de/SharedDocs/Abteilungen/DE/AbtIV/IVB4_Rehabilitierung_der_Opfer_des_SED_Regimes.html (09.09.2015). Die Einstiegsseite enthält Verlinkungen zu den „Merkblättern" mit den jeweiligen Adressen. Für strafrechtliche Rehabilitierung: www.bmjv.de/SharedDocs/Downloads/DE/Broschueren/DE/Rehabilitation_StrRehaG.pdf?__blob=publicationFile (09.09.2015), für verwaltungsrechtliche Rehabilitierung: www.bmjv.de/SharedDocs/Downloads/DE/Broschueren/DE/Rehabilitation_VwRehag.pdf?__blob=publicationFile (09.09.2015).

a. Kapitalentschädigung: Frist 31.12.2019 bzw. ein Jahr nach Rechtskraft der Rehabilitierungsentscheidung

Einmalzahlung von 306,78 € pro (angefangenen) rehabilitierten Haftmonat (bzw. Unterbringungsmonat): beim Präsidenten des jeweiligen Landgerichts (als Justizverwaltungsbehörde), beim Versorgungsamt, beim Justizministerium

b. besondere monatliche Zuwendung/Unterstützungsleistung: keine Frist (die Einkommensverhältnisse können sich ändern), aber Rehabilitierungsentscheidung muss rechtzeitig beantragt worden sein

Monatliche Zahlung von (einkommensabhängig) bis zu 250,00 € pro Kalendermonat nach der Antragstellung, bei einer rehabilitierten Haftzeit von mindestens 180 Tagen: wie a.; bei einer kürzeren Haftzeit kann eine Unterstützungsleistung (einkommensabhängig) als Einmalzahlung (bis zu 4.000 €) bei der Stiftung epH in Bonn beantragt werden

c. gesundheitliche Haftfolgeschäden: keine Frist (der Gesundheitszustand kann sich ändern), aber Rehabilitierungsentscheidung muss rechtzeitig beantragt worden sein

Anwendung des Bundesversorgungsgesetzes (Anmerkung: dies kann bei tätlichen Angriffen in der Zeit der Haft/Unterbringung auch über die Härtefallregelung des OEG Anwendung finden)

d. Ersatzzeit in der Rentenversicherung: keine Frist, aber Rehabilitierungsentscheidung muss rechtzeitig beantragt worden sein

Die Ersatzzeit wird eingetragen, ohne Rücksicht auf die Frage, ob vorher eine rentenrechtlich relevante Zeit vorgelegen hat.

e. berufliche Rehabilitierung: Frist 31.12.2019 bzw. sechs Monate nach Unanfechtbarkeit der strafrechtlichen oder verwaltungsrechtlichen Rehabilitierungsentscheidung

e1. Der Antrag auf berufliche Rehabilitierung dient dazu, einen zum Zeitpunkt der Verhaftung/Unterbringung schon gegebenen rentenrechtlichen Zustand für die Zeit der Haft/Unterbringung fortzuschreiben, auch nach der Haft/Unterbringung, bis eine dem vorgehenden Zustand entsprechende berufliche Situation (maßgebend ist das Gehalt) wieder erreicht wurde. Hierzu muss allerdings bereits zu diesem Zeitpunkt ein Lehrverhältnis/

Arbeitsverhältnis/Zulassung oder Delegierung zu einem Studium vorgelegen haben; Frist bei der Rentenversicherung: sechs Monate nach Beginn des Bezugs einer Rente aus eigener Rentenversicherung

e2. möglich ist auch bei einer Verfolgungszeit von mindestens drei Jahren (oder bis zum 02.10.1990 einschließlich) eine Ausgleichsleistung von 184 € (Rentner 123 €) monatlich, die beim örtlichen Sozialamt zu beantragen ist; Frist hierzu: 31.12.2020

e3. auch möglich ist eine bevorzugte Umschulung nach SGB 3: Landesverwaltungsamt, Innenministerium, …; Frist hierzu: 31.12.2020

f. berufliche Rehabilitierung als verfolgter Schüler

Wie (nur) e3., somit ohne Auswirkung auf das Rentenkonto und ohne Möglichkeit der Ausgleichsleistung. Hier muss ein (allgemein bildender) Schulabschluss verhindert worden sein, eine Zulassung oder Abschluss der EOS, oder die Zulassung zum Studium. Die Rehabilitierung erfolgt (und wird bescheinigt) für den Zeitraum, bis der erstrebte Bildungsabschluss dann erreicht wurde, längstens bis zum 02.10.1990. Einzige Folgeleistung jedoch ist eine bevorzugte Umschulung nach SGB 3.

Schluss

Wie anhand der oben stehenden Punkte 1 bis 6 nebst Unterpunkten festzustellen ist, ist die Materie mit dem Ziel einer (relativ hohen) Einzelfallgerechtigkeit komplex und geradezu unübersichtlich geregelt; dies ist ein Trend, der in der Gesetzgebung generell zu verzeichnen ist und (unter anderem) zu zunehmender Arbeit für eine stetig wachsende Anzahl von Rechtsanwälten führt.

Im hier zu besprechenden Rechtsgebiet führt die Unübersichtlichkeit der Materie zusammen mit der belastenden Vorerfahrung der Betroffenen dazu, dass die vormalige Ohnmachtserfahrung in der Diktatur durch eine neue Ohnmachtserfahrung im Rechtsstaat in unguter Weise verstärkt wird und das Misstrauen gegenüber dem Staat und den (hoheitlich tätig werdenden) Behörden verfestigt wird. Staatliche Beratungsstellen werden gerne angenommen, und die zur Verfügung gestellten Angebote werden in stetiger Regelmäßigkeit genutzt, aber auch sie können das bei vielen vorherrschende Gefühl, im Fall einer (objektiv zu Recht) ablehnenden Entscheidung im Rehabilitierungsverfahren ungerecht behandelt worden zu sein, trotz bürgernah formulierter Erläuterung der Anspruchsvoraussetzungen und der Ablehnungsgründe nur abmildern, nicht aber voll kompensieren. Bedeutsam und unabdingbar ist hierzu ein umfassender Überblick über dieses Spezialgebiet (welches für Rechtsanwälte mangels interessanten Streitwerten nur ein Nebeninteresse darstellen kann), eine gegenüber den Behörden, die mit den Rehabilitierungsverfahren befasst sind, unabhängige Position, und fachliche Vielfalt, die es erlaubt, bei der Bearbeitung des Falls über bloß juristische Fragen hinauszublicken, sowie Weiterbildung und Vernetzung in Richtung auf psychosozial-therapeutische Unterstützung.

Unrechtsstaat DDR – eine gesellschaftspolitische Debatte, ihre psychosozialen Auswirkungen auf die SED-Verfolgten und Notwendigkeiten der Bearbeitung

Freihart Regner und Johannes Rink

Einleitung

In der *Psychosozialen Beratung für SED-Verfolgte,* die in Verbindung zwischen der *Landesbeauftragten für die Stasi-Unterlagen in Sachsen-Anhalt, seit 2013 Birgit Neumann-Becker,* und dem *Universitätsklinikum Magdeburg, Abteilung für Psychosomatische Medizin und Psychotherapie, Leitung Prof. Dr. J. Frommer,* von Mitte 2010 bis Mitte 2014 durchgeführt wurde, zeigte sich immer wieder, dass die Debatte um den Unrechtsstaat DDR bei den SED-Verfolgten zu teils erheblichen psychosozialen Belastungen führt. Im ersten Teil des Textes wird diese Debatte von F. Regner in ihrer Kontroverse nachgezeichnet und über totalitarismus-theoretische Überlegungen einer Positionierung zugeführt, wonach die DDR sachgerecht als *Unrechtsstaat* bezeichnet werden muss. Im zweiten Teil schildert J. Rink in einem vom Koautor im März 2011 geführten und in Fließtext umformulierten Interview die psychosozialen Auswirkungen jener Debatte auf die SED-Verfolgten und benennt Notwendigkeiten der gesellschaftspolitischen Aufarbeitung.[1] In einer Endnote – eine Entgegnung auf den Zeitungskom-

---

1 Der Text wurde zuerst als Beitrag zum Jahresbericht 2011 der Landesbeauftragten für die Unterlagen des Staatssicherheitsdienstes der ehemaligen Deutschen Demokratischen Republik in Sachsen-Anhalt veröffentlicht. Für diesen Tagungsband wurde er geringfügig überarbeitet und mit einer aktualisierenden Endnote versehen.

mentar „Von wegen Unrechtsstaat" vom November 2014 – wird die Aktualität der Debatte aufgezeigt (siehe Anhang Seite 88).

Die Debatte um den Unrechtsstaat DDR (F. Regner)

Schon früh nach dem Ende der DDR begann die gesellschaftspolitische und wissenschaftliche Debatte darüber, ob die DDR passend als Unrechtsstaat bezeichnet werden kann oder nicht.[2] Bereits im Einigungsvertrag war vom „SED-Unrechts-Regime" die Rede,[3] ebenso in manchen nachfolgenden auf die DDR bezogenen Gesetzestexten.[4] Desgleichen vertrat der ehemalige Präsident des Bundesverwaltungsgerichtes Horst Sendler die Ansicht, die DDR sei „im Kern ein Unrechtsstaat" gewesen, weil die Gesetze „nur Versatzstücke" gewesen seien, die „bei Bedarf beiseitegeschoben werden" konnten, wenn sie „der Staatsführung [...] oder sonstigen zur Entscheidung befugten Organen" nicht passten.[5] Demgegenüber meinte Ingo Müller, Autor des Buches „Furchtbare Juristen" über die Verbrechen der deutschen Justiz in der Zeit des Nationalsozialismus, dass es einen „Unrechtsstaat an sich" nicht gebe, sondern die einzelnen stattgefundenen Unrechtsakte jeweils für sich bewertet werden müssten.[6] Auch Volkmar Schöneburg, früher Mitglied der SED, heute als Mitglied der Linken Justizminister in Brandenburg, plädierte dafür, die Rechtsnormen sowohl im NS-Staat als auch in der DDR genau zu analysieren und nicht einfach durch die Kategorie „Unrechtsstaat" zu ersetzen.[7] Später bezeichnete er diesen Begriff als eine „unwissenschaftliche, moralisierende Verdrängungsvokabel" und eine „Vulgärapostrophierung".[8]

---

2 Die Darstellung orientiert sich teilweise an http://de.wikipedia.org/wiki/Unrechtsstaat#cite_ref-23 (09.01.2012).

3 Einigungsvertrag, Art. 17, Satz 2.

4 Siehe Zweites Gesetz zur Berechnung strafrechtlicher Verjährungsfristen vom 26. März 1993 sowie in Art. 315a EGStGB.

5 Sendler (1991), S. 379 ff.

6 Müller (1992), S. 281 ff.

7 Schöneburg (1992) S. 49.

8 Schöneburg (2002) S. 105 f.

Demhingegen erklärte Bundespräsident Roman Herzog vor der Enquê-te-Kommission *Überwindung der Folgen der SED-Diktatur im Prozess der deutschen Einheit:* „Die DDR verweigerte ihren Bürgern die grundlegenden demokratischen Rechte, sie machte Oppositionelle mundtot und schreckte in Einzelfällen nicht einmal vor Mord und Verschleppung zurück. Sie war ein Unrechtsstaat! Den Versuch ihrer früheren politischen Elite, heute die DDR-Realität zum international Üblichen umzuinterpretieren, dürfen wir nicht zulassen!"[9]

Im Zuge der Feierlichkeiten zum zwanzigsten Jahr des Mauerfalls und der Wiedervereinigung ist die Kontroverse wieder neu aufgeflammt. So sagte Bundeskanzlerin Angela Merkel bei einer Jubiläumsveranstaltung in Ber-lin, Freundschaften und glückliche Ereignisse zögen sich durch die Biogra-phie jedes Menschen, der in der DDR gelebt habe. „Aber das ändert nichts daran, dass die DDR ein Unrechtsstaat war."[10] Dem widersprach die Politik-wissenschaftlerin Gesine Schwan, zweimalige Kandidatin für das Amt der Bundespräsidentin: Die DDR sei zwar kein Rechtsstaat gewesen, ihre pau-schale Beschreibung als Unrechtsstaat stelle aber Leben und Arbeit sämtli-cher ehemaligen DDR-Bürger unter einen moralischen Generalverdacht.[11] Auch Lothar de Maizière, letzter Ministerpräsident der DDR, erklärte die-sen Begriff für unglücklich, da er unterstelle, dass alles, was in der DDR im Namen des Rechts geschehen ist, Unrecht gewesen sei.[12]

Besonders aber verwahren sich Politiker/-innen der Linkspartei gegen die Bezeichnung der DDR als Unrechtsstaat: „Die DDR war ein Staat, der un-verzeihliches Unrecht an seinen Bürgern begangen hat. Nach juristischer Definition war sie allerdings kein Unrechtsstaat", meinte etwa Luc Jochim-sen, ehemalige Kandidatin der Linken für das Amt der Bundespräsiden-

---

9 Herzog (1996).
10 dpa: Kanzlerin Merkel rechnet mit DDR als „Unrechtsstaat" ab. In: Die Welt, 09.05.09, on-line: www.welt.de/die-welt/article3705724/Kanzlerin-Merkel-rechnet-mit-DDR-als-Unrechts staat-ab.html (09.09.2015).
11 Schwan (2009).
12 AFP/jm: Lothar de Maizière – „DDR war kein Unrechtsstaat". In: Die Welt, 23.08.2010, online: www.welt.de/politik/deutschland/article9147839/Lothar-de-Maiziere-DDR-war-kein-Unrechtsstaat.html (09.09.2015).

tin.[13] Ebenso hält Bodo Ramelow, heute Fraktionsvorsitzender der Linken im Thüringer Landtag, das Wort „Unrechtsstaat" für politisch aufgeladen und „mit juristischen Definitionen nicht zu fassen". Klar sei jedoch, dass die DDR kein Rechtsstaat gewesen sei.[14] Deutlicher noch bezeichnet Gesine Lötzsch, eine der beiden Vorsitzenden der Linkspartei, „Unrechtsstaat" als einen propagandistischen Kampfbegriff, der brandmarken solle.[15]

Die Kontroverse um den „Unrechtsstaat DDR" ist somit über terminologische Fragen hinaus auch ein brisantes Politikum: So wurden von der brandenburgischen Opposition Forderungen laut, den oben erwähnten Schöneburg unter anderem wegen der zitierten Formulierungen als Justizminister zu verhindern, weil er damit das DDR-Unrecht verkläre.[16] Desgleichen begründete das Landesamt für Verfassungsschutz Sachsen die anhaltende Überwachung der Linken damit, dass sich diese Partei immer noch nicht klar von der SED-Diktatur distanziere. Als Beleg dafür wurde auf einen Text der innerparteilichen Gruppierung „Marxistisches Forum" verwiesen, in dem es heißt: „Wir verwahren uns gegen die Diffamierung der DDR als Unrechtsstaat."[17] Auch SPD und Grüne erklärten die Linkspartei wegen dieser Frage bei den Koalitionsgesprächen in Nordrhein-Westfalen im Mai 2010 für weder regierungs- noch koalitionsfähig. Dazu wiederum Jochimsen: „SPD und Grüne haben für uns einen Gewissens-TÜV organisiert: Wie haltet ihr es mit der DDR? War sie ein Unrechtsstaat?" Die DDR

---

13   AFP/tma: Jochimsen – DDR „juristisch kein Unrechtsstaat". In: Die Welt, 17.06.2010, online: www.welt.de/politik/deutschland/article8081565/Jochimsen-DDR-juristisch-kein-Un rechtsstaat.html (09.09.2015).
14   dpa/lk: Für Ramelow war die DDR kein Unrechtsstaat. In: Die Welt, 17.02.2009, online: www.welt.de/politik/article3283500/Fuer-Ramelow-war-die-DDR-kein-Unrechtsstaat.html (09.09.2015).
15   Gesine Lötzsch: Unrechtsstaat. In: Neues Deutschland, 06.12.2008. Zit. n. http://archiv. gesine-loetzsch.de/kat_echo_detail.php?v=4424 (09.09.2015).
16   ddp/fp: Künftiger Minister verharmlost DDR-Diktatur. In: Die Welt, 30.10.2009, online: www.welt.de/politik/article5031895/Kuenftiger-Minister-verharmlost-DDR-Diktatur.html (09.09.2015).
17   Zit. n. Claer (2010), 2. Abs.

sei zwar eine Diktatur gewesen, aber kein Unrechtsstaat.[18] Dazu erklärte wiederum Joachim Gauck, damaliger Präsidentschaftskandidat, jetziger Bundespräsident, man müsse klären, in welchem Zusammenhang der Begriff „Unrechtsstaat" gebraucht werde – in einer politischen oder in einer wissenschaftlichen Debatte. Politisch gesehen sei die DDR durchaus ein Unrechtsstaat gewesen, doch passe dieser Begriff nicht in ein juristisches Seminar.[19] Von der öffentlichen Meinung wird Gauck eindrucksvoll bestätigt: In einer Umfrage von Infratest dimap Ende 2009 meinten 72 Prozent der Befragten, die DDR sei ein Unrechtsstaat gewesen, nur 19 Prozent verneinten dies, weitere 9 Prozent wussten auf diese Frage keine Antwort.[20]

---

18 O. A.: Bundespräsidenten-Kandidatin Luc Jochimsen: „Die DDR war kein Unrechtsstaat". In: taz, 17.06.10, online: www.taz.de/!5140830/ (09.09.2015).

19 Claer (2010), 3. Abs.

20 Ebd., 1. Abs. – Ergänzend Holtmann (2010), S. 2: „Im Frühjahr 2009, fast 20 Jahre nach der friedlichen Revolution, flammte eine heftige öffentliche Debatte auf, ob die DDR ein Unrechtsstaat gewesen sei. Die Auffassungen dazu sind kontrovers: Für Linke-Fraktionschef Gregor Gysi war die DDR ,zwar eine Diktatur ohne demokratische Kontrolle und kein Rechtsstaat'; wohl gab es in ihr ,auch Unrecht, sie war aber kein Unrechtsstaat' (MZ, 21.04.2009). Bundeskanzlerin Merkel (CDU) hingegen bejaht die Bezeichnung Unrechtsstaat (FAZ, 11.05.2009), ebenso ihr damaliger Kabinettskollege Verkehrsminister Wolfgang Tiefensee (SPD). Merkel betonte, die DDR sei schon auf Unrecht gegründet worden und hätte ohne Angst und Lüge nicht überleben können. Der Ministerpräsident Mecklenburg-Vorpommerns, Erwin Sellering (SPD), verwahrte sich wiederum dagegen, ,die DDR als totalen Unrechtsstaat zu verdammen, in dem es nicht das kleinste bisschen Gutes gab' (FAZ.NET, 12.05.2009). Andere prominente SPD-Politiker unterschieden ,zwischen dem gescheiterten System und den Menschen' (Peter Struck, SZ 11.–13.04.2009). ,Die allermeisten Menschen, die in der DDR gelebt haben, hatten keinen Dreck am Stecken' (Franz Müntefering, SZ 14.04.2009). Ähnlich urteilte der damalige Bundestagsvizepräsident Wolfgang Thierse: Die DDR sei ein Unrechtsstaat gewesen und gescheitert, ihre Bürger aber seien nicht gescheitert (SZ 11.–13.04.2009). Für den Vizepräsidenten des Bundesverfassungsgerichts – Andreas Voßkuhle – schließlich war die DDR ein Unrechtsstaat, der nicht verharmlost werden dürfe. Doch hätten ,die Menschen dort auch schöne Momente erleben' können (SZ, 11.–13.04.2009). Auch einstige Bürgerrechtler sind sich nicht einig. Der Theologe Friedrich Schorlemmer etwa warnte, gegen Merkel gewandt, davor, mit dem Begriff Unrechtsstaat die DDR zu dämonisieren. So werde man dem wirklichen Leben in dem untergegangenen Staat nicht gerecht. Anders sah dies Joachim Gauck, ebenfalls Theologe und bis 2000 Bundesbeauftragter für die Stasi-Unterlagen: ,Der Begriff trifft zu, weil es in der DDR keine Unabhängigkeit der Justiz gab, keine Gewaltenteilung. Es gab keine Herrschaft des Rechts, weil eine Instanz wie die herrschende SED in den Bereich des Rechts eingreifen konn-

Nach all diesen Begriffsverwirrungen scheint es geboten, sich an einer wissenschaftlich fundierten, ausdifferenzierten und dabei dem gesellschaftspolitischen Diskurs geöffneten Definition kritisch abzuarbeiten. Diese liefert der Jurist Thomas Claer, der über „Negative Staatlichkeit: Von der ‚Räuberbande‘ zum ‚Unrechtsstaat‘" promoviert hat.[21] Unter Berücksichtigung der Begriffsbestimmungen verschiedener einschlägiger Autoren[22] definiert er: „Ein Unrechtsstaat ist ein im Umfeld moderner Rechtsstaatlichkeit existierender Staat, der (1) die zeitgebundenen Grunderwartungen der Beobachter und deren eigene rechtliche Standards stark enttäuscht, dem insbesondere (2) wesentliche Grundsätze der Rechtsstaatlichkeit fehlen (Nicht-Rechtsstaat), der (3) systematisch das selbst gesetzte Recht beugt und/oder ‚unerträgliches‘ Unrecht setzt (bestimmbar nach den jeweiligen rechtskulturkreisspezifischen Maßstäben, sofern sie nicht über die kodifizierten UN-Menschenrechte hinausgehen; räumlich universell gelten dabei gegenwärtig nur die Anerkennung der Rechtssubjektivität jedes Menschen und das Willkürverbot) und (4) in dessen Verfassung, Gesetzgebung, Akten und Gerichtsurteilen sich der fehlende Bezug zu den elementaren rechtlichen Standards seines zeitlichen und räumlichen rechtskulturellen Umfelds manifestiert (Zugrundelegung einer ‚Unrechtsideologie‘)."[23]

Claer führt dazu aus,[24] ein Unrechtsstaat müsse etwas noch viel Gravierenderes sein als einfach nur kein Rechtsstaat, denn mit diesem Superlativ habe der Urheber des Begriffs, der Rechtsphilosoph und Justizminister in

---

te. Nicht jedermann konnte das, aber die zentralen Führungsinstanzen der Partei sehr wohl. Zudem war es unmöglich, staatliches Handeln auf dem Gerichtsweg anzugreifen, man hätte dazu die Verwaltungsgerichte gebraucht. Aber die gab es ebensowenig wie ein Verfassungsgericht. Man konnte allerdings, wie im Feudalismus, Eingaben an die Herrschenden richten und appellieren: Hier geschieht Unrecht. Und dann hatte man vielleicht Glück. Oder eben nicht. Das spricht alles dafür, das Regime der DDR ein Unrechtsregime zu nennen, auch wenn es im Land zum Beispiel ein Zivil- und ein Verkehrsrecht gegeben hat, was die Verteidiger der DDR immer wieder anführen.‘ (Mitteldeutsche Zeitung vom 18.04.2009)."

21 Claer (2003).
22 Claer (2010), Abs. 6: u. a. Ralf Dreier, Ernst-Joachim Lampe, Christian Starck, Uwe Wesel, Gerd Roellecke, Otfried Höffe, Gustav Radbruch.
23 Ebd.
24 Ebd., Abs. 8 ff.

der Weimarer Republik Gustav Radbruch, allein das Dritte Reich benannt und dabei Führerprinzip, Angriffskriege und Holocaust im Blick gehabt. Hinsichtlich der DDR sieht Claer die ersten drei Definitionsmerkmale – wenn auch ungleich weniger stark ausgeprägt als im NS-Staat – als erfüllt an: (1) Vor allem das mörderische Grenzregime habe nicht nur westliche Rechtsstandards extrem enttäuscht, sondern sei außerhalb der kommunistischen Welt ganz ohne Beispiel gewesen. (2) Der DDR hätten wesentliche Merkmale der Rechtsstaatlichkeit gefehlt: Die Rechtsordnung hätte für Andersdenkende und Ausreisewillige nicht gegolten; es habe keine Gewaltenteilung, sondern gemäß der DDR-Verfassung den Vorrang der Partei gegeben; die Gewährung persönlicher Grundrechte habe unter dem Vorbehalt gesellschaftlicher Erfordernisse gestanden; fundamentale eigene Verfassungsprinzipien seien durch die Rechtsprechung und die Praxis der Staatssicherheit regelmäßig gebeugt worden. (3) Die SED-Diktatur habe systematisch unerträgliches Unrecht im Sinne zahlreicher Verstöße gegen die Bestimmungen der Europäischen Menschenrechtskonvention begangen, welche von der DDR selbst ausdrücklich anerkannt wurde: Verurteilung und Inhaftierung politischer Andersdenkender (gegen Art. 5 EMRK: Recht auf Freiheit und Sicherheit); Folter in DDR-Gefängnissen (gegen Art. 3 EMRK: Folterverbot); Stasi-Spitzelpraxis (gegen Art. 8 EMRK: Schutz des Privatlebens, der Wohnung und des Briefverkehrs); und weiteres mehr. *Das vierte Definitionsmerkmal jedoch – das Zugrundeliegen einer Unrechtsideologie – treffe auf die DDR nicht zu, meint Claer.* Eine Staatsideologie sei erst dann eine Unrechtsideologie, wenn ihr jeder Bezug zum Naturrecht, zur Rechtsidee, zu den elementaren rechtlichen Standards ihres rechtskulturellen Umfelds fehlen, wie im Extremfall des Nationalsozialismus, der ein ausgesprochenes Gegenprojekt zur Aufklärung gewesen sei. Der Sozialismus/Kommunismus marxistisch-leninistischer Prägung hingegen sei seinen abstrakten Zielvorstellungen nach – wie auch der westliche Liberalismus – in der Aufklärung fundiert, sollten doch die aufgrund gesellschaftlicher Fehlentwicklungen eigentlich Schwächeren, die Arbeiterklasse, qua Weltrevolution die eigentlich Stärkeren, die Kapitalisten, in die klassenlose Gesellschaft der Gleichheit führen. „Es gibt einen elementaren Unterschied zwischen einem System, das Leute ermordet und ausgerottet hat, um seine Projekte durchzusetzen, und einem System, dessen Projekt es war, Leute zu ermorden und auszurotten", wird Tony Judt zitiert.[25] So kommt Claer, der sich politisch übrigens ausdrücklich von der Linkspartei distanziert und lediglich auf begrifflicher Ebene differenzieren will, zu dem Schluss: „Eine Weltbefreiungsideologie, die sich auf die gleichen Wurzeln und ähnliche Zielsetzungen berufen kann wie der westliche Liberalismus, ist keine Unrechtsideologie. Und ein Staat, der sich von dieser Ideologie leiten ließ und genau dadurch gescheitert ist, ist ein fehlgeschlagenes Experiment der Weltgeschichte, das seinen Opfern viel Leid zugefügt hat, aber kein Unrechtsstaat."[26]

Gegen Claers Begründung hinsichtlich seines vierten Definitionsmerkmals soll hier nun mit Rekurs auf die Totalitarismusforschung folgendermaßen argumentiert werden: Entscheidend für die Verwendung des Begriffs „Unrechtsstaat" ist nicht das unrechtmäßige Wesen einer Staatsideologie in abstracto – *sondern deren totalitär-repressive Durchsetzung, in deren Zuge Recht zu Unrecht und Unrecht zu „Recht" verkehrt wird.* Der Sozialismus/Kommunismus mag im Gegensatz zum Nazismus zwar „allgemeine Gleichheit" und den „Weltfrieden" angestrebt haben und somit seiner Intention nach irgendwie „gutartig" sein – zu dessen Erreichung ging er aber über Leichen und *rechtfertigte* dies buchstäblich, indem offenkundiges Unrecht – etwa die Tötung von „Republikflüchtlingen" oder die hunderttausendfache Inhaftierung und/oder „Zersetzung" von vermeintlichen Staatsfeinden – für „Recht" erklärt wurde. *Und genau eine solche ideologische und in den Folgen zerstörerische bis mörderische Verkehrung des überpositiven Naturrechts und der Menschenrechte lässt es angebracht erscheinen, die DDR als Unrechtsstaat zu bezeichnen.*[27]

---

25 Ebd., Abs. 21.
26 Ebd., Abs. 32.
27 Ergänzend Holtmann (2010), S. 5 ff.: „An diesen Grundsätzen gemessen war die DDR eindeutig kein Rechtsstaat. Das gestehen zumeist auch jene zu, die sich gegen die Bezeichnung ,Unrechtsstaat' wenden. War die DDR also nur ein ,Nichtrechtsstaat'? – Dies käme einer Verharmlosung gleich. Denn Nichtrechtsstaaten kennzeichnen solche historischen Übergangs-

Für eine tiefergehende Rekonstruktion ist zunächst der Rückgriff auf Karl Poppers bekannte Unterscheidung zwischen „Offenen" und „Geschlossenen Gesellschaften" hilfreich.[28] Danach ist die *Offene Gesellschaft* eine Demokratie, die größtmögliche Freiheit für jedes Individuum bietet und bei der die Regierung gewaltfrei abgewählt werden kann. Dem stehen *Geschlossene Gesellschaften* wie Faschismus, Nationalsozialismus und Kommunismus gegenüber, deren Ursprung Popper auf die Philosophien Platons, Hegels und Karl Marx' zurückführt. An diesen kritisiert er insbesondere die *Lehre von der Gesetzmäßigkeit der Geschichte (Historizismus),* wonach die historische Entwicklung unvermeidlich und vorhersehbar auf einen idealen Endzustand, den versprochenen „Himmel auf Erden" hinauslaufe – im Kommunismus etwa auf das Endziel der klassenlosen Gesellschaft, mit dem Sozialismus als Vorform und revolutionäres Zwischenstadium unter der „Diktatur des Proletariats". Aus einer solchen, die gesamte Menschheitsgeschichte umfassenden Heilslehre ergeben sich die weiteren Strukturmerkmale der Geschlossenen Gesellschaft: *Holismus* (ganzheitliche Steuerung der Gesellschaft), *Essentialismus* (Erkenntnis des Wesens der Dinge), *Kollektivismus* (Anpassung und Unterordnung des Individuums), *Utopismus* (Versprechen der idealen Gesellschaft).[29]

Entgegen Claer ist nach Karl Popper also nicht der vermeintlich rechtmäßige oder unrechtmäßige Anspruch einer Staatsideologie entscheidend – sondern deren *historistische und in der Folge totalitäre Geschlossenheit.* Poppers Verdienst liegt in der differenzierten Analyse solcher totalitä-

---

regime, wie zum Beispiel im Baden und Preußen des 18. Jahrhunderts, welche erst gleichsam auf halbem Wege zum Rechtsstaat waren, aber für die Modernisierung der staatlichen Gemeinwesen entscheidende Impulse gegeben haben. [...] Das geschriebene Recht stand, so Sendler, ‚unter dem Vorbehalt des Politischen in Gestalt des Parteiwillens und wurde nach Willkür ausgelegt oder suspendiert'. Das Strafrecht wurde verbogen zu einem Instrument, um ‚Klassenfeinde', ‚Saboteure', ‚Boykotthetzer' oder andere als ‚Schädlinge' abgestempelte politisch Andersdenkende zu verfolgen. Und: ‚Die flächendeckende Bespitzelung nahezu der gesamten Bevölkerung mit den widerwärtigsten und hinterhältigsten polizeistaatlichen Methoden, die jedem rechtsstaatlichen Gesinnung Hohn sprechen, waren bezeichnender Ausdruck dieses menschenverachtenden Systems' (Sendler)."

28   Popper (2003/1945).
29   Pfahl-Traughber (2003).

ren Ideologien; mit deren repressiver Durchsetzung hat er sich weniger beschäftigt. Dafür zeigte Hannah Arendt auf, dass derartige Totalitarismen mit ihrem Anspruch auf allumfassende Welterklärung einen „Suprasinn" anbieten, der mit dem *Prinzip der Ideologie* und dem *Wesen des Terrors* gewaltsam durchgesetzt wird.[30] Ähnlich formulierte Carl J. Friedrich folgenden *Merkmalskatalog für totalitäre Diktaturen:* eine Ideologie, eine Massenpartei, eine terroristische Geheimpolizei, ein Nachrichtenmonopol, ein Waffenmonopol und eine zentralgelenkte Wirtschaft.[31] Um indes auch *Entwicklungsprozesse innerhalb totalitärer Systeme* erklären zu können, hält Peter Graf Kielmansegg folgende Kriterien für entscheidend: (1) monopolistische Konzentration der Einflussmöglichkeiten auf Entscheidungsprozesse in einem Führungszentrum, (2) prinzipiell unbegrenzte Reichweite der Entscheidungen des politischen Systems, (3) prinzipiell unbeschränkte Freiheit, Sanktionen zu verhängen. Terror sei dabei nur eines der möglichen repressiven Instrumente. Als weitere werden etwa die Bestimmung über Bildungs-, Berufs- und Kommunikationschancen genannt. Nach der Etablierung des Herrschaftsmonopols bestehe ein Vorrang, dieses nachhaltig abzusichern. Ideologie und Massenpartei hätten dann lediglich die Aufgabe, zu motivieren, zu kontrollieren *und Legitimation zu verschaffen.*[32] Speziell mit letzterer Funktion nähern wir uns aus totalitarismus-theoretischer Sicht der Frage nach dem Unrechtsstaat. Zuvor muss aber noch geklärt werden, ob die (spätere) DDR überhaupt zutreffend als totalitär bezeichnet werden kann.[33] Eine Reihe von Autoren, die in der Tradition Arendts und Friedrichs den Massenterror oder nach Richard Löwenthal die revolutionäre Dynamik als zentral für totalitäre Staaten erachten, verneinen dies eher und bevorzugen stattdessen die Bezeichnung *autoritär*. Verschiedene andere Forscher dagegen stützen sich unter anderem auf den oben kurz referierten Ansatz von Kielmansegg und betrachten Ideologie und Terror als eher periphere Phänomene des Totalitären. So bildet etwa für

---

30 Arendt (1955), Regner (2006).
31 Friedrich (1957).
32 Kielmansegg (1974/1996).
33 Zur Übersicht siehe Richter (2009), S. 1457 ff., und Pingel-Schliemann (2004), S. 52 ff.

Sandra Pingel-Schliemann, Autorin der Studie „Zersetzen: Strategie einer Diktatur", die Entgrenzung der politischen Herrschaft den Kern totalitärer Macht.[34] Die repressive Monopolisierung von Interpretations-, Entscheidungs- und Handlungsmöglichkeiten führe zu einer Kriminalisierung des Pluralismus, zur nahezu vollständigen Abschaffung staatsfreier Räume sowie zur ideologischen Formung der Persönlichkeit.[35] „Der flächendeckende Ausbau der MfS-Aktivitäten sowie die geräuschlose und subtile Bekämpfung der Opposition zeugten von einem ungebrochenen Monopolanspruch der SED. Bis zuletzt verfolgte die SED ihr richtungsweisendes Ziel: die totale Kontrolle und Beherrschung der Menschen."[36] Bestätigt wird sie darin etwa durch Günter Schabowski, ehemaliges Mitglied des Politbüros, „Auslöser" des Falls der Berliner Mauer am 9. November 1989 und einer der ganz wenigen politisch Verantwortlichen, die sich ausdrücklich von ihren Verbrechen in der DDR distanziert haben: „Die Wirkungsweise der Macht erschöpfte sich nicht in der administrativen und militärischen Absicherung. Sie war ein totaler geistiger Anspruch, der darauf zielte, alle gesellschaftlichen Sphären von Kunst bis Kindergarten zu durchdringen und sich in einer Art ideologischer ‚Kommunion' in alle Hirne einzupflanzen."[37] Entsprechend bezeichnet Pingel-Schliemann die DDR als *„subtile" totalitäre Diktatur*[38] – eine Betrachtung und Bezeichnung, der wir uns im Folgenden anschließen.

Die ideologie-geleitete, von einem extremen Freund/Feind-Schema geprägte Durchherrschung sämtlicher gesellschaftlicher Sphären wäre demnach der Wesenskern der subtil-totalitären SED-Macht gewesen, einschließlich der Durchherrschung der Sphäre des Rechts. Dabei sollte das Recht nicht nur als Justizsystem im engeren Sinne, sondern allgemeiner als Sphäre der pluralen gesellschaftlichen Vorstellungen über Recht und Gerechtigkeit aufgefasst werden. So betonte besonders der Jurist Martin Drath mit Blick auf die

---

34 Pingel-Schliemann (2004), S. 65.
35 Ebd.
36 Ebd., S. 69 f.
37 Schabowski (1993), S. 117.
38 Pingel-Schliemann (2004), S. 70 f.

DDR die Funktion totalitärer Ideologie, *ein radikal neues gesellschaftliches Wertungssystems durchzusetzen.*[39] Wie oben schon eingeführt, werden *überpositive natur- und menschenrechtliche Werte dabei ideologisch umgewertet: Unrecht wird zu „Recht"* erklärt (ungefähr: „Es ist im Sinne unserer sozialistischen Friedensordnung, wenn Staatsfeinde, die den dritten Weltkrieg mit vorbereiten, seelisch zersetzt und somit unschädlich gemacht werden!") *und Recht zu Unrecht* (ungefähr: „Niemand hat das Recht, seine Meinung frei zu äußern, wenn diese im Widerspruch zur unumstößlichen Wahrheit des Sozialismus steht!"). *Im Sinne einer derartigen totalitär-ideologischen Umwertung der Rechtsidee muss die DDR schließlich als Unrechtsstaat bezeichnet werden.*

Wir gelangen nach all dem zu folgender Positionierung: *(1) Die DDR war ein subtil-totalitärer Unrechtsstaat.* (2) Sie war dies auch dann, wenn die SED-Verbrechen mit den singulären Verbrechen des NS-Staates weder qualitativ noch quantitativ auch nur annähernd gleichgesetzt werden können und dürfen. (3) Wesentlich für einen Unrechtsstaat ist nicht der „unrechtmäßige Charakter" der Staatsideologie (vgl. Claer), sondern deren *(subtil-) totalitäre Umwertung und systematische Verletzung überpositiven Naturrechts und der Menschenrechte* (vgl. Drath). (Davon abgesehen, dass Claers Argumentation keineswegs konsequent ist: Als Beispiele für „tendenzielle" Unrechtsstaaten, „trotz Zweifeln hinsichtlich der Unrechts-Ideologie", gibt er Kambodscha unter Pol Pot, China unter Mao und Nordkorea unter Kim Il Sung und Kim Jong Il an – allesamt extreme kommunistische Terrorregime.) (4) Es trifft nicht zu, dass der Begriff „Unrechtsstaat" wissenschaftlich

---

39   Drath (1958). Porsche-Ludwig (2011), (S. 3): „Martin Drath hat 1958 mit seinem Aufsatz ‚Totalitarismus in der Volksdemokratie' auch einen grundlegenden Beitrag zur Totalitarismusforschung geleistet, als er ein Kernprinzip *jeglicher* totalitärer Herrschaft herausgearbeitet hat, das deren anderen Charakteristika maßgeblich bestimmt und zusammenhält, seinerseits also nicht nur Symptom, sondern Ursache ist: ‚Totalitäre Herrschaft entsteht immer, wenn versucht wird, das neue Wertungssystem (bis in die ‚Metaphysik') gegen gesellschaftlichen Widerstand durchzusetzen und wirkkräftig zu machen, wobei es ausreichend ist, wenn seine ‚Herren' Widerstand unterstellen bzw. nur antizipieren' [Zitat Drath] – das sogenannte Primärphänomen des Totalitarismus."

nicht fundiert wäre, wie Schöneburg, Ramelow, Jochimsen und Lötzsch behaupten. Vielmehr gibt es eine ganze Reihe von direkter und indirekter Literatur dazu, die von Claer zusammenfassend referiert und in einer Definition gebündelt wurde, deren vierter Bestandteil vor dem Hintergrund der Totalitarismus-Forschung allerdings recht problematisch scheint. Außerdem werden in der gesellschaftspolitischen Auseinandersetzung naturgemäß ständig Begriffe gebraucht, die wissenschaftlich nicht eindeutig definiert sind und einen weiteren Bedeutungshof haben, zum Beispiel „Kapitalismus", „Neoliberalismus", „Sozialismus". (5) Es trifft auch nicht zu, dass mit dem Begriff „Unrechtsstaat" ausgesagt wäre, dass in einem solchen Staat sämtliche Lebensbereiche (und sogar Rechtsbereiche) unrechtmäßig wären (wie von Schwan, de Maizière, Sellering und Schorlemmer dargestellt), da dies noch nicht einmal für den prototypischen Unrechtsstaat schlechthin, den NS-Staat, gilt. Der Begriff zielt erkenntlich nicht auf die Ebene der (individuellen) Lebenswelt. Er zielt vielmehr auf die *Ebene der unrechtmäßigen realen Verfasstheit (nicht: abstrakten Verfassung) eines Staates vor dem Hintergrund überpositiven Rechts und der Menschenrechte* (vgl. Radbruchsche Formel).

Wie erleben vor dem Hintergrund dieser abstrakten Positionierung nun die SED-Verfolgten selbst die Debatte um den Unrechtsstaat DDR, und welche Notwendigkeiten der gesellschaftspolitischen Bearbeitung werden gesehen? Dazu nimmt im folgenden Textabschnitt J. Rink in einem vom Koautor 2011 geführten und in Textform gebrachten Interview Stellung.

„Opferverbände und Psychologie sollten zusammenarbeiten" (J. Rink)

Diese Debatte um den Unrechtsstaat DDR stößt bei mir selbst und wohl auch den meisten SED-Verfolgten auf größtes Unverständnis. Wir wurden in der DDR politisch verfolgt, schikaniert, drangsaliert, man hat uns um unsere Lebensmöglichkeiten betrogen, wir wurden inhaftiert, teilweise gefoltert und „zersetzt", vertrieben, ausgebürgert. Das hat bei allen Be-

troffenen seelische Belastungen und bei sehr vielen gesundheitliche Folgeschäden hervorgerufen, bei den einen weniger, bei den anderen mehr, bei
manchen führte das sogar bis zum persönlichen Ruin.[40] Unsere Überzeugung damals ist aber gewesen: Die DDR ist ein Unrechtsstaat! Wir wurden
also zu Unrecht so misshandelt und haben uns selber auf dem Boden des
natürlichen Rechtsempfindens und der Menschenrechte befunden. Darauf
haben wir gebaut und sind mit dieser Zuversicht und Hoffnung dann in
den Rechtsstaat des wiedervereinigten Deutschlands gegangen. Durch die
Rehabilitierungsgesetze – so unbefriedigend und unvollkommen sie auch
sein mögen, da gibt es noch erheblichen Verbesserungsbedarf! – wurde unsere verletzte Würde und Ehre doch wenigstens bis zu einem gewissen Grad
wiederhergestellt. Und dann zwanzig Jahre später noch diese Debatte, ob
die DDR denn überhaupt ein Unrechtsstaat gewesen sei! Würde man die
Verleugner ernst nehmen, würde damit ja die ganze Rehabilitierung zu einer Farce erklärt werden! Für unser Selbstverständnis als politisch Verfolgte
hat das jedenfalls sehr tiefgreifende Auswirkungen.

Den nicht-betroffenen Diskutanten scheint dabei nicht unbedingt klar zu
sein, was ihre Äußerungen bei den Verfolgten eigentlich anrichten. Das
sind Politiker, Richter, Anwälte, denen es teils wirklich, teils vorgeblich
um wissenschaftliche Begriffsbestimmungen geht. Aus meiner Sicht ist das
aber juristische Haarspalterei, die am wesentlichen vorbeigeht! Ich würde
sogar noch weiter gehen und die DDR einen *Verbrecherstaat* nennen. Die
Schauprozesse während des Nationalsozialismus etwa werden unumwun-
den als politische Verbrechen bezeichnet. Warum dann aber nicht auch die
Schauprozesse in den 50er Jahren unter der DDR-Justizministerin und vorsitzenden Richterin Hilde Benjamin, genannt die „Blutige Hilde"? Warum
ist das „nur" Unrecht? Wobei ich die NS- und die SED-Diktatur an dieser
Stelle lediglich *vergleichen,* nicht aber *gleichsetzen* möchte; es ist völlig klar,
dass die NS-Verbrechen insgesamt eine ganz andere Dimension darstellen.
Dennoch ist Verbrechen Verbrechen und sollte auch als solches bezeichnet
werden. Das gilt genauso für die spätere DDR mit ihren subtilen „Zerset-

---

40   Regner (2011).

82

zungs"-Praktiken. Insofern habe ich ein großes Problem damit, wenn, wie so oft, einfach nur Opferzahlen miteinander verglichen werden – anstatt zu sagen: Jedes Opfer eines politischen Verbrechens ist eines zuviel! Und da solche Verbrechen in der DDR von ihrem Bestehen bis zu ihrem Ende systematisch begangen wurden, würde ich persönlich das Wort „Verbrecherstaat" bevorzugen. In jedem Falle aber war sie zumindest ein Unrechtsstaat, und das sollte nicht relativiert werden.

Wenn nun etwa von Schwan oder de Maizière argumentiert wird, mit dem Begriff „Unrechtsstaat" würden alle DDR-Bürgerinnen und -Bürger denunziert werden, halte ich das für ganz unpassend, denn damit sind doch nur diejenigen angesprochen, die, auf welche Weise auch immer, am staatlichen Unrecht mitgewirkt haben. Selbst im NS-Staat gab es viele Menschen, die sich nicht oder wenigstens nicht direkt an den Nazi-Verbrechen beteiligt haben, und nicht einmal diejenigen, die ein NSDAP-Parteibuch hatten, würde ich pauschal als Verbrecher bezeichnen, da müsste man sich den Einzelfall sehr genau anschauen. Und wenn Thomas Claer schreibt, die DDR sei kein Unrechtsstaat gewesen, weil keine ausgesprochene Unrechtsideologie zugrunde gelegen habe, dann verkennt er meines Erachtens die utopische Dimension des Marxismus-Leninismus: Den „sozialistischen Menschen" gab und gibt es ja nicht, der sollte zwangsweise herangezogen und im widerständigen Fall auch dazu umerzogen werden. Und für diesen „heiligen Zweck" wurden dann alle verfügbaren repressiven Mittel eingesetzt, im Stalinismus ging man dafür gar über Berge von Leichen. Wo ist denn da in der Praxis nun der Unterschied zu einer expliziten Unrechtsideologie? Hier zu sagen „Die Idee war gut, aber …", das kann als Kriterium für die Verwendung des Begriffs „Unrechtsstaat" und womöglich noch zur Entschuldigung des Terrors nicht herhalten.

Von daher ist es speziell für uns politisch Verfolgte auch eine dreiste Zumutung, wenn von der Linkspartei nun wieder der Kommunismus in die Debatte eingeführt wird. Will man diese Ideologie denn schon wieder als Ziel propagieren? Ist das, für alle vernünftigen Geister ersichtlich, nicht überall verheerend schiefgegangen, wo es ausprobiert wurde? Wollen die uns denn schon wieder zu Versuchskaninchen ihrer Utopie machen? Man kann daran vor allem eines erkennen: Die Linke behauptet zwar, die SED überwunden zu haben, aber das kommunistische Gedankengut ist immer noch vorhanden, und das verrät sich zum Beispiel in solchen Äußerungen, die ja immer wieder auftauchen. Im Grunde besteht da – zumindest in gewissen Teilen dieser Partei – eine latente bis offene Verachtung für den Rechtsstaat, dessen Vorzüge zugleich weidlich ausgenutzt werden. Und die demokratischen Parteien sind leider nicht immer willens, dem mit genügender Deutlichkeit entgegenzutreten. Das finde ich persönlich ziemlich erschütternd.

Was das gesundheitlich bewirkt? Wenn ich etwa die Protagonisten dieser Debatte im Fernsehen sehe, habe ich danach öfter nachts Schlafprobleme oder Magen-Darm-Beschwerden, weil dann kommt alles wieder hoch, was ich seit der Haftentlassung an schmerzhaften Erfahrungen mühsam verdrängt habe. Ähnlich geht es mir, wenn Leidensgenossen zu mir kommen und mir von ihren Sorgen berichten. Tagsüber ist das meistens erträglich, da kann ich mich einigermaßen ablenken, zum Beispiel mit Schachspielen, aber nachts kommt die ganze Wut und Ohnmacht über dieses unwürdige Politiktreiben wieder hoch. Ohnmacht ist überhaupt ein zentrales Stichwort. In der DDR war man als Oppositioneller und Inhaftierter ja ganz weitgehend ohnmächtig, und auch nach der Haftverbüßung galt: einmal Staatsfeind, immer Staatsfeind, die dachten und handelten ja ganz stark in solchen Feindbildern. Nun aber auch und gerade im Rechtsstaat über Jahre so viel Ohnmacht, Unrecht und Ungerechtigkeit erleben zu müssen, jenem Rechtsstaat, von dem man sich in der Zeit der Unterdrückung so viel versprochen hatte – das macht mürbe, bitter und letztlich krank. Dabei bin ich einer, der noch vergleichsweise gut und gesund dasteht, bei vielen, vielen anderen sieht das noch erheblich schlimmer aus, die sind aufgrund dieser jahrelangen Demoralisierung durch Politik und Verwaltung regelrecht aufgerieben worden und sind daran seelisch und körperlich schwer erkrankt. Für die psychosoziale und therapeutische Arbeit bedeutet das, dass sie leider oftmals beinahe vergeblich ist, weil zum Beispiel durch solche Debatten um den Unrechtsstaat DDR oder den Kommunismus die mühselig erreichte Stabilisierung bei den Betroffenen wieder zunichte gemacht wird und die Schrecken der Vergangenheit plötzlich wieder gegenwärtig sind, fast als wäre nichts geschehen. Erfolgreiche Therapie mit politisch Verfolgten braucht also verlässliche Rahmenbedingungen, und die müssen vor allem von der Politik geschaffen werden. Ansonsten finde ich den Ansatz richtig, den Betroffenen in der Beratung und Behandlung ihr erlittenes Unrecht anzuerkennen und zu bestätigen. Denn sie wollen sich in diesem zentralen Bereich ja verstanden fühlen (also nicht so wie auf manchen Ämtern: „Ach, das sind doch alles nur Märchen, ich habe doch selbst in der DDR gelebt, und mir ist sowas nicht passiert", das ist ganz abwegig und destruktiv). Dabei ist es gar nicht so wesentlich, ob der Therapeut selbst in der DDR gelebt hat oder nicht – Hauptsache, er oder sie kann sich hinreichend in die Verfolgungssituation hineinversetzen und kompetent und verständnisvoll zuhören, das ist entscheidend wichtig. Denn man durfte und konnte ja jahrelang praktisch mit niemandem darüber sprechen, wurde auch nach der Haftentlassung ständig bespitzelt, die wussten ja fast alles über einen, auch deshalb übrigens diese starke Empfindlichkeit gegenüber Ohnmacht. Dieses Zuhören und Verstehen ist also sehr wichtig, übrigens auch zwischen den Betroffenen selbst, unter anderem deswegen haben wir ja auch unsere Treffen, wo wir uns untereinander austauschen, das kann mitunter auch mehr bringen als das Gespräch mit einem Psychologen.

Ansonsten würde ich mir von Psychologen wünschen, auch mit den Tätern, einschließlich dieser Neu-Kommunisten, zu sprechen und deren Beweggründe zu erforschen, denn das stößt bei uns Verfolgten wirklich auf völliges Unverständnis. Man wäre damit sozusagen an der Wurzel des Übels: Was geht in denen vor, warum haben die das getan und tun die das? Glauben die da wirklich dran oder wollen sie nur provozieren? Kennen die eigentlich die dunkle Geschichte des Kommunismus und der DDR? Und ist denen bewusst, was ihre Aussagen bei den Opfern auslösen, falls ja, ist ihnen das egal? Also ein professionelles Hinterfragen der Motive dieser Täter jenseits von Sprechblasen und eine Art Übersetzung für uns Betroffene, damit wir das einigermaßen nachvollziehen können – nicht um es gut zu finden, sondern um uns besser damit auseinandersetzen und uns davor schützen zu können. Allerdings sind die ja meistens so überheblich und ideologisch festgefahren, dass sie sich auf ein solches Gespräch vermutlich gar nicht einlassen würden …

Psychologie und Therapie hat also ihre Grenzen, genauso wie auch das Engagement unserer Opferverbände seine Grenzen hat. Deshalb ist es entscheidend wichtig, dass wir zusammenarbeiten, denn es gibt hier eine ganze Reihe von gravierenden Missständen, die unbedingt verändert werden müssen, und das können wir nur gemeinsam schaffen. Von uns kommt dabei das unmittelbare Erfahrungswissen und die Zeitzeugenschaft, von Psychologie und Medizin kann die Expertise kommen, wie sich unsere Verfolgtengeschichten in gesundheitlichen Folgeschäden ausdrücken, für die wir rechtmäßigerweise rehabilitiert werden wollen, ohne dabei jedoch pathologisiert und bürokratisch gedemütigt zu werden.[41] Auf dieser Basis sollte dann über verschiedene Initiativen, Behörden und Verbände Einfluss auf die Zivilgesellschaft und die Politik genommen werden, denn letztlich müssen Gesetze verändert werden, wenn sich für die legitimen Interessen der SED-Verfolgten und damit letztlich auch der Gesellschaft insgesamt etwas durchgreifend verbessern soll, und das ist dringend geboten.

Literatur

Arendt, H. (1955): Elemente und Ursprünge totaler Herrschaft, Frankfurt a. M.: Europäische Verlagsanstalt.

Claer, Th. (2003): Negative Staatlichkeit: Von der „Räuberbande" zum „Unrechtsstaat", Hamburg: Dr. Kovac.

Claer, Th. (2010): War die DDR ein Unrechtsstaat? Warum eine differenzierte Betrachtung weder die DDR verharmlost noch die Würde der Opfer verletzt. In: justament-online, online: http://www.justament.de/archives/1420 (09.09.2015).

Drath, M. (1958): Totalitarismus in der Volksdemokratie. In: Seidel, B./Jenkner, S. (Hg.) (1974): Wege der Totalitarismus-Forschung, Darmstadt: Wissenschaftliche Buchgesellschaft, S. 310–358 (Erstmals veröff. als Einleitung zu: Richert, E. (1958): Macht ohne Mandat: Der Staatsapparat in der sowjetischen Besatzungszone Deutschlands, Köln: Westdeutscher Verlag, S. XI–XXXVI).

Friedrich, C. J. (1957): Totalitäre Diktatur, Stuttgart: Kohlhammer.

---

41   Frommer/Regner (2012).

Frommer, J./Regner, F. (2012): Fehlbegutachtungen politisch Verfolgter: Zur notwendigen Berücksichtigung des politisch-rechlichen Kontextes. In: Bundesstiftung zur Aufarbeitung der SED-Diktatur/Stiftung Gedenkstätten Sachsen-Anhalt (Hg.): Es ist noch lange nicht vorbei: Erinnerungen und die Herausforderungen bei der Aufarbeitung der DDR-Vergangenheit, Berlin: Metropol.

Herzog, R. (1996): Wege ins Offene – Erfahrungen und Lehren aus den Diktaturen des 20. Jahrhunderts. Rede, gehalten am 26.03.96 vor der Enquete-Kommission „SED-Diktatur" in Berlin, online: www.bundespraesident.de/SharedDocs/Reden/DE/Roman-Herzog/Reden/1996/03/19960326_Rede.html (09.09.2015).

Holtmann, E. (2010): Die DDR – ein Unrechtsstaat?, online: www.bpb.de/themen/YIC2C0.html (09.09.2015).

Kielmansegg, P.G. (1974/96): Krise der Totalitarismustheorie? In: Jesse, E. (Hg.): Totalitarismus im 20. Jahrhundert: Eine Bilanz der internationalen Forschung, Bonn/Baden-Baden: Nomos, S. 286–304.

Müller, I. (1992): Die DDR – ein Unrechtsstaat? In: Neue Justiz, 46. Jg., S. 281–283.

Pfahl-Traughber, A. (2003): Ideologische Strukturmerkmale der geschlossenen Gesellschaft: Karl R. Popper als Totalitarismustheoretiker. In: Aufklärung und Kritik 1, S. 106–125, online: www.gkpn.de/pfahl_popper.pdf (28.09.2015)

Pingel-Schliemann, S. (2004): Zersetzen: Strategie einer Diktatur, Köthen: Druckhaus.

Popper, K.R. (2003): Die offene Gesellschaft und ihre Feinde [Originaltitel: The Open Society and Its Enemies, London 1945], Tübingen: Mohr Siebeck, 2 Bde.

Porsche-Ludwig, M. (2011): Der Staat im Osten: Zu Martin Draths Charakeristik eines totalitären Regimes. In: Deutschland Archiv 4/2011 – Forum, online: www.bpb.de/themen/ONJXTB.html (09.09.2015).

Regner, F. (2006): Zur Bedeutung Hannah Arendts für die (psychosozial-therapeutische) Menschenrechtsarbeit: Eine kritisch einführende Hommage. In: ders./Heckl, U. (Hg.): Politische Traumatisierung III: Menschenrechte, Recht, Gerechtigkeit. Zeitschrift für Politische Psychologie, Jg. 14, Nr. 1/2.

Regner, F. (2011): Zur psychosozialen Situation von SED-Verfolgten. Beitrag zu einer Expertise der Vereinigung der Opfer des Stalinismus (VOS) für den Jahresbericht der Bundesregierung zum Stand der SED-Aufarbeitung, online: www.inter-homines.org/sed-verfolgte.psysoz_situation.pdf (09.09.2015).

Richter, M. (2009): Die Friedliche Revolution: Aufbruch zur Demokratie in Sachsen 1989/90, Göttingen: Vandenhoeck & Ruprecht.

Schabowski, G. (1993): Selbstblendung: Über den Realitätsverlust der Funktionärselite. In: Kursbuch 111, 2, S. 111–124.

Schöneburg, V. (1992): Recht im nazifaschistischen und im „realsozialistischen" deutschen Staat – Diskontinuitäten und Kontinuitäten. In: Neue Justiz, 46. Jg., S. 49–54.

Schwan, G. (2009): In der Falle des Totalitarismus: Wer die DDR einen „Unrechtsstaat" nennt, stellt ihre ehemaligen Bürger unter einen moralischen Generalverdacht. In: Die Zeit, 25.06.2009, Nr. 27, online: www.zeit.de/2009/27/Oped-Schwan#comments (09.09.2015)

Sendler, H. (1991): Über Rechtsstaat, Unrechtsstaat und anderes – Das Editorial der Herausgeber im Meinungsstreit. In: Neue Justiz, 45. Jg., Heft 9, S. 379–382.

Anhang (F. Regner)

Wie aktuell die Debatte immer noch und immer wieder ist, zeigt sich beispielsweise in meiner – nicht wissenschaftlich, sondern gesellschaftspoli-
tisch engagiert gemeinten – *Entgegnung auf den Kommentar „Von wegen
Unrechtsstaat" bzw. „Der flatterhafte Unrechtsstaat" von Stefan Reinecke in
der taz vom 14.11.2014*, online: www.taz.de/!5028667/ (09.09.2015):
„Auffallend – und für den gesamten Diskurs in mancher Hinsicht bezeich-
nend – ist zunächst, dass die Sicht der SED-Unrechtsopfer des Unrechtsstaates DDR in Ihrem Kommentar praktisch keine Rolle spielt. Dabei ist
diese Perspektive entscheidend wichtig, um den Zusammenhang nicht nur
parteipolitisch, sondern vom Grundsätzlichen her zu erfassen. Ich vertrete
dazu mit Bezug auf das Grundgesetz die These, dass unser demokratischer
Rechtsstaat normativ auf den Leid- und Unrechtserfahrungen politisch verfolgter Menschen beruht und deren Ansichten und Befindlichkeiten daher
in besonderer Weise zu respektieren sind. […]
Vor diesem Hintergrund ist das Wort Unrechtsstaat denn auch gar nicht
so ‚flatterhaft', wie von Ihnen dargestellt. Sie selbst schreiben: ‚In 40 Jahren DDR gab es etwa 200.000 politische Gefangene, einen monströsen Ge-
heimdienst, eine willfährige Justiz. […] Unrechtsstaat soll, so verstanden,
die systematische Entrechtung der Oppositionellen betonen.' Allerdings
fahren Sie fort: ‚Was verwunderlich, ja engherzig wirkt, ist, dass der flatterhafte Begriff Unrechtsstaat als einzig moralisch korrekte Formel gelten
soll, die das ausreichende Maß an Abscheu signalisiert. Diktatur, ein Wort,
das Täter, Opfer und Unterdrückung deutlich anklingen lässt, gilt hingegen
als weichgespülte Verharmlosung.' Das finde ich erstens zu polarisiert dargestellt, denn ‚Diktatur' ist in der Tat schon ein recht deutlicher Ausduck.
Indessen zielt ‚Diktatur' aber, zweitens, eher deskriptiv auf die politische
Machtdimension (als Gegenbegriff zu Demokratie), während ‚Unrechtsstaat' eher normativ auf die politische *Rechtsdimension* (als Gegenbegriff
zu Rechtsstaat) abzielt. Insofern geht es hier nicht um *moral correctness*,
sondern es geht gemäß Artikel 1 des Grundgesetzes um die normative Abfolge Menschenwürde > Menschenrechte > Grundrechte. Und genau diese

Sequenz wurde in der DDR aufgrund der übergeordneten Staatsideologie des Marxismus-Leninismus von der herrschenden Staatspartei SED (,Die Partei hat immer Recht!') systematisch verletzt. Deswegen hatte ich mich in unserem diesbezüglichen Text [gemeint ist der vorliegende Text] auch auf den an dieser Stelle unverzichtbaren Martin Drath bezogen (,Durchsetzung eines radikal neuen gesellschaftlichen Wertungssystems als Primärphänomen des Totalitarismus').

Was das Wort ,Unrechtsstaat' also, bei all seinem weiten Bedeutungshof, im Kern und buchstäblich genommen zum Ausdruck bringt, ist die *Verkehrung der Rechtsidee*, letztere inhaltlich gefasst in Menschen- und Grundrechten. Und das ist etwas anderes und vor allem etwas Grundlegenderes als die *Verkehrung der Machtidee*, wie sie in einer Diktatur praktiziert wird. Insofern macht es nicht nur aus parteipolitischen Gründen (,Klar ist hingegen das parteipolitische Ziel der Debatte: die Linkspartei an den Pranger zu stellen'), sondern aus bürgergesellschaftlichen und aufarbeitungsethischen Gründen ernsthaften Sinn, mit Blick auf die DDR auf die Bezeichnung Unrechtsstaat zu bestehen. Sie dagegen schreiben: ,Denn diese mit viel Bekenntniszwang geführte Debatte zielt nicht auf Erkenntnisgewinn. Sie hat etwas Fetischhaftes, Rechthaberisches.' Nein, diese Debatte zielt sehr wohl auf Erkenntnis: auf die gesellschaftspolitische Erkenntnis nämlich, dass die Aufarbeitung des Unrechtsstaates DDR in hohem Maße aufschlussreich ist für die Gestaltung des Rechtsstaates Deutschland. So wird das jedenfalls in aller wünschenswerten menschenrechtlichen Klarheit von Roland Jahn vertreten, und so wird es in den betreffenden Gedenkstätten bildungspolitisch umgesetzt. Auch meine eigene aktuelle Untersuchung über ,Sich-frei-Sprechen: Zur Bedeutung des Zugangs zur demokratischen Öffentlichkeit für SED-Verfolgte' kommt, wenig überraschend, zu einem gleichlautenden Ergebnis.

,Unrechtsstaat ist, so verstanden, eine Art Synonym von Diktatur', schreiben Sie, und die Verwendung des Wortes Diktatur vonseiten der Linkspartei sollte daher zur Abgrenzung von SED-Unrecht ausreichend sein. Stattdessen aber solle Die Linke ,als Klub von DDR-Nostalgikern vorgeführt werden'. Nun, drehen wir den Spieß doch einmal um: Wenn ,Diktatur' und

‚Unrechtsstaat' praktisch synonym wären (was ich aus oben genannten Gründen nicht für zutreffend halte) – warum ziert sich Die Linke denn dann so vor der Verwendung des ‚flatterhaften U-Wortes'? Meine Antwort wäre: Das Wort Unrechtsstaat drückt – anders als das Wort Diktatur – im buchstäblichen Sinne aus, dass die DDR aufgrund ihrer von Drath herausgestellten totalitären Struktur *von Grund auf unrechtmäßig konstituiert* war – und dies zuzugestehen, damit hat die Linkspartei und allen voran Gysi als ehemaliger Rechtsanwalt im Unrechtsstaat ein Problem, weil sie – bei allen Brechungen, Distanzierungen und ‚Entschuldigungen' – in Teilen nach wie vor mit den sozialistischen (Friedens)Idealen der DDR identifiziert ist; daher dieses Drehen, Winden und Eiern. Aus historischen, personellen wie programmatischen Gründen kann Die Linke deshalb insgesamt und bis auf weiteres nicht als glaubwürdige, seriöse Partei gelten [...]. SPD und Grüne tun daher gut und richtig daran, wenn es nicht anders geht aus politpragmatischen Gründen zwar die eine oder andere Koalition mit dieser Partei einzugehen, aus prinzipiellen Gründen aber Distanz und Reserve zu wahren. Genau diese Polarität – normativ Prinzipielles versus Politpragmatik – gilt es nämlich besonnen abzuwägen, und hier bewegt sich Ihre Argumentation [...] meines Erachtens zu sehr am pragmatischen Pol.

So schreiben Sie: ‚In dieses Bild passt auch die Warnung von Joachim Gauck vor einem linken Ministerpräsidenten in Erfurt. Es ist das erste Mal seit 1949, dass ein Bundespräsident Koalitionsverhandlungen in einem Bundesland kommentiert hat.' Das halte ich für eine ziemlich selektive Darstellung. Ausgewogener und daher überzeugender finde ich den Politikwissenschaftler Oliver Lembke auf web.de/magazine/politik/joachim-gauck-kritik-linkspartei-bundespraesident-30184238. Darin heißt es: ‚In der Frage der Linkspartei und ihrer Regierungsbeteiligung in Thüringen kann man sagen, Gauck geht einen Schritt zu weit: Er mischt sich in einer konkreten Situation ein in der es um Regierungsbildung und somit um Machtverteilung geht. Die andere Lesart wäre, er bringt etwas zu Gehör, von einer Gruppe von Menschen, die nicht beteiligt sind an dieser Regierungsfrage: Was ist mit den ehemals politisch Verfolgten in der DDR?' Letzteres ist aus oben genannten Gründen eine der nobelsten Aufgaben des ersten aus der DDR stammenden Bundespräsidenten, der zudem langjähriger Bundesbeauftragter für die Unterlagen des Staatssicherheitsdienstes war. Weiter schreiben Sie: ,In diese Logik fügt sich auch der Auftritt von Wolf Biermann im Bundestag, ein schrilles, letztes Aufflackern eines pathosschweren Antikommunismus ohne Kommunisten. Biermann nannte die Linksfraktion ›Drachenbrut‹.' Wolf Biermann, wie immer man zu ihm persönlich stehen mag, ist ein Solitär und Vollblutkünstler, der sich um den Untergang der zweiten deutschen Diktatur bzw. des zweiten deutschen Unrechtsstaats auf seine Weise außerordentlich verdient gemacht hat. Seine Einladung in den Bundestag anlässlich des Mauerfall-Jubiläums und der Umgang mit seinem Auftritt war daher zwar erwartungsgemäß schillernd, aber alles in allem durchaus angemessen, auch und gerade in der Provokation. Den vielen SED-Verfolgten jedenfalls dürfte das äußerst gut getan haben, und darauf kommt es in diesem Zusammenhang wesentlich mehr an als auf etwaige Pikiertheiten linker Abgeordneter oder landespolitische Farbenspiele."

Unsichtbare Wunden: Gesundheitliche Spätfolgen politischer Repression in der DDR

Karl-Heinz Bomberg

In meiner psychotherapeutischen Praxis hat die Anzahl politisch Verfolgter durch die SED-Diktatur kontinuierlich zugenommen. Neben den Therapien nimmt die Begleitung bei versorgungsrechtlichen Ansprüchen einen wichtigen Stellenwert ein. Die Anerkennung ist von anfangs 25 auf über 50 Prozent der Betroffenen angestiegen. Diese Steigerung ist das Ergebnis oft mehrjähriger Auseinandersetzungen mit Widersprüchen und Neubegutachtungen. Der behördliche Weg ist weiterhin steinig bis hin zu Ignoranz und Inkompetenz, so dass vielen Menschen mit Traumafolgeschäden die Anerkennung verweigert wird. Dies soll am Beispiel von Herrn M. verdeutlicht werden.

Falldarstellung Herr M.

Herr M. befand sich zu diagnostischen Gesprächen in meiner psychotherapeutischen Praxis. Festgestellt wurde: Andauernde Persönlichkeitsänderung nach Extrembelastung mit Störungen der Affekt- und Impulsregulation sowie depressive Episode als Traumafolgeschaden. Die damit verbundenen Beschwerden stehen mit politischer Verfolgung und Inhaftierung (einein-halb Jahre) einschließlich verschärftem Arrest ursächlich in Verbindung. Daneben gibt es körperliche Diagnosen, die mit Überforderung durch die Haftarbeit zusammenhängen. Herr M. war in einem Gefängnisblock untergebracht, der von der übrigen Einrichtung isoliert war und als „gesondertes Kollektiv für schwer erziehbare Jugendliche" bezeichnet wurde. Im Unterschied zum normalen Vollzug gab es keinen Freigang, die Internierung erfolgte in Einzelzellen, es gab Essensreduzierung, verstärkte Verhöre und Überwachung, tägliche „Erziehungsgespräche" (politische Beeinflussung, Ausreise zurücknehmen, Freunde verraten, Verlesen von privaten Briefen mit der Aufforderung zu Anmerkungen), permanente Gewaltübergriffe durch Mithäftlinge („Selbsterziehung"), Entkleiden vor dem Wachpersonal, Schlafentzug, Schläge mit Gummiknüppeln, stundenlanges Exerzieren, verschärfte Arrestierung in Form von Kettenbett, Einzelhaft (64 Tage) mit Nahrungsreduzierung auf 1.250 Kilojoule pro Tag, verminderte Körperhygiene, häufige Verlegungen innerhalb der Zellen (um keine festeren Kontakte entstehen zu lassen), tägliche, züchtigende Reinigungsrituale (überexakter Bettenbau, scharfe Reinigungsmittel), Zwangsarbeit (Leuchtenbau) für den Export, Schlafentzug. All diese Maßnahmen führten zu einer zunehmenden Destabilisierung des psychischen und physischen Befindens. Die Schädigungen im seelischen, körperlichen und sozialen Bereich wirken als Ganzes und entfalten potenzierende Effekte. Herr M. ging als durchtrainierter junger Mann mit 80 kg Körpergewicht in die Haft und verließ sie als gebrochener, unterernährter Mann mit 60 kg Gewicht. In der Zusammenschau stellen diese Maßnahmen bei einem 17-jährigen Jugendlichen psychische und physische Folter dar, die zu erheblichen seelischen und körperlichen Auswirkungen führten und zerstörerisch in die Entwicklung eingriffen. Ich habe diesen Fall herausgegriffen, weil er ganz aktuell ist und bislang keine Anerkennung auf Traumafolgeschäden erfolgte. Die Schäden wirken lange nach und führen gerade in der zweiten Lebenshälfte, wenn Ablenkung und Abwehrkräfte nachlassen, zu einer Exazerbation (z. B. Trobisch-Lütge, 2004).

Falldarstellung Herr N.

In einem weiteren Beispiel beschreibt Herr N. selbst „Zersetzungsmaßnahmen" (vgl. Behnke/Fuchs, 2010) gegen ihn:

Man kann machen, was man will – toben, klagen, fluchen, betteln, bereuen, empören, klein beigeben – mit einem großen Teil seiner inneren Person kommt man nicht heraus aus der sozialen Gruppe oder Schicht, innerhalb derer man aufwuchs. Deren Charakter steckt in der Muttermilch und im täglichen Essen, und je ambitionierter diese Gruppe ist, während sie sich gleichzeitig sozial selbst isoliert, umso stärker bindet sie ihren Nachwuchs emotional an sich. Denn er wird gewissermaßen zu ihrer einzigen Hoffnung und soll die Bestätigung liefern, die die übrige Gesellschaft verweigert. Ich habe meine Revolte gegen meine Eltern, den höheren Offizier in der NVA und die ihn stets unterstützende Ehefrau, und ihren gewalttätigen Staat als gescheitert empfunden, obwohl ich doch gewonnen habe.

Die DDR ist untergegangen, und meine Eltern haben sich durch permanente Missstimmung und Selbstkasteiung im neuen, freien Leben nach 1989 selbst bestraft. Aber ich konnte sie nicht loslassen. Ich hoffte, sie könnten mit meiner Hilfe ihre Verstocktheit doch noch verlieren. Das gilt auch für andere Verwandte und einige spätere Bezugspersonen im Freundschaftskreis. Meine Schwester, eine Tante, ein Onkel, drei bekannte oppositionelle Frauen, mit denen ich befreundet war, zwei Freunde, die mich bespitzelt haben, und noch einige andere gehören durch ihren gespaltenen, aber starken Bezug auf die Gruppe der SED-Funktionäre samt Stasi ebenfalls zu deren Charakterfeld. Dessen Grundgeschehen war das *Gemetzel* in den eigenen Reihen, die gegenseitige Persönlichkeitszerstörung und der Verrat. So wurden auch Dissidenten, die Opfer wurden, zu Tätern, wenn sie diesen Gruppenbezug nicht durchschauten und ihre Verletzungen aneinander und an arglosen Sympathisanten rächten.

Ich, der ich zum Metzeln kein Talent hatte, weil ich schwul und musikalisch bin, entwickelte – trotz aller Kampfbereitschaft auf der politischen Ebene – eine Beißhemmung auf der emotionalen Ebene, die mich abwehrschwach machte und dazu führte, dass sich die Aggressionen von Tätern wie Opfern aus diesem Bezugsfeld gegen mich nach innen fressen konnten. Die Stasi musste nur noch koordinieren und bündeln, um mich vollends zu isolieren und mich emotional zu brechen. Ich blieb krank, als sie verschwunden war, denn die Schuldzuweisung, aus der Gruppe ausgestiegen zu sein und ihre

Ideale verraten zu haben, war aus der Familie, aus dem Freundeskreis und von den Dissidenten gekommen. Sie hatte diejenige innere Person erreicht, die von der genannten Muttermilch genährt und aufgebaut worden war. Und sofern ich sie nicht als etwas wahrnehmen konnte, was ich eigentlich schon gar nicht mehr war, fühlte sich die vermeintliche Schuld so an, als wäre ich mir selbst untreu geworden.

Von meinem Vater konnte ich so gut wie nichts lernen, nicht einmal, wie man sich als Junge bei tätlichen Angriffen wehren kann. Er war mit seiner Armee mehr verheiratet als mit seiner Frau. Sie baute mich auf mit ihrer haushälterischen Zuverlässigkeit und beständigen Fürsorge. Sie und meine Klavierlehrerin verhalfen mir zu einem stabilen moralischen Empfinden, brachten mir Disziplin, Ordnungssinn und Sorgfalt bei. Durch meine leichten Lernerfolge und vielseitigen Interessen, die Abwesenheit von materiellem Mangel und ein Geborgenheitsgefühl in der väterlichen Großfamilie konnte ich verdrängen, dass mein Vater eine beklemmende Atmosphäre der angeblichen Bedrohtheit vonseiten der inneren und äußeren Feinde schuf. Alle hatten vor ihm Angst, weil er gleichsam eine Personifizierung der Staatsmacht war. Ich nahm nicht wahr, dass ich mehrfach verprügelt wurde, weil ich als privilegiertes Funktionärskind und ständiger Klassenbester unbeliebt war. Ich begriff auch lange nicht, dass meine Homosexualität, die sich früh bemerkbar machte, etwas Nichtnormales und schwer Integrierbares war. Meine Eltern überhäuften mich mit bösartigen Beschuldigungen, als sie spät davon erfuhren. Aber da war schon längst klar für mich, dass ich kein Funktionär der SED werden und keine sozialistische Musterfamilie gründen würde.

Die Stadt Halberstadt, in der wir am prächtigen Domplatz lebten, wuchs mir ans Herz. Auf die weite Welt bereiteten mich aber die gewitzten Klassenkameraden in Magdeburg vor, wo ich mein Abitur machte. Sehr förderlich wurden dann für eine längere Zeit meine Tante und ihr Mann in Berlin, die mich in philosophisch-analytischem Denken schulten, mir die Weltliteratur nahebrachten und mich in die oppositionelle Berliner Künstlerszene mitnahmen. Aber meine Tante reagierte ihre Frustration über ihre Verfolgung durch den Staat auch an mir ab, ihr Mann verlor sich in Maulheldentum und neonazistischen Attitüden. Durch ihren Einfluss verweigerte ich einen dreijährigen Armeedienst, wofür mich mein Vater bestrafte, indem er mir keinen Lebensunterhalt während meines Studiums der Geschichte in Berlin zahlte. Er drohte auch, mich bei der Universitätsleitung wegen meiner Kritik am Sozialismus zu denunzieren. Viel Wissen und geistige Anregung verdanke ich auch einigen aufgeweckten Kommilitonen in der Studiengruppe.

Als ich 1980 am Ende des Studiums meinen ersten Lebenspartner, einen Bildhauer, kennenlernte und mit ihm ein unabhängiges Leben anfing, bekam das selbstbestimmte Moment in meinem Leben zum ersten Mal das Übergewicht. Nach zwei Jahren gab ich meine Berufstätigkeit als Historiker auf, weil man meine Perspektive von einem Parteieintritt abhängig machte. Ich schlug mich mit diversen Gelegenheitsarbeiten durch und schrieb einen langen, systematischen Text über die Selbstbestimmungsfähigkeit von Lebewesen. Der humanistische Ethos meines Freundes, den er vor allem auch durch seine Kunst transportierte, erfüllte nun auch mich und spaltete noch einige Schlacken ab, die aus meiner Prägung durch Elternhaus und extremistischem Onkel herkamen. Es bildete sich das Fundament, auf dem ich fußen konnte, als ich nach meiner Traumatisierung wieder versuchte, als Historiker, Philosoph und gegen jedes Unrecht Engagierter tätig zu werden.

Unversehens geriet ich in die Mühle der Zersetzung durch die Stasi. Ich wollte in einem Text die nazistische und stalinistische Diktatur vergleichen und verstärkte meine Kontakte zu den mir bekannten oppositionellen Frauen. Die Stasi setzte zwei Freunde als Spitzel auf mich an, die auch meine philosophischen Gedanken attackierten. Ich wurde unruhig und sah zum Verlassen der DDR keine Alternative mehr. Die Frauen waren viel mehr sozialismusgläubig, als sie durchblicken ließen, und waren leicht davon zu überzeugen, dass ich als Sohn eines Offiziers bestimmt ein Spitzel wäre. Sie verstießen mich erklärungslos. Die Beziehung zu meinem Freund brach auseinander, weil er in der DDR bleiben wollte. Meine Eltern und meine Schwester übten ungeheuren Druck auf mich aus. So war ich vollständig eingekreist und abgeschnitten. Über allem hing für mich ein Damoklesschwert: Ich wollte auf keinen Fall inhaftiert werden, weil Schwule in den DDR-Gefängnissen grundsätzlich misshandelt und missbraucht wurden. Diese Angst bewirkte, dass ich mir das Schwulsein quasi abgewöhnen wollte.

Die Krankheit war da, der Mauerfall konnte mich nur vor dem Suizid bewahren. Schuld- und Versagensgefühle, entsetzliche Einsamkeitsattacken, völlige Ungewissheit meiner selbst peitschten mich. Ein schwerer Nervenzusammenbruch 1992 machte mir bewusst, dass ich beschädigt war, aber ich war noch nicht in der Lage, ein Therapieangebot anzunehmen. Ich rappelte mich etwas hoch, fand eine befristete Stelle als Historiker und entwarf ein Promotionsprojekt. Dieses scheiterte, weil zwischen dem ausufernden Arbeitspensum, das mein Konzept verlangte, und meiner deutlich eingeschränkten Leistungsfähigkeit ein allzu großes Missverhältnis bestand. Mein Doktorvater half mir nicht, sondern wollte mich loswerden, andere Versuche, Unterstützung zu finden, hatten nur wenig Erfolg. Ich wurde retraumatisiert und brach 1998 erneut zusammen. In der Waldhaus-Klinik in Berlin brachte man mich wieder auf die Beine. Ich stellte den Promotionswunsch zurück und begann eine ambulante Psychotherapie. Für die junge Psychologin war meine Geschichte das blanke Neuland, aber sie war aufmerksam und zugewandt und half mir so, mich einigermaßen zu stabilisieren. Ein großes Lebensglück war es, dass ich meinen neuen Lebenspartner fand. Ich konnte einige meiner Arbeitsresultate in einem Buch veröffentlichen, wurde wegen Erwerbsunfähigkeit berentet und stellte mir diverse Aufgaben als Historiker, Schriftsteller und Experte auf dem Feld des öffentlichen Verkehrs.

Aber auf keinem Gebiet erfüllte sich mein Bedürfnis nach Beachtung und Wirkungsmöglichkeit. Mein Freund und ich blieben mittellos. Eine Perspektive war nicht in Aussicht und meine inneren Nöte waren im Kern unaufgelöst. So war es wieder ein Lebensglück, dass ich die jetzige Therapie beginnen konnte und mir zur gleichen Zeit ein verwaltungsrechtliches Rehabilitationsverfahren die Aussicht auf eine Versorgung als dauerhaft Beschädigter eröffnete. Durch den therapeutischen Rückhalt konnte ich mich meinem Angstkomplex, meiner tiefen Verunsicherung, den zwanghaften

Negativgefühlen und Wiederholungen von Abhängigkeitsbeziehungen so zuwenden, dass ich deren Quellen und Wirkungsweisen erkennen konnte. Ich war nun auch in der Lage, meine Geschichte zu begreifen und sie der Rehabilitationsbehörde schlüssig darzulegen. Ich kann die bleiernen Vergeblichkeits- und Verlassenheitsgefühle abweisen, die sich seit der Mitte der 1980er Jahre (dem Beginn der Stasi-Verfolgung) auf alle meine Initiativen, Unternehmungen und Kontaktversuche gelegt hatten. Seit langer Zeit empfinde ich wieder Freiheit, vielfältige menschliche Verbundenheit und Zuversicht.

In diesem Fall ist es gelungen, einen Berufsschadensausgleich zu erreichen, was ausgesprochen schwierig und selten ist. Noch hartnäckiger gestalten sich die Versorgungsanträge bei Kindern von Tätern (z. B. Kinder von Stasi-Offizieren), Psychiatrieopfern, NVA-Opfern, Opfern von Zwangsaussiedlung und Zwangsadoption.

Psychotherapie und gesellschaftliche Anerkennung gehören zusammen – das unterstreichen die beiden Fallbeispiele. An den Details wird erst nachvollziehbar, warum beides wichtig ist. So kam es im ersten Fall – hier ist nach Verfahrensabschluss eine Psychotherapie geplant – zu einer Entlastung. Der Patient hat das Gefühl, bei mir richtig zu sein. In der anderen Kasuistik kam es durch Psychotherapie und durch Anerkennung verfolgungsbedingter Schäden zu einer Besserung der Beschwerden.

In beiden Behandlungen (die eine ist geplant, die andere läuft) handelt es sich um *modifizierte analytische Traumatherapien*. Dabei erfolgt nach einer langen Phase der Stabilisierung die Traumaexposition und Traumaintegration. Die Herstellung eines Vertrauensverhältnisses, die Hinzuziehung der Gesamtlebensgeschichte und die schrittweise Begegnung mit den traumatischen Erlebnissen stellen somit die Grundsäulen der Therapie dar. Kann der Therapeut als gutes Objekt verinnerlicht, das gute prätraumatische Objekt wiedergefunden werden und eine gesellschaftliche Anerkennung erfolgen, dann ist die Prognose günstig. Chronische psychische Traumatisierungen, komplexe Traumafolgestörungen können nicht geheilt, aber gelindert werden. Neben analytischer Psychotherapie, Verhaltenstherapie und spezifischen traumapsychologischen Techniken sind alternative Verfahren hinzuzuziehen, um die Vielfalt der Anforderungen in einer Therapie bewältigen zu können. Eine individuelle Therapie allein reicht bei politischen Traumatisierungen ohnehin nicht aus. Es bedarf einer gesellschaftlichen Atmosphäre und Auseinandersetzung, die die Würde der Opfer wieder herstellen. Deshalb gehören für mich Psychotherapie, Rehabilitierung und Anerkennung zusammen.

Schlussfolgerungen

In der Behandlung politisch Traumatisierter durch SED-Unrecht ist eine Besserung möglich. Grundlage dafür sind eine gelungene therapeutische Beziehung und gesellschaftliche Anerkennung. Bei einer Überversorgung der Täter und Unterversorgung der Opfer ist die Situation für die Betroffenen trotz einiger Verbesserungen nach wie vor unzureichend. Ziel ist die Herstellung einer *Beweislastumkehr.* Der Umgang mit den Opfern der SED-Diktatur ist wichtig für den weiteren deutschen Einigungsprozess in einer funktionierenden Demokratie. Dafür brauchen wir eine Kultur des Mitgefühls und eine öffentliche Debatte, die erlittenes Unrecht anerkennt.

Literatur

Behnke, K./Fuchs, J. (Hg.) (2010): Zersetzung der Seele: Psychologie und Psychiatrie im Dienste der Stasi, Hamburg: Europäische Verlagsanstalt.

Bomberg, K.-H. (2012): „Unsichtbare Wunden": Politische Traumatisierung in der DDR. In: Forum der Psychoanalyse, Band 28, Heft 2, 2012, S. 179–188.

Bomberg, K.-H. (2011): „Unsichtbare Wunden": Politische Repression und gesundheitliche Folgen. In: Heft 1 Gruppentherapie, Nr. 123, Gießen: Psychosozial, S. 19–26.

Trobisch-Lütge, St. (2004): Das späte Gift, Gießen: Psychosozial.

Epidemiologische Daten zu den psychischen und körperlichen Folgen nach SED-Verfolgung

Harald J. Freyberger und Carsten Spitzer

Einleitung

Bis heute sind zahlreiche Fragen in der Forschung zu den seelischen und körperlichen Folgen der SED-Dikatur ungeklärt. Hierzu gehört auch die Frage, wie viele Menschen tatsächlich von Unrechtsmaßnahmen und politischer Verfolgung in der DDR betroffen waren. Folgt man einer Zusammenstellung der bisher vorliegenden Daten durch die Landesbeauftragte für die Unterlagen des Staatssicherheitsdienstes in Mecklenburg-Vorpommern, so ist von etwa 230.000 Menschen auszugehen, die in der frühen Phase 1944/45 in die Sowjetunion deportiert wurden (vgl. Tabelle 1). Zwischen 1945 und 1950 wurden darüber hinaus bis zu 200.000 Menschen in Speziallagern und Gefängnissen interniert und zahlreiche Menschen durch sowjetische Militärtribunale verurteilt. Für die spätere Periode ist von 200.000–250.000 politischen Häftlingen auszugehen (z. B. Eisenfeld, 2000; Freyberger et al., 2003; Freyberger et al., im Druck). In Tabelle 1 sind für die Betroffenengruppen die sich daraus ergebenden Folgeansprüche für Entschädigungsleistungen im weitesten Sinne aufgeführt.

Wie aus Tabelle 2 hervorgeht, die ebenfalls von der Landesbeauftragten in Mecklenburg-Vorpommern zusammengestellt wurde, lassen sich darüber hinaus Sondergruppen innerhalb des komplexen Verfolgungsszenarios beschreiben (vgl. auch Raschka, 2001). Hier sind die Zwangsausgesiedelten aus den Grenzgebieten zu nennen (ca. 11.000) sowie die direkt und indirekt betroffenen Opfer der „Aktion Rose", bei der es 1953 zu einer Enteignungs- und Inhaftierungswelle im Tourismusbereich der Ostseeküste

Tabelle 1: Übersicht zu den verschiedenen Betroffengruppen politischer Repression in der SBZ und der DDR (LStU-MV, 2013)

Gruppen	Zeit	Schicksal	Folgeansprüche	Anzahl*
Deportierte	Herbst 1944 bis Mitte 1945	· betrifft vor allem Frauen und Jugendliche · zum Arbeitseinsatz in die SU verschleppt	**Keine Entschädigungsleistungen** für Betroffene, die vor dem 8. Mai 1945 und jenseits der Oder-Neiße-Grenze verschleppt wurden, **Unterstützungsleistungen** durch die Stiftung für ehem. politische Häftlinge	ca. 230.000
Internierte	1945 bis 1950	Haft in Speziallagern und Gefängnissen in der SBZ ohne Urteil	**Entschädigungsleistungen** nach dem HHG **Unterstützungsleistungen** durch die Stiftung Eventuell **Opferrente** möglich	ca. 127.000 bis 200.000
SBZ/DDR Personen, die von SMT verurteilt wurden	1945 bis 1955	· Zivilisten, die durch SMT in der SBZ und der DDR nach sowjetischem Strafrecht verurteilt wurden. · Haft in Speziallagern und Gefängnissen in der SBZ, der DDR oder in der SU	**Rehabilitierung** durch die russische Hauptmilitärstaatsanwaltschaft **Leistungen** nach dem 1. und 2. SED-Unrechtsbereinigungsgesetz (SED-UnBerG) **Unterstützungsleistungen** durch die Stiftung (wenn Haft kürzer als 6 Monate währte) **Opferrente** (bei Haftzeit von mind. 6 Monaten)	ca. 50.000
MfS Politische Haft in der DDR	1950 bis 1989	U-Haft/Haft in der DDR in MfS-Untersuchungshaftanstalten und anderen Gefängnissen, mit oder ohne Urteil	**Leistungen** nach dem 1. und 2. SED-Unrechtsbereinigungsgesetz (SED-UnBerG) **Unterstützungsleistungen** durch die Stiftung (wenn Haft kürzer als 6 Monate währte) **Opferrente** (bei Haftzeit von mind. 6 Monaten)	ca. 200.000

* Zahlen aus: Klaus-Dieter Müller/Annegret Stephan: Die Vergangenheit lässt uns nicht los, Berlin 1998

Tabelle 2: Übersicht über die Sondergruppen politischer Repression in der SBZ und der DDR (LStU MV, 2013)

Sondergruppen				
Gruppen	Zeit	Schicksal	Folgeansprüche	Anzahl
Betroffene von Zersetzungsmaßnahmen	1945 bis 1989 v. a. 1976 bis 1989	· psychologische Strategien der Beeinflussung · subtile und anonyme Repressionen	· **keine Entschädigungsleistungen,** Nachweis der Zersetzungsmaßnahmen kaum möglich · nur bei erfolgter Rehabilitierung sind Folgeansprüche möglich	o. A.
Zwangsausgesiedelte	v. a. Aktion „Ungeziefer" 1952 und Aktion „Festigung" 1961	· Vertreibung und Umsiedlung aus den Gebieten an der innerdeutschen Grenze · Kriminalisierung · Vermögenseinzug	· **verwaltungsrechtliche Rehabilitierung** nach dem 2. SED-UnBerG · Vermögensrückgabe oder Entschädigung möglich	ca. 11.000
Aktion Rose	Februar/März 1953	· Inhaftierung · Kriminalisierung · Enteignung	**Leistungen nach dem 1. und 2. SED-Unrechtsbereinigungsgesetz** (SED-UnBerG) **Unterstützungsleistungen** durch die Stiftung (wenn Haft kürzer als 6 Monate währte) **Opferrente** (bei Haftzeit von mind. 6 Monaten)	447 Inhaftierte, mehrere hundert Betroffene (Republikfluchten, Enteignungen, Strafverfahren etc.)

Sondergruppen				
Gruppen	Zeit	Schicksal	Folgeansprüche	Anzahl
verfolgte Schüler	1945 bis 1989	· Schulrelegation · Bildungsverweigerung	**Berufliche Rehabilitierung** nach dem 2. SED-UnBerG	o. A.
Heimkinder in der DDR	1949 bis 1990	· Einweisungen in Säuglingsheime · Einweisungen in Einrichtungen der DDR-Jugendhilfe	· **Leistungen aus dem Fonds „Heimerziehung in der DDR"** bei erlebtem Unrecht und Leid, und Ausgleichszahlungen für erbrachte Arbeitsleistungen während des Heimaufenthaltes · **Strafrechtliche Rehabilitierung** bei Einweisungen aus politischen Gründen (z. B. politische Haft der Eltern)	ca. 135.000 Kinder und Jugendliche

kam. Als lange in der Forschung vernachlässigte Gruppen sind die verfolgten Schülerinnen und Schüler sowie die jüngst stärker ins Blickfeld geratenen Heimkinder in der DDR anzusehen, deren Zahl auf 135.000 Betroffene geschätzt wird (Pagel-Heineking, 2013).

Liegen bei diesen in gewissem Sinne manifesten Formen politischer Gewalt noch vergleichsweise valide Daten vor, die sich allerdings bisher nicht ausreichend auf die Opfer der Christenverfolgung in den 1950er Jahren beziehen, ist dies hinsichtlich des gesamten Bündels politischer „Zersetzungsmaßnahmen" nicht der Fall (Süß, 1999; Raschka, 1998; Dümmel, 2002; Spitzer et al., 2007). Die hiervon Betroffenen wurden darüber hinaus bei gesetzgeberischen Maßnahmen zu Entschädigungsleistungen bisher schlicht übersehen beziehungsweise ignoriert.[1]

Mit dem Beitritt der DDR zur UNO 1973 und der Unterzeichnung der Schlussakte von Helsinki 1975 wurde, historisch betrachtet, die sogenannte mittlere Phase politischer Repression abschlossen (Freyberger et al., im Druck), und es trat eine Periode ein, die durch in gewisser Hinsicht subtilere Techniken der Bedrohung gekennzeichnet ist. „Zersetzung" sollte im Sinne von „Strafen ohne Strafrecht" (Knabe, 2002) ab etwa 1976 eine zentrale Rolle bei der politischen Disziplinierung der Bevölkerung spielen. Um Zielperson für repressive Maßnahmen zu werden, reichte der vom Ministerium für Staatssicherheit (MfS) und den lokalen Institutionen im Sinne einer Straftat interpretierte Verdacht auf politisches Fehlverhalten im weitesten Sinne aus. Hierzu wurden durch das MfS zu den feindlichen Personen „Operative Ausgangsmaterialien (OAM)", „Operative Personenkontrollen (OPK)"

---

1 „Im Jahr 2001 machte der Entwurf der CDU/CSU-Fraktion für ein 3. SED-Unrechtsbereinigungsgesetz erstmals Hoffnung, dass Zersetzungsopfer als eine Opfergruppe moralisch und materiell rehabilitiert werden könnten. Am 18. Mai 2001 scheiterte dieser Gesetzentwurf aber an den Stimmen der Koalition. Es sei unsinnig, so der Tenor der Regierungsmehrheit, Haftopfer und Zersetzungsopfer gleichzusetzen. Außerdem erlaube die Kassenlage eine solche Sonderrente nicht. Am selben Tag beschloss der Bundestag die Erhöhung der Altersbezüge für ehemalige MfS-Mitarbeiter und SED-Funktionäre, da das Bundesverfassungsgericht im Jahr 1999 die im Einigungsvertrag festgelegte Streichung der Sonderansprüche für diese Personengruppen als gesetzwidrig erklärt hatte." Pingel-Schliemann, 2002.

sowie „Operative Vorgänge (OV)" eröffnet (Pingel-Schliemann, 2004). Bei den OAM und OPK kamen, wie in dem Film „Das Leben der Anderen" sehr eindrucksvoll dargestellt wurde, überwiegend Überwachungsmaßnahmen, wie zum Beispiel Telefon- und Videoüberwachung, Briefkontrolle, verdecktes und offenes Fotografieren sowie geheime Wohnungs- und Arbeitsplatzdurchsuchungen, zur Anwendung. Mit der systematisch ausgearbeiteten Richtlinie 1/76 des MfS werden konkrete Ziele der „Zersetzung", wie etwa die systematische Organisierung beruflicher Misserfolge zur Untergrabung des Selbstvertrauens einzelner Personen spezifiziert und an praktischen Anwendungsbeispielen, wie etwa der Verwendung kompromittierender Fotos von vorgetäuschten Begegnungen oder die Vorladung zu staatlichen Dienststellen, exemplifiziert. Die Realisierung der Richtlinie 1/76 war Bestandteil des Operativen Vorgangs (OV).

Die Häufigkeit dieser „Maßnahmen" lässt sich nur schwer abschätzen. Immerhin sind aber für 1988 7.097 neu eingeleitete OPK dokumentiert, 19.169 wurden in diesem Jahr insgesamt bearbeitet und 7.908 abgeschlossen (Knabe, 2002; Pingel-Schliemann, 2004; Süß, 1999). Im gleichen Jahr eröffnete das MfS 1.660 neue operative Vorgänge; insgesamt wurden 4.543 OV bearbeitet und 1.750 abgeschlossen (ebd.). Man kann sich unmittelbar vorstellen, dass diese „Maßnahmen" für die Betroffenen psychosoziale Folgen auf allen Ebenen des gesellschaftlichen Lebens hatten und zudem zu einer unheilvollen Atmosphäre von Angst, Misstrauen und Unberechenbarkeit führten. Der Denunziation wurde damit Tür und Tor geöffnet und eine Form politischer Repression in den Vordergrund gerückt, bei der es für die Betroffenen erschwert wurde, zwischen den verschiedenen Realitäten zu unterscheiden.

„Stumme" und „sprechende" Opfer politischer Verfolgung

Nur ein Teil der Opfer politischer Verfolgung in der SBZ und der DDR hat die Option potenzieller Rehabilitierung und Entschädigungsleistungen für die erlittenen beruflichen und gesundheitlichen Schäden erhalten. Zum Teil wurden die Verfolgungsschicksale vom Gesetzgeber initial übersehen, wie die gegenwärtige Diskussion um das Schicksal der DDR-Heimkinder zeigt, für die, auch im Zuge der Diskussion um den Kindesmissbrauch in Einrichtungen der katholischen Kirche, ein spezieller Entschädigungsfonds eingerichtet wurde. Zum anderen sind, wie im Fall von „Zersetzungsmaßnahmen", die Repressalien selbst und die daraus möglicherweise resultierenden gesundheitlichen Folgen oft schwer nachzuweisen. Darüber hinaus wurde nach der Wende nur von einem Teil der betroffenen Bevölkerung die Möglichkeit genutzt, eine Einsichtnahme in die gegebenenfalls vorliegenden Aktenunterlagen der Staatssicherheit zu erhalten. Viele Akten und Dokumente wurden erst schrittweise in den letzten Jahren verfügbar.

Die straf-, berufs- und verwaltungsrechtlichen Rehabilitationsmöglichkeiten wurden nur in begrenztem Umfang in Anspruch genommen. In Mecklenburg-Vorpommern (M-V) etwa gingen beim Amt für Rehabilitierung und Wiedergutmachung bis Ende 2003 insgesamt 17.261 Anträge zu Unrecht Verurteilter ein. Das zweite SED-Unrechtsbereinigungsgesetz vom 11. März 1994 betrifft im wesentlichen Opfer von Verwaltungswillkür und beruflicher Verfolgung. Bis Dezember 2003 wurden in M-V insgesamt 14.960 Anträge gestellt, die sich auf dieses Gesetz beziehen. Davon betrafen 4.929 die verwaltungsrechtliche und 10.031 Anträge die berufliche Rehabilitierung (Landtag M-V, 2005). Vor dem Hintergrund dieser Zahlen stellt sich die Frage, warum ein substanzieller Anteil der Betroffenen „stumm" geblieben ist, während andere („als sprechende Opfer") sich auf vielfältige Weise um Anerkennung bemüht haben. Die Anzahl dieser „stummen Opfer" ist wahrscheinlich hoch, und vermutlich stellen sie eine Gruppe dar, die politisch, gesellschaftlich, psychiatrisch-psychologisch und medizinisch besonderer Aufmerksamkeit bedarf.

Der psychiatrische Erklärungsansatz für diese Diskrepanz hypothetisiert ausgehend von wissenschaftlichen Ergebnissen anderer Opfergruppen (Maercker et al., 1997, 2000; Bauer et al., 1993, 1995; Denis et al., 1997; Priebe et al., 1990, 1993 a, b, 1994; Spitzer et al., 2007), dass „stumme"

Opfer aufgrund ihrer psychiatrischen Leiden bzw. Belastungen (als direkte oder indirekte Folgen ihrer Erfahrungen) nicht an die Öffentlichkeit treten. Oftmals stehen mit entsprechenden Belastungen oder Erkrankungen ein erhebliches Maß an sozialer Isolation bzw. gesellschaftlichem Rückzug sowie eine geringe psychische und physische Belastbarkeit in Zusammenhang.

Ergebnisse einer eigenen Studie

Vor diesem Hintergrund wurde von unserer Arbeitsgruppe 2007/08 (vgl. Spitzer et al., 2010) eine Studie durchgeführt. Dazu wurden 1.385 Probanden, die an der zweiten Welle der gesundheitsbezogenen Bevölkerungsstudie „Study of Health in Pommerania" (SHIP-1) in einem von der Deutschen Forschungsgemeinschaft (DFG) geförderten Teilprojekt („Gene-Environment-Interactions in Depressive Disorders – a Community based Study"; DFG AZ GR 1912/5-1) teilgenommen hatten, untersucht. Hierbei handelt es sich um eine repräsentative Untersuchung der Allgemeinbevölkerung. Diesen Probanden wurden Identifikationsfragen bezüglich politischer Verfolgung und erlebter Repressionen vorgelegt.

132 (9,5 %) der Probanden beantworteten mindestens eine dieser drei Fragen positiv und konnten von uns detaillierter in Interviews nachuntersucht werden. Diese Probanden wiesen ein mittleres Alter von 61.8 Jahren (s = 9.5) auf und waren zu 66 % männlichen Geschlechts. Die Daten zu den erlebten Repressionsformen sind in Tabelle 3 dargestellt. Ein vergleichsweise kleiner Anteil unserer Probanden befand sich in politischer Haft (16 Probanden, 12,1 %), ein weitaus größerer Teil (41 Probanden, 31,1 %) berichtete von psychischen Bedrohungen, bei denen es sich vor allem um Erpressungen und Einschüchterungsversuche durch behördliche Stellen oder Vorgesetzte handelt. Nahezu jeder Betroffene politischer Verfolgung berichtete von Ereignissen, die in die Kategorie der „Zersetzung" einzuordnen sind, wobei folgende Repressionen am häufigsten genannt wurden: Eingriffe in das Persönlichkeitsrecht (36,4 %), Reglementierungen/Vorladungen zu Behörden

und staatlichen Dienststellen (41,7 %), diffuse Repressionen (45,5 %) und berufliche Benachteiligungen (45,5 %). Etwa ein Drittel der Betroffenen berichtete ebenfalls von Repressionen gegenüber Angehörigen (34,1 %).

Tabelle 3: Deskriptive Statistik der berichteten Repressionen (N = 132)

Repression	n	%
Haft	12	9.1
Haft mit Folter	4	3.0
Kriminalisierung	6	4.6
Gewaltanwendung/Folter	3	2.3
Physische Bedrohung	11	8.3
Psychische Bedrohung	41	31.1
Verfolgte Schüler	6	4.6
Verweigerung der/des Ausreise(antrags)	4	3.0
Strahlenopfer	1	0.8
Zwangsausgesiedelte	1	0.8
Aktion Rose	1	0.8
Zersetzung:	131	99.2
· Eingriffe in die Persönlichkeitsrechte	48	36.4
· Einschränkung der Bewegungsfreiheit	16	12.1
· Reglementierung/Vorladung zu Behörden oder staatlichen Dienststellen	55	41.7
· diffuse Repression (z. B. Gefühl, unter Beobachtung zu stehen)	60	45.5
· Anonyme Briefe, Telefonate, Fotos	5	3,8
· Beeinflussung durch IM (Inoffizielle Mitarbeiter)	26	19.7

· Diskreditierung des Rufes	10	7.6
· Gezielte Indiskretionen	4	3.0
· Untergrabung des Selbstvertrauens	16	12.1
· Berufliche Misserfolge	18	13.6
· Berufliche Benachteiligung	60	45.5

115 (87,1 %) der Betroffenen ließen sich der Gruppe der „stummen" Opfer zuordnen. Nach den Gründen befragt, warum kein Antrag auf eine Rehabilitation gestellt wurde, gaben die „stummen" Betroffenen (N = 115) am häufigsten an, dass sie nicht glaubten, eine Erfolgsaussicht hinsichtlich dieses Antrages zu haben (16,1 %), und teilten in ihren eigenen Worten überwiegend mit, dass die persönlichen Repressions- und Verfolgungserfahrungen zu geringfügig und nichtig wären, um einen Rehabilitationsantrag zu rechtfertigen (15,7 %), und dass kein nachweisbarer oder persönlich offensichtlicher Schaden durch entsprechende Erlebnisse entstanden und damit eine Rehabilitation weder angezeigt noch notwendig wäre (8,7 %). In diesem Aussagen sind Mehrfachnennungen enthalten, so dass es sich um zum Teil überschneidende Aussagen handelt.

Diskussion

Wie Spitzer et al. (2010) gezeigt haben, weisen die Opfer derartiger Repressions- und Verfolgungsmaßnahmen Schädigungen der psychischen Gesundheit und des körperlichen Wohlbefindens auf, die sie klar von Nicht-Verfolgten unterscheiden. Dabei unterscheiden sich „stumme" und „sprechende" Opfer nicht wesentlich voneinander, so dass die Vermutung naheliegt, dass das Fehlen gesellschaftlicher Akzeptanz und einer differenzierten Erinnerungskultur, die den Opfern öffentlich rezipierte Narrative ihrer Verfolgung ermöglicht, einen entscheidenden Einfluss hat. Betrachtet man die von uns erhobenen epidemiologischen Zahlen, so stellen Zersetzungsopfer eine lange unterschätze, substanzielle Gruppe DDR-Verfolgter dar. In unserer Untersuchung gaben fast alle befragten Betroffenen an, ohne oder in Kombination mit anderen Repressionsmaßnahmen Opfer von „Zersetzung" geworden zu sein.

Ein weiterer Tatbestand für eine epidemiologisch abgesicherte Schätzung tatsächlicher Opferzahlen in der Allgemeinbevölkerung ist wichtig. Ökonomische und politische Gründe haben dazu geführt, dass eine Vielzahl von Menschen die neuen Bundesländer in Richtung der alten verlassen hat und ehemalige politisch Opfer in dieser Emigrationsbewegung aus verständlichen Gründen vermutlich überrepräsentiert sind. Allein in Mecklenburg-Vorpommern sank die Bevölkerungszahl zwischen 1990 und 2014 von 2,4 auf etwa 1,7 Mio. Einwohner. Darüber hinaus ist bei den erhöhten Mortalitätsraten traumatisierter Menschen 25 Jahre nach der Wende davon auszugehen, dass eine reduzierte Lebenserwartung ebenfalls zu einer Unterschätzung der tatsächlichen Anzahl politisch Verfolgter führt. Berücksichtigt man diese Faktoren in einer epidemiologischen Schätzung, so ist davon auszugehen, dass zumindest 20–30 % (im Mittel etwa 23,4 %) der „Vorwendebevölkerung" direkt oder indirekt Gegenstand von Zersetzungsmaßnahmen wurden. Damit findet die Verfolgung aber noch kein Ende, denn mittlerweile liegen einige Untersuchungen zur transgenerationalen Traumatransmission vor (Freyberger et al., im Druck; Klinitzke et al., 2012), die zeigen, dass sich bestimmte Erfahrungsinhalte auf die Generation der Kinder der Betroffenen übertragen.

In der Betrachtung aller staatlichen, offiziellen wie nicht-offiziellen Reglementierungen, Repressalien und Gängelungen besteht allerdings die Schwierigkeit, die Grenzen zwischen „legitimen" oder „normalen" Formen der Disziplinierung (z. B. Verstöße gegen das Rechtssystem der DDR) und strukturellen Repressionen zu ziehen, welche die Machtausübung des Staatsapparates der Diktatur stützen sollten. Zudem besteht besonders bei retrospektiven Studien das Problem der Nachweisführung, denn eine große Zahl der DDR-Bürger hatte „nur" das Gefühl der Benachteiligung, während umgekehrt viele der tatsächlich aufgetretenen Schikanen oder Repressalien nicht als solche erkannt wurden (Knabe, 1998).

Längsschnittliche Umfragen nach der Wiedervereinigung zeigten, dass der Wunsch und die Bereitschaft, die Vergangenheit und die Erfahrungen der ehemaligen DDR-Bürger aufzuklären, im Westen wie im Osten der BRD kontinuierlich sanken. Im Gegentrend wurde im Lauf der Jahre beständig häufiger angegeben, dass man unter die DDR-Vergangenheit und somit auch unter die Repressions- und Verfolgungsschicksale der Betroffenen in der ehemaligen DDR einen Schlussstrich ziehen sollte (Boll, 1999). Eine solche Betrachtungsweise kann man in gewisser Hinsicht als eine historische Wiederholung oder sogar Reinszenierung der psychischen Verarbeitungsprozesse im Anschluss an das sogenannte Dritte Reich auffassen (Freyberger et al., im Druck). In ihr wird in jedem Fall das Paradigma einer angemessenen Erinnerungskultur außer Acht gelassen, die für den respektvollen Umgang mit den Opfern und ihre Möglichkeit, die Erfahrungen psychisch zu bewältigen, von entscheidender Bedeutung sind.

Literatur

Bauer M./Priebe S./Häring B./Adamczak K.: Log-term mental sequelae of political imprisonment in East Germany. J Nerv Mental Dis 1993; 181:257–262.

Bauer M./Priebe S.: Zur Begutachtung psychischer Störungen nach politischer Haft in der DDR. Nervenarzt 1995; 66:388–396.

Boll F.: Thesen zur Wahrnehmung der politischen Repressionen in der SBZ/DDR seit der Wende. In: Boll F./Bouvier B./van zur Mühlen, P.: Politische Repressionen in der SBZ/DDR und ihre Wahrnehmung in der Bundesrepublik. Forschungsinstitut der Friedrich-Ebert-Stiftung, Historisches Forschungszentrum. Berlin, FES Library, 1999.

Denis D./Eslam J./Priebe S.: Psychische Störungen nach politischer Inhaftierung in der Sowjetischen Besatzungszone und der ehemaligen DDR von 1945–1972. Fortschr Neurol Psychiat 1997; 65:542–530.

Dümmel K.: Die Überwachung. In: Dümmel K./Schmitz C. (Hg.): Was war die Stasi? Einblicke in das Ministerium für Staatssicherheit der DDR (MfS). Sankt Augustin: Konrad-Adenauer-Stiftung, 2002.

Eisenfeld P.: Zehn Jahre nach dem Mauerfall. Thesen zur heutigen gesellschaftlichen Situation ehemaliger DDR-Nomenklaturkader und politisch Verfolgter der SED-Diktatur. Deutschland Archiv 2000; 33:68–81.

Freyberger H. J./Frommer J./Maercker, A./Steil, R.: Gesundheitliche Folgen politischer Haft in der DDR. Expertgutachten, hg. von der Konferenz der Landesbeauftragten für die Unterlagen des Staatssicherheitsdienstes der ehemaligen DDR. Dresden, 2003.

Freyberger H./Glaesmer H./Kuwert, P./Freyberger H. J. (im Druck): Transgenerationale Traumatransmission (am Beispiel der Überlebenden des Holocaust). In: Seidler G./Freyberger, H. J./Maercker, A. (Hg.): Handbuch der Psychotraumatologie. Verlag Klett-Cotta, Stuttgart, 2. Aufl.

Freyberger, H. J./Maercker A./Spitzer C. (im Druck): Traumatische Folgen der DDR-Zeit. In: Seidler G./Freyberger, H. J./Maercker A. (Hg.): Handbuch der Psychotraumatologie. Verlag Klett-Cotta, Stuttgart, 2. Aufl.

Klinitzke, G./Böhm, M./Brähler, E./Weißflog, G. (2012): Ängstlichkeit, Depressivität, Somatisierung und Posttraumatische Belastungssymptome bei den Nachkommen ehemals politisch inhaftierter Personen in Ostdeutschland (1945–1989). Psychother Psych Med 62:18–244.

Knabe, H.: Strafen ohne Strafrecht ± Formen nicht strafrechtlicher Verfolgung in der DDR. In: Dümmel. K./Schmitz, C.: Was war die Stasi? Einblicke in das Ministerium für Staatssicherheit der DDR (MfS). Sankt Augustin: Konrad-Adenauer-Stiftung; 2002: 25.

Landesbeauftragte für die Unterlagen des Staatssicherheitsdienstes der ehemaligen DDR (2013): Übersichtstabellen zu den Betroffenengruppen und Sondergruppen. Schwerin.

Maercker A./Schützwohl, M.: Long-term effects of political imprisonment: a group comparison study. Soc Psychiatry Epidemiol 1997; 32:435–442.

Maercker A./Fehm, L./Raschke, J.: Psychische Folgestörungen nach politischer Haft in der DDR: Verhaftungsgeschehen. Lebensgefahr und Misshandlungen als Risikofaktoren chronischer Beschwerden. Z Klin Psychol Psychiat Psychother 2000; 48:172–184.

Müller, K. D./Stephan, A. (1998): Die Vergangenheit lässt und nicht los. Berlin.

Pagels-Heineking, M. (2013): Heimkinder in der DDR. Trauma und Gewalt 7:94–151.

Pingel-Schliemann, S.: Zersetzen. Strategien einer Diktatur. Berlin: Robert-Havemann-Gesellschaft; 2004.

Pingel-Schliemann, S. (2002): Vortrag anlässlich der Buchvorstellung „Zersetzen: Strategie einer Diktatur". Berlin, 23.05.02, online: www.havemann-gesellschaft.de/index.php?id=463 (Juni 2011).

Priebe, S./Bauer, M./Rohrbeck, S./Steinhart, I./Wildgrube, C.: Psychische Störungen bei Übersiedlern. I. Vorgeschichte, Symptomatik und diagnostische Einordnung. Psychiatr Prax 1990; 17:180–183.

Priebe, S./Bauer, M./Rohrbeck, S./Wildgrube, C.: Psychische Störungen bei Übersiedlern. III. Nachuntersuchung nach zweieinhalb Jahren. Psychiatr Prax 1993a; 20:35–36.

Priebe, S./Bauer, M./Rohrbeck, S./Wildgrube, C.: Psychische Störungen bei Übersiedlern. II. Verlauf über sechs Monate und Sichtweisen der Patienten. Psychiatr Prax 1993b; 20:30–34.

Priebe, S./Bolze, K./Rudolf, H.: Andauernde psychische Störungen nach Repressalien infolge eines Ausreiseantrages in der damaligen DDR. Fortschr Neurol Psychiat 1994; 62:433–437.

Raschka, J.: Einschüchterung, Ausgrenzung, Verfolgung. Zur politischen Repression in der Amtszeit Honeckers. Dresden: Hannah-Arendt-Insitut für Totalitarismusforschung, 1998.

Raschka, J.: Zwischen Überwachung und Repression. Politische Verfolgung in der DDR 1971 bis 1989. Opladen: Leske und Budrich, 2001.

Spitzer, C./Ulrich, I./Plock, K./Mothes, J./Drescher, A./Gürtler, L./Freyberger, H. J./Barnow, S.: Beobachtet, verfolgt, zersetzt – psychische Erkrankungen bei Betroffenen nicht- strafrechtlicher Repressionen in der ehemaligen DDR. Psychiatrische Praxis 2007; 02; 81–86.

Spitzer, C./Plock, K./Ulrich, I./Mothes, J./Drescher, A./Gürtler, L./Freyberger, H. J.: Lebensqualität, interpersonale Probleme und Kohärenzgefühl bei Betroffenen nicht- strafrechtlicher Repressionen in der ehemaligen DDR. Zeitschrift für Psychotraumatologie, Psychotherapiewissenschaft, Psychologische Medizin 2007: 5:1; 41–52.

Spitzer, C./Grabe, H. J./Schulz, A./Appel, K./Mahler, J./Barnow, S./Löwe, B./Freyberger, H. J. (2010): Stumme und sprechende Opfer politischer Verfolgung in der DDR. Häufigkeit, Typologie, psychosoziale Charakteristika und körperliche Gesundgeit. Psychodynamische Psychotherapie 13:14–29.

Süß, S.: Repressive Strukturen in der SBZ/DDR – Analyse von Strategien der Zersetzung durch Staatsorgane der DDR gegenüber Bürgern der DDR. In: Deutscher Bundestag (Hg.): Materialien der Enquete-Kommission „Überwindung der Folgen der SED-Diktatur im Prozess der deutschen Einheit"; Band II: Strukturelle Leistungsfähigkeit des Rechtsstaats der Bundesrepublik Deutschland bei der Überwindung der Folgen der SED-Diktatur im Prozess der deutschen Einheit. Baden-Baden: Nomos, 1999.

Langzeitverlauf posttraumatischer Belastungsreaktionen bei ehemals politisch Inhaftierten der DDR. Ergebnisse einer 15-Jahre-Follow-Up-Studie

Matthias Schützwohl

Hintergrund

Querschnittstudien konnten zeigen, dass es nach rechtsstaatswidriger Haft in der DDR zu posttraumatischen Belastungsstörungen (PTBS) und anderen Folgestörungen kommen kann (Bauer et al., 1993; Maercker u. Schützwohl, 1997; Weißflog et al., 2011). Dies ist vor dem Hintergrund unter anderem dieser Studien inzwischen allgemein anerkannt. In den „Anhaltspunkten für die ärztliche Gutachtertätigkeit im sozialen Entschädigungsrecht und nach dem Schwerbehindertenrecht" zum Beispiel ist der Tatbestand einer rechtsstaatswidrigen Haft in der DDR als Beispiel einer langdauernden psychischen Belastung, nach der es zu „Folgen psychischer Traumen" kommen kann, explizit aufgeführt worden (Bundesministerium für Arbeit und Soziales, 2008, S. 213).

Der Forschungsstand zum Langzeitverlauf solcher Traumafolgestörungen ist dagegen weniger etabliert. In früheren Studien war man in Übereinstimmung mit den entsprechenden Beschreibungen im DSM-IV, dem Klassifikationssystem der American Psychiatric Association (APA), davon ausgegangen, dass nach der Entwicklung einer PTBS die Symptomatik früher oder später vollständig remittiert. Ein Studiendesign mit nur zwei Messzeitpunkten schien vor diesem Hintergrund völlig ausreichend.

Aufgrund von empirischen Beobachtungen und Forschungsergebnissen ist man von dieser Ansicht jedoch zunehmend abgekommen. Im DSM-IV-TR (Saß et al., 2003), der Textrevision des DSM-IV, ist bereits der Hinweis enthalten, dass die Symptomdauer unterschiedlich sei und die Symptomatik in manchen Fällen über einen längeren Zeitraum hinweg zu- und/oder abnehme. Die ICD-10 formuliert ganz ähnlich; sie spricht generell von einem wechselhaften Verlauf, wobei jedoch in der Mehrzahl von einer vollständigen und andauernden Remission auszugehen sei (Dilling/Freyberger, 2006).

Ein wechselhafter Verlauf der PTBS ist in den letzten Jahren wiederholt in Studien bestätigt worden, die deren Langzeitverlauf auf der Basis von mehreren Messzeitpunkten ermittelt haben. Solomon und Mikulincer (2006) etwa untersuchten über einen Zeitraum von insgesamt 30 Jahren Soldaten nach Kampfeinsätzen und fanden, dass je knapp 20 % ihrer Studienteilnehmer zu keinem einzigen Messzeitpunkt oder aber zu allen vier Messzeitpunkten die diagnostischen Kriterien der PTBS erfüllten. Für die restlichen ca. 60 % der Studienteilnehmer ermittelten sie einen alternativen Verlauf, wobei zum Beispiel knapp 13 % bei den ersten beiden Messzeitpunkten und zum vierten Messzeitpunkt die PTBS-Kriterien erfüllten, nicht aber zum dritten Messzeitpunkt.

Vor diesem Hintergrund erstaunt es, dass die „Sk2-Leitlinie zur Begutachtung psychischer und psychosomatischer Erkrankungen" (AWMF-Register-Nr. 051/029), veröffentlicht im Jahr 2012, einen solchen wechselhaften Verlauf der PTBS nicht ausweist. Es wird lediglich ausgeführt, dass weder die ICD-10 noch das DSM-IV zu einer möglichen Gesamtdauer posttraumatischer Belastungsreaktionen Stellung bezögen und „bei wenigen Patienten" von einem langjährigen chronischen Verlauf auszugehen sei (Arbeitsgemeinschaft der Wissenschaftlichen Medizinischen Fachgesellschaften, 2012). Mittels einer aus dem Jahr 1983 stammenden und damit deutlich veralteten grafischen Darstellung wird suggeriert, dass es nach einer einmaligen Remission nicht erneut zum Auftreten posttraumatischer Belastungsreaktionen käme.

Langzeitverlauf psychischer Folgestörungen nach rechtsstaatswidriger Inhaftierung

Um die Datenbasis zum Langzeitverlauf posttraumatischer Belastungsreaktionen zu erweitern, haben wir Personen, die in der DDR rechtsstaatswidrig inhaftiert und von uns im Rahmen einer ersten, zwischen 1994 und 1996 durchgeführten Studie bereits erstmalig zu mehreren Messzeitpunkten untersucht worden waren, in den Jahren 2008 bis 2010 noch einmal untersucht. Wir konnten insgesamt 93 von ursprünglich 146 Studienteilnehmer/-innen rekrutieren, wobei von 86 ein kompletter Datensatz vorliegt (vgl. Maercker/Gäbler/Schützwohl, 2013).

Abb. 1 zeigt die Punktprävalenz psychischer Störungen im längsschnittlichen Vergleich.

Die Punktprävalenz der PTBS lag in unserer Folgestudie bei 33 % und damit etwas höher als in der Ersterhebung (29 %). Die Punktprävalenzen für Phobien nahmen von der Ersterhebung bis zur Folgestudie deutlich ab. Die Punktprävalenzen für Depressionen nahmen dagegen im Vergleich deutlich zu. Insgesamt liegen die Prävalenzraten unserer Studienpopulation deutlich über denen der Allgemeinbevölkerung (vgl. Jacobi et al., 2014).

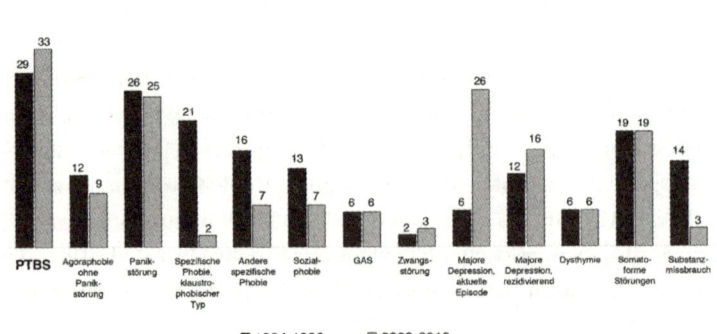

Abb. 1. Punktprävalenz psychischer Störungen (in %)

Abb. 2 zeigt die Prävalenz einer PTBS im Langzeitverlauf vom Zeitpunkt nach der Haftentlassung sowie zu den beiden Studienzeitpunkten 1994–1996 und 2006–2008. Einen chronischen Verlauf der PTBS fanden wir für 14 Studienteilnehmer/-innen (16.3 %), die zu allen drei Messzeitpunkten die PTBS-Kriterien erfüllten. Einen wechselnden Verlauf zeigten 8 Studienteilnehmer (9.3 %), die unmittelbar nach der Haftentlassung sowie in der Folgestudie 2006–2008 die Kriterien der PTBS erfüllten, nicht aber in der ersten Querschnitterhebung 1994–1996.

Abb. 2. Verlauf kategorialer PTBS-Diagnosen

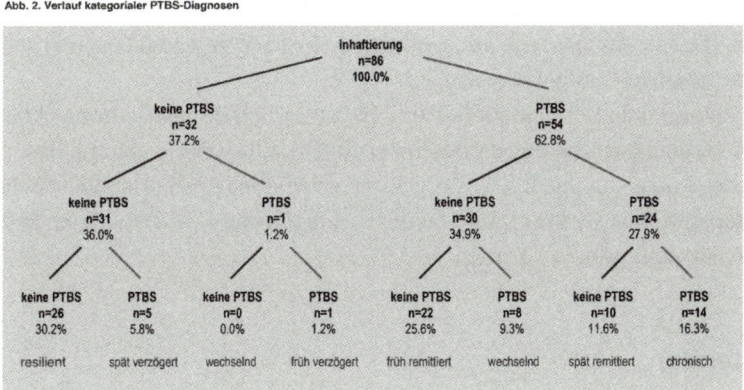

In weiteren Auswertungen konnten wir zeigen, dass ein chronischer Verlauf der PTBS umso wahrscheinlicher ist, desto belastender die früheren Haftbedingungen waren und desto weniger Unterstützung die Studienteilnehmer/-innen nach der Haftentlassung in ihrem sozialen Umfeld fanden (vgl. Maercker et al., 2013). In Übereinstimmung mit anderen Studien (vgl. Priebe et al., 2013) fanden auch wir keinen Hinweis darauf, dass die im Versorgungsalltag durchgeführten psychiatrischen oder psychotherapeutischen Interventionen den Verlauf posttraumatischer Belastungsreaktionen erfolgreich beeinflussen.

Fazit

Nach rechtsstaatswidriger Haft in der DDR leidet ein signifikanter Anteil der Betroffenen auch ein Vierteljahrhundert nach der Wiedervereinigung noch unter einer PTBS. Die hohen Prävalenzen für Depressionen und Angststörungen, die wir in unserer Folgestudie fanden, deuten überdies darauf hin, dass die Inhaftierung auch ein Hochrisikofaktor für die Entwicklung anderer psychischer Störungen ist.

Die von uns vorgelegten Daten bestätigen erneut, dass der Verlauf posttraumatischer Belastungsreaktionen sehr variabel ist und in der Praxis deutlich mehr Verlaufsformen der PTBS zu beobachten sind, als etwa in der „Sk2-Leitlinie zur Begutachtung psychischer und psychosomatischer Erkrankungen" aufgeführt werden.

Prädiktoren für den Verlauf posttraumatischer Belastungsreaktionen konnten wir nur hypothesengenerierend ermitteln. Ein Hinweis darauf, dass die in der Praxis durchgeführten psychiatrischen oder psychotherapeutischen Interventionen wirksam sind, fand sich dabei nicht – ein Punkt, der weiteren Forschungsbedarf anzeigt.

Literatur

Arbeitsgemeinschaft der Wissenschaftlichen Medizinischen Fachgesellschaften (2012). Sk2-Leitlinie zur Begutachtung psychischer und psychosomatischer Erkrankungen. AWMF-Registernr. 051/029. URL: www.awmf.org/uploads/tx_szleitlinien/051-029l_ S25_Begutachtung_psychischer_und_psychosomatischer_Erkrankungen_2012-03.pdf (09.09.2015).

Bauer, M./Priebe, S./Haring, B./Adamczak, K. (1993): Long-term mental sequelae of political imprisonment in East Germany. J Nerv Ment Dis, 181:257–262.

Dilling, H./Freyberger, H.J. (Hg.) (2006): Taschenführer zur ICD-10 Klassifikation psychischer Störungen, Huber: Bern.

Jacobi, F./Hofler, M./Siegert, J. et al. (2014): Twelve-month prevalence, comorbidity and correlates of mental disorders in Germany: the Mental Health Module of the German Health Interview and Examination Survey for Adults (DEGS1-MH). Int J Methods Psychiatr Res, 23:304–319.

Maercker A./Gäbler, I./O'Neil, J./Schützwohl, M./Müller, M. (2013): Long-term trajectories of PTSD: Evidence, predictors, and corroboration in former East German political prisoners. Torture, 23:15–27.

Maercker, A./Gäbler, I./Schützwohl, M. (2013): Traumafolgen-Verläufe über 15 Jahre bei ehemaligen politischen Inhaftierten der DDR. Nervenarzt, 84:72–78.

Maercker, A./Schützwohl, M. (1997): Long-term effects of political imprisonment: A group comparison study. Soc Psychiatry Psychiatr Epidemiol, 32, 435–442.

Priebe, S. et. al. (2013): Course of post-traumatic stress disorder following war in the Balkans: 1-year follow-up study. Psychol Med, 43:1837–1847.

Saß, H./Wittchen, H. U./Zaudig, M./Houben, I. (Hg.) (2003): Diagnostisches und Statistisches Manual Psychischer Störungen DSM-IV-TR: Textrevision, Hogrefe. Göttingen.

Solomon, Z./Mikulincer, M. (2006): Trajectories of PTSD: a 20-year longitudianl study. Am J Psychiatry, 163:659–666.

Weißflog, G./Klinitzke, G./Hinz, A. (2011): Gesundheitsbezogene Lebensqualität und Posttraumatische Belastungsstörungen bei in der DDR politisch Inhaftierten. Psychother Psychosom Med Psychol, 61:133–139.

Probleme im Anerkennungsverfahren haft- und verfolgungsbedingter Gesundheitsschäden. Eine Fallsammlung der UOKG

Carola Schulze

Die folgende Fallbeispielsammlung fußt auf Erfahrungen der UOKG-Beratungstätigkeit für ehemals aus politischen Gründen in der DDR Inhaftierte und Verfolgte. Prägnante Einzelfälle sollen die drastischen Defizite im Anerkennungsverfahren haft- und verfolgungsbedingter Gesundheitsschäden vor Augen führen und notwendige Veränderungen einfordern.

Auch noch Jahrzehnte nach den konkreten Erfahrungen von Haft und Verfolgung kann das derzeit nach einem Antrag auf Beschädigtenversorgung gemäß StRehaG, VwRehaG und HHG in Verbindung mit dem BVG praktizierte Prozedere bei den Betroffenen neuerliche Traumatisierungen auslösen. Eine Vielzahl von Betroffenen sieht aufgrund der mit dem Anerkennungsverfahren verbundenen starken seelischen Beanspruchung sogar gänzlich davon ab, die ihnen eigentlich zustehenden Leistungen zu beantragen. Die Begutachtung erinnert sie an Verhörsituationen; Ereignisse, die die Gesundheit besonders schädigten, können aufgrund des posttraumatischen Störungsbildes teilweise nicht artikuliert werden. Somit besteht das Risiko, dass Gutachtern die Eruierung der ursprünglichen Schadensursache misslingt. Des Weiteren erfolgen zum Teil Ablehnungen, weil Behörden eine mögliche Latenzzeit ohne Krankheitssymptome vernachlässigen und stattdessen eine ununterbrochene Kausalkette mit sogenannten „Brückensymptomen" als unabdingbar erachten.

Besonders befremdlich ist, wenn Ämter die Ablehnung der Beschädigtenversorgung mit Zitaten aus DDR-Dokumenten, die teilweise sogar der Staatssicherheit zuzuordnen sind, begründen. Häufig ergehen auch

Entscheidungen gegen Betroffene, weil es Versorgungsämtern und Gutachtern in dramatischer Weise an Wissen über die inhumanen Formen politischer Haft und Verfolgung in der sowjetischen Besatzungszone (SBZ) und der DDR mangelt. Ehemals politisch Verfolgte empfinden eine derartige Ablehnung ihres Antrags auf Beschädigtenversorgung vielfach als Ausdruck von gesellschaftlicher Ignoranz und Desinteresse gegenüber ihrem persönlichen Schicksal.

Es ist somit dringender Handlungsbedarf angezeigt, um 25 Jahre nach dem Ende der politischen Repression entschlossener im Interesse der damaligen Opfer zu handeln und neues Unrecht zu vermeiden. Die zentrale Forderung besteht darin, eine *gesetzliche Regelvermutung* (Vermutung des ursächlichen Zusammenhangs von Verfolgung und Gesundheitsschäden) beziehungsweise eine *Beweislastumkehr* zur Anwendung zu bringen. *Zentrale Begutachtung* und *zertifizierte Gutachter*, die über den neuesten fachlichen Forschungsstand sowie die Hintergründe von Haft und Verfolgung in der SBZ bzw. DDR umfassend informiert sind, gehören zu den weiteren Punkten im Forderungskatalog. Eine entsprechende *Weiterbildung des mit der Bearbeitung beschäftigten Personals in den Versorgungsämtern* ist ebenfalls eine unabdingbare Minimalforderung. Daneben muss das zur Verfügung stehende Instrumentarium des *§ 15 des Gesetzes über das Verwaltungsverfahren der Kriegsopferversorgung (VfG-KOV)*, das *Beweiserleichterungen* bei der Glaubhaftmachung der für die Entstehung bzw. Verschlimmerung eines Gesundheitsschadens ursächlichen Haftverhältnisse vorsieht, auch für politisch Verfolgte aus der früheren SBZ und DDR verstärkt zur Anwendung gebracht werden. Das Bundesministerium für Arbeit und Soziales äußert sich in diesem Sinne bereits seit Jahren in an die Länder gerichteten Rundschreiben.

Fallbeispiele

Herr P.
Herr P. stellte 1997 einen Antrag auf Beschädigtenversorgung gemäß § 21 StrRehaG. Er war als politischer Häftling von 1958 bis 1963 in den

Gefängnissen Bautzen, Neustrelitz und Schwerin inhaftiert. Das zuständige Versorgungsamt lehnte den Antrag von Herrn P. ab. In der Ablehnung heißt es: „Zur Prüfung Ihres Antrages sind die Rehabilitierungsunterlagen sowie Ihre Schwerbehinderten-Akte beigezogen und ausgewertet worden. Danach ist es nicht wahrscheinlich, dass die geltend gemachten Gesundheitsstörungen bedingt durch Ihre Inhaftierung in den Jahren 1958 bis 1963 hervorgerufen wurden. Schon in Ihrer Kind- und Jugendzeit war ein Gemütsleiden auffällig. Es findet sich für das Jahr 1957 ein Hinweis auf eine Minderbegabung und Willensschwäche." Weiter führt man unter anderem an, dass eine erst nach der Haft 1966 aufgetretene Meningitis häufigere stationäre psychiatrische Behandlungen notwendig machten. Das Amt konstatiert: „Es ist nämlich in keiner Weise erwiesen, dass die Auswirkungen der Haftbedingungen den geistigen Zustand negativ beeinflusst haben. Der Anspruch auf Versorgung ist daher abzulehnen." Hochproblematisch erscheint hier, dass man dem Antragsteller einen Begutachtungstermin verwehrte. Außerdem vernachlässigte man völlig die in den 1950er und 1960er Jahren besonders inhumane Züge tragenden Haftbedingungen in der DDR, denen der Betroffene über den langen Zeitraum von fünf Jahren ausgesetzt war. In der Anamnese wird mit „Minderbegabung" und „Willensschwäche" auf zwei Aussagen aus DDR-Dokumenten verwiesen. Sie werden kritiklos zitiert, wissenschaftlichen Diagnosebefunden gleichgesetzt und argumentativ gegen die Interessen des Betroffenen eingesetzt.

Frau S.
Frau S. stellte 1986 einen Antrag auf Beschädigtenversorgung gemäß § 4 HHG. Sie befand sich Mitte der 1980er Jahre insgesamt 13 Monate aus politischen Gründen in Haft, davon 6 Monate in Untersuchungshaft. Sie wurde vier Wochen lang mit Schwerstkriminellen in einer Zelle zusammengesperrt. In dieser Zeit erlitt die Betroffene schwere, auch sexuelle Misshandlungen. Daneben führt sie an, in der Haft sei es zu einer Zwangsmedikation mit Psychopharmaka gekommen. Frau S. befindet sich

in psychotherapeutischer Behandlung. Erst seit Kurzem ist es ihr möglich, über die Hafterlebnisse zu sprechen, wobei die extremsten der erfahrenen Verletzungen weiterhin nicht ausgesprochen werden können. Im Zuge des Anerkennungsverfahrens haftbedingter Gesundheitsschäden erhielt Frau S. zwar einen Termin bei einem Gutachter, allerdings dauerte dieses Gespräch nur 30 Minuten. In einem so kurzen Zeitraum kann es einem Gutachter unmöglich gelingen, Haftbedingungen und Folgeschäden ausreichend zu eruieren. Der Antrag der Betroffenen und der folgende Widerspruch wurden abschlägig beschieden. Nach einer von Frau S. vor dem Sozialgericht eingereichten Klage zog sich das Verfahren schließlich bis 1992 hin. Erneut wurde die Beschädigtenversorgung abgelehnt.

Frau S. stellte vor einiger Zeit auf der Basis verstärkter Symptome einen sogenannten Verschlimmerungsantrag und beantragte damit eine Wiederaufnahme des Anerkennungsverfahrens haftbedingter Gesundheitsschäden. Nach Negativbescheiden des zuständigen Amtes befindet sich die Betroffene derzeit erneut in einem Klageverfahren vor dem Sozialgericht. Frau S. wurde durch ihre Ärztin krankgeschrieben, da der Umgang mit den Behörden ihre physischen und psychischen Kräfte aufgebraucht hat.

In diesem Fall ist zunächst die oben geschilderte mangelhafte Qualität der Begutachtung auffällig: fehlende Detailkenntnisse über DDR-Haftbedingungen, mangelnde menschliche Empathie gegenüber den Verfolgten, Trauma-Reaktivierung durch die Begutachtung. Die Betroffene kann somit, bedingt durch das Auftreten von Krankheitssymptomen, der Forderung nach Selbstauskunft zum Zweck der Beweisführung nicht umfassend entsprechen. Die als Folge der Haft zugezogene Schädigung wirkt sich somit im Anerkennungsverfahren nachteilig aus. Die im Zusammenhang mit dem Fall von Frau S. benannten Aspekte des organisatorischen Ablaufs der Anerkennung haft- und verfolgungsbedingter Gesundheitsschäden inklusive der Ausnahmesituation einer Begutachtung vermitteln einen exemplarischen Eindruck davon, dass Betroffene oftmals über ihre Belastungsgrenze gehen müssen. Bestehende Krankheitssymptome können dadurch verstärkt bzw. neue hervorgebracht werden.

Herr L.

Herr L., der aus politischen Gründen über drei Jahre in der DDR inhaftiert war, beantragte kürzlich die Anerkennung haftbedingter Gesundheitsschäden. Er gab an, in den letzten zehn Jahren hätten sich bei ihm verstärkt Symptome der posttraumatischen Belastungsstörung gezeigt: wiederkehrende belastende Erinnerungen an die Haftzeit, starke Schlafstörungen, Platzangst, Tendenzen zur Isolierung, Selbstgespräche. Außerdem gab Herr L. Haarausfall und Zahnverlust durch vitaminarme Gefängnisnahrung als gesundheitliche Beeinträchtigungen an. Als schädigende Ereignisse benannte Herr L. in seiner Antragsbegründung vor allem die Umstände während der insgesamt ein Jahr andauernden Einzelhaft bzw. Absonderung, die als Strafaktion gegen ihn verhängt wurden. In einem Kellergewölbe ohne Heizung untergebracht, war der Betroffene besonders im Winter menschenunwürdigen Bedingungen ausgesetzt. Strenge Essensrationierung, Leseverbot und permanenter Psychoterror, der auch Morddrohungen beinhaltete, waren prägende Haftumstände.

Nach 1989 und nach der Einsicht in seine Stasi-Akte zeigten sich die oben genannten Symptome bei dem Betroffenen in zunehmendem Maße und korrespondierten mit der Angst vor den Tätern von einst. Herr L. gibt an, er habe zum damaligen Zeitpunkt keinen Arzt aufgesucht, da er in der DDR-Zeit eine ablehnende Haltung gegenüber Ärzten aufgebaut und fatale Erfahrungen mit der medizinischen Betreuung während der Haft gemacht habe.

Das Amt lehnte den Antrag des Betroffenen ab, da erst in den letzten zehn Jahren Symptome aufgetreten seien. Es sei „kaum noch möglich, einen Ursachenzusammenhang zur damaligen Haftzeit festzustellen". Man verweigerte Herrn L. sogar einen Begutachtungstermin. Das Amt kritisierte, es gebe keine medizinischen Belege für die Beschwerden, und Herr L. befände sich nicht in psychotherapeutischer Behandlung. Weiter argumentierte das Amt, dass „zwischen dem schädigendem Vorgang und der Gesundheitsstörung eine nicht unterbrochene Kausalkette bestehen muss. Dabei sind Brückensymptome notwendige Bindeglieder. Mit erheblichem zeitlichen Abstand zu den schädigenden Vorgängen kann heute mangels entsprechender Nachweise (Brückensymptome) nicht mehr festgestellt werden, dass die von Ihnen geltend gemachten Beschwerden in einem ursächlichen Zusammenhang mit schädigenden Einwirkungen gemäß des § 21 StrRehaG stehen". Hier wäre von Seiten der Behörde dringend eine differenziertere Sicht notwendig gewesen, die den aktuellen Kenntnisstand der Wissenschaft, wie er in diesem Band referiert wird, berücksichtigt, nach dem Brückensymptome nicht zwingend notwendig sind. In jedem Fall hätte man Herrn L. die Möglichkeit eröffnen müssen, sich einem Gutachter vorzustellen. Der Betroffene befindet sich in dieser Sache derzeit in einem Klageverfahren vor dem Sozialgericht.

Herr M.
Herr M. beantragte Beschädigtenversorgung, da er sich im Laufe seiner mehr als achtjährigen Haftzeit ein Augen- sowie ein schweres Magenleiden zugezogen hatte und infolge der Bedingungen während Haft und Zwangsarbeit auch die seelische Konstitution stark beeinträchtigt wurde. Von amtlicher Seite wurde zwar berücksichtigt, „dass die Bedingungen der Haft einen prägenden Charakter" hatten, da die erste Inhaftierung erfolgte, als Herr M. 16 Jahre alt war. Festzustellen sei, so die Behörde, eine „andauernde Persönlichkeitsänderung nach Extrembelastung", die aber nur mit 10 Grad der Schädigung (GdS) beschieden wurde und somit nicht zu einer Beschädigtenversorgung führt. Der Betroffene gab an, er habe in der Haftanstalt im Bereich der Galvanik mit Säuren arbeiten müssen. Wegen einer Augenentzündung habe er daraufhin im Haftkrankenhaus Medikamente erhalten, die zur Bildung eines schmerzhaften Magengeschwürs geführt hätten. Im Haftkrankenhaus habe man ihn als Simulanten bezeichnet, bis es zu einem Magendurchbruch gekommen sei, der vier Folgeoperationen nach sich gezogen habe. Hierzu stellte das Amt fest: „Das Auftreten des Geschwüres ist schicksalhaft und mit hoher Wahrscheinlichkeit nicht auf die Haftzeit zurückzuführen. Es hätte vielmehr auch im alltäglichen Leben auftreten können." Herr M. legte beim Sozialgericht Klage ein, derzeit befindet er sich im Berufungsverfahren. Das Prozedere der Anerkennung haftbedingter Gesundheitsschäden dauert in diesem Fall nun schon mehr als fünf Jahre.

30 Minuten nach vier Jahren

Eine andere Betroffene äußerte sich ähnlich kritisch: Sie habe im Jahre 2004 einen Antrag auf Beschädigtenversorgung gestellt, doch habe man ihr erst nach vier Jahren Wartezeit einen Gutachtertermin gewährt, der dann lediglich 30 Minuten gedauert habe. In einem „kleinen, kalten und ungemütlichen Raum" sei sie von der Gutachterin umgehend aufgefordert worden, aus ihrer Haftzeit zu berichten. Es sei ihr sehr schwer gefallen, darüber zu sprechen, sie habe auch entsprechende Empfindungen formuliert und sei schließlich in Tränen ausgebrochen. In diesen Momenten höchster seelischer Anspannung habe die Gutachterin sie mehrfach unterbrochen und habe Anrufe auf dem Handy entgegengenommen. „Ich erzählte von meinen Beschwerden, Ängsten, Träumen …, dann musste die Gutachterin kurz aus dem Raum. Als sie wiederkam, hatte ich den Faden verloren. Ich habe mich sehr unwohl gefühlt und habe nur daran gedacht, wann kann ich wieder gehen."

Das zuständige Amt entschied, es bestünde kein Anspruch auf Beschädigtenversorgung, alle gesundheitlichen Probleme, die die Betroffene benannt hatte, stünden ausschließlich im ursächlichen Zusammenhang mit ihrer Arbeitslosigkeit. Außerdem habe sie sich erst zu einem späten Zeitpunkt, 2004, in psychologische Behandlung begeben. Die Betroffene legte Widerspruch ein, da nach ihrer Auffassung die Umstände der Arbeitslosigkeit die Symptome einer durch die Haft hervorgerufenen Posttraumatischen Belastungsstörung erst dramatisch manifest werden ließen. Nach der Ablehnung des Widerspruchs wurde die Angelegenheit vor dem Sozialgericht verhandelt.

Schluss

Viele ehemals politisch Verfolgte verfügen weder über die psychische noch physische Stärke, um das derzeitige Prozedere im Anerkennungsverfahren erfolgreich durchstehen zu können. Eindrucksvoll und aufrüttelnd belegen das die folgenden Aussagen eines Betroffenen: „Ich habe im Januar 2008

126

einen Antrag auf Beschädigtenversorgung gestellt. Ich wusste vorher nicht, dass diese Möglichkeit besteht. Ich habe in all den Jahren immer mit gesundheitlichen Problemen zu tun gehabt, die mit meiner Inhaftierung in Verbindung standen. Ich habe mich erst nach und nach den Ärzten geöffnet, immer in der Hoffnung, dass ich auch richtig verstanden werde. Ich habe mich im Juni 2008 in psychotherapeutische Behandlung begeben. Ich wusste nicht mehr ein noch aus. Der Schriftverkehr mit dem Versorgungsamt tat sein Übriges dazu. Und wenn ich die Schilderungen von Haftkameraden lese, was sie beim Gutachter erlebten, bin ich so wütend. Ich habe mir fest vorgenommen, wenn ich einen Termin bei einem Gutachter bekommen sollte, werde ich mich diesem Stress nicht aussetzen. Ich werde mich nicht ein zweites Mal Verhören unterziehen. Das kann ich meiner angeschlagenen Gesundheit nicht zumuten. Ich fühle mich auch körperlich und psychisch nicht gefestigt genug, um eine ungerechtfertigte Ablehnung der Beschädigtenversorgung hinnehmen zu können. Deswegen scheue ich den Gutachter. Ich möchte nicht, dass alles wieder aufbricht und unkalkulierbare gesundheitliche Risiken entstehen. Ich habe viel zu viel Angst und bin seit meiner Haftentlassung sehr misstrauisch gegenüber Personen, die politische Verfolgung nicht selbst erlebt haben". Dieser Erlebnisbericht eines Betroffenen ist keineswegs eine singuläre Erscheinung.

Vor dem Hintergrund des Geschilderten ist daher nochmals nachdrücklich einzufordern, die Voraussetzungen zur Einführung einer *gesetzlichen Regelvermutung* (Vermutung des ursächlichen Zusammenhangs von Verfolgung und Gesundheitsschäden) beziehungsweise einer *Beweislastumkehr* zu schaffen.

Probleme und Verbesserungen in der Begutachtungspraxis komplexer psychischer Traumafolgestörungen nach politischer Verfolgung in der SBZ/DDR: das „Thüringer Modell" sowie Qualitätsstandards bei der Begutachtung

Ruth Ebbinghaus und Doris Denis

Einführung

Die politisch Verfolgten der ehemaligen SBZ/DDR haben durch Menschen verursachte, sich aus mehreren Einzelereignissen zusammengesetzte Traumatisierungen erlitten. Der Gesetzgeber hat auf der Grundlage des Häftlingshilfegesetzes (HHG), des Strafrechtlichen Rehabilitierungsgesetzes (StrRehag) und den nachfolgenden SED-Unrechtsbereinigungsgesetzen Möglichkeiten zur Entschädigung von resultierenden Gesundheitsschäden geschaffen. Werden diese mit Antrag beim Versorgungsamt geltend gemacht, wird im Rahmen einer Begutachtung der Gesundheitsschaden und das Ausmaß der bestehenden Einschränkungen im Leben der Betroffenen bestimmt. In der Kausalitätsbegutachtung muss außerdem der ursächliche Zusammenhang zwischen dem Gesundheitsschaden und der vorliegenden rehabilitierten Verfolgungszeit mit ausreichender Wahrscheinlichkeit nachgewiesen werden, d. h. es muss mehr *für* als *gegen* den Zusammenhang sprechen. Dieser geforderte Nachweis führt in der Begutachtungspraxis nicht selten zu schwierigen Abgrenzungsproblemen, da die Verfolgungszeit lange zurückliegt.

128

Aufgrund rasanter wissenschaftlicher Fortschritte auf dem Gebiet der Psychotraumatologie und entsprechender Verbreitung der Kenntnisse ist in den letzten 20 Jahren insgesamt eine Verbesserung in der Begutachtungspraxis festzustellen. Nach wie vor bestehen aber noch erhebliche Unterschiede sowohl in der Qualität der Gutachten als auch in der abschließenden Beurteilung der möglichen Schädigungsfolgen (Ebbinghaus et al. 2014). Die Besonderheiten in der Entstehung und dem Verlauf der komplexen Traumafolgestörungen wie auch deren diagnostische Zuordnung werden häufig noch zu wenig beachtet, so auch in der SK 2 Leitlinie (AWMF – Registernr.051/029) zur Begutachtung psychischer und psychosomatischer Erkrankungen (SK 2 Leitlinie, Brief an den Herausgeber, Haenel et al., 2013). Im Folgenden werden einige der Probleme in der aktuellen Begutachtungspraxis erläutert und anhand einiger typischer Beispielfälle illustriert; es folgt eine Darstellung des Umgangs damit im „Thüringer Modell" (1.–5., R. Ebbinghaus).[1] Anschließend wird über Erfahrungen mit der Entwicklung von Qualitätsstandards bei der Begutachtung berichtet (6., D. Denis).

1 Probleme aufgrund der unterschiedlichen Qualifikation der Gutachter

In der Weiterbildung zum Facharzt für Psychiatrie und Psychotherapie wie auch in der klinischen Praxis werden spezielle Kenntnisse im Bereich der Psychotraumatologie in ausreichendem Umfang bisher weder gefordert noch vermittelt und können deshalb bei den Gutachtern auch nicht vorausgesetzt werden. Die Gutachter werden im Gutachtenauftrag vor der Annahme zwar aufgefordert zu prüfen, ob sie über das für den vorliegenden Fall notwendige Fach- und Hintergrundwissen verfügen, bei der Auswertung von Vorgutachten in Gerichtsverfahren finden sich aber immer wieder Hinweise darauf, dass einige Gutachter dies nicht erfüllen. Die mangelnde Kompetenz wird etwa deutlich, wenn zur Begründung ihrer

---

[1] Der Text deckt sich zum Teil mit Ebbinghaus (2013) und dies. et al. (2014).

Beurteilungen längst überholte Literaturzitate und veraltete Lehrmeinungen angeführt werden oder auch das notwendige Wissen über die politischen Verfolgungsmaßnahmen und Haftumstände offensichtlich fehlt. Um ihre Bewertung zu untermauern, erfolgt durch einige Gutachter auch eine recht willkürliche und einseitige Auswahl an Zitaten aus vorliegenden wissenschaftlichen Veröffentlichungen.

Es existiert zwar eine besondere Empfehlung des zuständigen Bundesministeriums für Arbeit und Soziales (BMA) an die Versorgungsämter, dass nur Gutachter mit ausreichender Erfahrung in der Begutachtung psychischer Traumfolgestörungen sowie Kenntnissen der Hintergründe der politischen Verfolgung beauftragt werden sollen, aber es gibt keine entsprechenden verbindlichen gesetzlichen Vorschriften. Die Auswahl der Gutachter obliegt (mit Ausnahme nach § 109 SGG) weiterhin den Mitarbeitern der Behörden oder den Richtern und ist deshalb bundesweit noch immer sehr uneinheitlich. Im Ergebnis führt dies zu einer sehr unterschiedlichen Qualität der Gutachten, langen Gerichtsverfahren mit mehrfachen Begutachtungen, zur Verursachung hoher Kosten und auch zu einer starken psychischen Belastung der Betroffenen.

Einige Ämter und Gerichte geben die Aufträge bereits nur an entsprechend fortgebildete Gutachter weiter, andere ignorieren weiterhin die Empfehlung des BMA und halten eine besondere Qualifikation der Gutachter offensichtlich nicht nur für überflüssig, sondern sogar für nachteilig. Aus ihrer Sicht, so wurde mehrfach geäußert, stellen eine langjährige Erfahrung der Gutachter in der Therapie und Begutachtung psychischer Traumafolgen, spezielle Kenntnisse der politischen Hintergründe und eine wissenschaftliche Beschäftigung mit dem Thema nicht etwa eine wichtige Grundlage für die Qualifikation dar, sondern würden eher zu einer einseitigen Beurteilung zugunsten der Betroffenen führen.

Die Klienten dagegen beklagen, dass sie durch die völlige Unwissenheit des Gutachters zu den Hintergründen der traumatischen Erlebnisse häufig zusätzlich belastet werden, indem sie dem Gutachter erst einmal grundsätzliche Dinge erklären müssten, besonders aber wenn ihre Angaben aus Unkenntnis vom Gutachter sogar angezweifelt würden.

1.1 Beispiele für fehlende Kompetenz und fehlendes Hintergrundwissen der Gutachter

Ein Klient berichtet in der Begutachtung, dass er schon vor der Haftzeit wegen der Zugehörigkeit der Eltern zum gewerblichen Mittelstand in der DDR benachteiligt wurde und trotz guter Noten kein Abitur machen durfte. Der Gutachter glaubt nicht an einen politischen Hintergrund. Aus seiner Sicht ist die Behauptung ein Hinweis darauf, dass bereits vor der Haft ein ungerechtfertigtes Verfolgungsgefühl im Sinne einer Psychose vorgelegen habe, und die durchaus festgestellten und auch auf die Haft bezogenen Symptome werden vom Gutachter deshalb als nicht schädigungsbedingt bewertet.

In anderen Fällen wurde den Klienten von Gutachtern vorgeworfen, dass es in den Aktenunterlagen keine ausreichenden Belege, also keine Beweise über die berichteten Traumata während der Haft gebe – „Die können ja viel erzählen" –, obwohl doch bekannt ist, dass in den Haftunterlagen Strafmaßnahmen wie Arreste oder gar psychische Foltermethoden nur selten dokumentiert wurden. In solchen Fällen wird das meist ohnehin vorhandene traumabedingte Misstrauen der Klienten und die Angst, wieder ungerecht behandelt zu werden, reaktiviert, und manche brechen die Begutachtung dann sogar ab.

Wiederholt wird von einigen Gutachtern in ihrer Beurteilung die Meinung geäußert, dass die Betroffenen an ihrer politischen Inhaftierung quasi selbst Schuld gewesen seien, obwohl diese ja bereits durch ein Gericht als zu Unrecht rehabilitiert wurde. Sie seien sich der möglichen Folgen ihres systemkritischen Verhaltens doch bewusst gewesen, und durch eine bessere Anpassung an den Staat hätte die Haft vermieden werden können. Dass aber keine Bereitschaft zur Anpassung vorgelegen habe, sei ein Beweis dafür, dass die Betreffenden schon vor der Haft eine aufsässige, unangepasste Persönlichkeit besaßen, die als Vorschaden angesehen wird, und Ansprüche infolge einer haftbedingten Symptomatik werden daher abgelehnt. Ein in einer Demokratie wie der BRD zur gleichen Zeit durchaus übliches oppositionelles Verhalten, z.B. von Jugendlichen gegen den Staat oder

Autoritäten, wird hier also als krankheitswertige Störung beurteilt, und es wird nicht beachtet, dass in der DDR schon kleinste Vergehen, wie etwa das Tragen „westlicher Kleidung" oder staatskritische Meinungsäußerung, zu drastischen Strafmaßnahmen führen konnten und daraus nicht einfach eine Störung der Persönlichkeit abgeleitet werden kann.

1.2 Ein Beispiel für fehlendes Fachwissen

Ein Gutachter beschreibt in der speziellen Anamnese aus der Haftzeit, dass der Klient über ausgeprägte Angstzustände in der Haftzelle berichtet habe. Er sei dort mehrfach „ausgerastet" und habe laut geschrien, die genauen Haftbedingungen werden von ihm nur spärlich eruiert. Bei detaillierter Befragung zu den Haftbedingungen in der Nachbegutachtung stellt sich heraus, dass sich der Betroffene sehr lange Zeit in Isolationshaft befunden und wiederholt stundenlange Verhöre, viele Schikanen, wie z. B. Schlafentzug, Beschäftigungslosigkeit, verbale Drohungen, stattgefunden hatten. Der Betroffene reagierte auf den ständigen Stress und psychischen Druck zunehmend mit Angstzuständen, Zusammenbrüchen, fühlte sich hilflos und ausgeliefert. Der Gutachter beurteilte dieses nachvollziehbare Verhalten des Klienten jedoch nicht als eine stressbedingte, sondern als eine „überzogen pathologische Reaktion" und nahm diese als Beweis für die aus seiner Sicht schon vor der Haft vorliegende labile und hysterische Persönlichkeitsstruktur des Betroffenen. Er diagnostizierte eine Persönlichkeitsstörung, weshalb keine Schädigungsfolge vorliege.

2 Probleme in der Beurteilung der Kausalität, lange Latenzzeiten

In der Prüfung der Kausalität zwischen Symptomatik und schädigenden Ereignissen werden häufig Ansprüche auf eine Entschädigung Betroffener wegen sogenannter fehlender „Brückensymptome" abgelehnt, z. B. wenn keine oder unzureichende Befunde in den Akten für den Zeitraum nach der Haft bis zur Begutachtung vorliegen, um eine Symptomentstehung beweisen zu können. Dabei werden durchaus nachvollziehbare krankheitsbedingte Gründe für das Fehlen solcher Befunde in den Akten oder ärztlichen/therapeutischen Behandlungen oft zu wenig beachtet, wie z. B. das krankheitsbedingte Vermeidungsverhalten der Klienten, einer Konfrontation mit dem Erlebten aus dem Weg zu gehen, oder das starke Misstrauen aufgrund der negativen Erfahrungen gegenüber allen Menschen, gegenüber den Behörden, wie auch gegenüber Ärzten, aufgrund der politischen Verfolgungsmaßnahmen und der erlebten ungerechten Behandlung. Aber auch der mögliche wechselhafte Verlauf, besonders einer komplexen Traumafolgestörung, im Sinne einer Prozessstörung mit unterschiedlicher Ausprägung der Symptome über die Zeit wird oft nicht ausreichend berücksichtigt. Es kann je nach Kompensationsfähigkeit der Klienten, unter besonderer Berücksichtigung von Risiko- und Schutzfaktoren (Davison et al. 2006), bei zusätzlichen äußeren Belastungen, Änderung in der sozialen Unterstützung, Wegfall von Ablenkungsmöglichkeiten, zunehmender Rückschau im Alter (Heuft 2004; Kruse/Schmitt 1999; Solomon/Ginzburg 1999), zu symptomarmen/-freien Intervallen oder eben auch Verschlechterungen kommen. In der Erstuntersuchung politischer Häftlinge der ehemaligen DDR, im Rahmen einer Studie der Uni Dresden 1995, litten im Verlauf nach der Haftentlassung ca. 60 % irgendwann unter einer PTBS, in der Nachuntersuchung 2008 war diese Zahl auf ca. 72 % angestiegen (Gäbler/Märcker 2011). Also auch nach einem zeitlichen Abstand von ca. 35–40 Jahren zum schädigenden Ereignis trat bei ca. 10 % ehemaliger Haftopfer der DDR eine posttraumatische Belastungsstörung (PTBS) völlig neu auf. Eine lange zeitliche Latenz bis zur klinischen Manifestation der Symptomatik ist deshalb nicht so selten, wie es im ICD-10 angeführt wird, sondern bei einem beträchtlichen Teil der Klienten durchaus zu erwarten.

2.1 Kritische Würdigung der Aktenbefunde

Immer wieder werden durch Gutachter aus den Akten alte Diagnosen und Befunde aus Behandlungsberichten, sowohl aus der DDR- wie der BRD-Zeit, unkritisch übernommen. Nicht beachtet wird hier häufig, dass Betroffene in der DDR nicht über ihre Hafterfahrungen berichten konnten, da sie sonst harte Strafen hätten befürchten müssen, dass sie oft ein Schweigegebot abgelegt hatten und deshalb keine Behandlung aufsuchen wollten. Im Westen war das notwendige Wissen zu Traumafolgestörungen einer Umfrage der FU Berlin, Abt. für Sozialpsychiatrie, zufolge bis mindestens Mitte der 90er Jahre noch nicht ausreichend bekannt. Deshalb wurde in früheren Untersuchungen oft gar keine Traumaanamnese erhoben und in der Bewertung auch nicht berücksichtigt. Die Betroffenen haben aufgrund von Vermeidung, Scham und Angst von sich aus gegenüber den Behandlern meist nicht über das Erlebte gesprochen, sondern schoben eher aktuelle Lebensprobleme vor. Eine traumabedingte Symptomatik wurde deshalb in der Regel gar nicht oder nicht vollständig erhoben oder mangels Kenntnis anderen Problemen und Diagnosen zugeordnet.

2.1.1 Beispiel für eine unkritische Übernahme der Aktenbefunde

Bei Durchsicht und kritischer Bewertung der Aktenlage in der Zweitbegutachtung im Gerichtsverfahren wurde z. B. in einem Fall deutlich, dass die Diagnose einer paranoiden Schizophrenie einer Klientin seit 1972 von den nachfolgenden Behandlern und auch dem Erstgutachter unkritisch übernommen wurde. Bei eingehender Befragung der Klientin über die Entstehung und den Verlauf der psychischen Symptome, bestätigt durch eine zusätzliche Fremdanamnese der Tochter, stellte sich heraus, dass die Entwicklung der Symptomatik erst nach langen und schweren Verfolgungs- und Zersetzungsmaßnahmen durch die Stasi in der DDR begonnen und – wie häufig bei Haft- und Verfolgungsopfern – auch bei der Betroffenen sich das Gefühl entwickelt hatte, nicht mehr sicher zu sein, sich weiter in ständiger Gefahr zu befinden, mit großer Angst vor erneuter Verfolgung durch die Stasi oder gar Haft und deshalb ausgeprägtem Rückzugsverhalten und Misstrauen gegenüber allen Menschen. Vorher war die Klientin völlig unauffällig gewesen. In keinem der alten Befunde und Berichte aus den Akten wurden ausreichende Symptome aufgeführt, um die gestellte Diagnose einer schizophrenen Erkrankung zu rechtfertigten, trotzdem wurde diese Diagnose immer als Begründung für eine Ablehnung von Ansprüchen zugrunde gelegt.

Dies ist leider kein Einzelfall, auch in anderen Fällen wurden von Behandlern oder Gutachtern ein traumabedingtes ausgeprägtes Verfolgungsgefühl von Klienten oder auch das Gefühl weiterer Bedrohung nach einer politischen Verfolgung, aber auch dissoziative Symptome wie Derealisationserleben als psychotische Symptome einer schizophrenen Erkrankung und nicht als typische Symptome einer posttraumatischen Störung gewertet.

2.2 Abgrenzung von Vor- oder Nachschäden

Die notwendige Beurteilung der Kausalität, also die Prüfung des ursächlichen Zusammenwirkens zwischen dem schädigenden Ereignis und der vorliegenden psychischen Symptomatik, verlangt vom Gutachter auch eine genaue Abgrenzung von möglichen anderen Ursachen, die vor oder auch nach dem rehabilitierten Ereignis vorgelegen haben könnten. Besonders häufig werden nach wie vor schädigungsunabhängige Vorschäden festgestellt, wenn z.B. im Leben der Betroffenen familiäre Belastungen in der Herkunftsfamilie, wie Scheidung der Eltern, angespanntes Verhältnis zu den Eltern, pubertäres oder oppositionelles Verhalten in der Jugend, vorlagen. Aufgrund bloßer Vermutungen und psychodynamischer Entwicklungshypothesen werden dann Persönlichkeitsstörungen diagnostiziert, die als Nichtschädigungsfolge gewertet werden, auch wenn ein eindeutiger Krankheitswert vor der Haft nicht nachweisbar war (Ebbinghaus in Sack et al., 2013). Nach Urteilen des Bundessozialgerichtes (BSG), 9. Senat vom 18.10.1995, und des BSG B 9 VG vom 12.06.2003, dürfen aber Vorschäden, wie z. B. auch Persönlichkeitsstörungen mit notwendigem Beginn in der Kindheit und Jugend, nicht aufgrund bloßer Vermutungen diagnostiziert werden, sondern müssen vom Gutachter ausreichend bewiesen werden.

Auch nachträgliche Lebensbelastungen werden von einigen Gutachtern, ohne ausreichende Eruierung der inhaltlichen Zusammenhänge, als Ursache für die eigentlich traumabedingte Symptomatik bewertet. In der Abgrenzung von möglichen Nachschäden muss vom Gutachter geprüft werden, ob die Ereignisse eine völlig neue Symptomatik ausgelöst haben, die schon vorher durch die Haft bestehende Symptomatik dadurch verschlimmert wurde oder die Kompensationsfähigkeit des Klienten so beeinträchtigt wurde, dass die traumabedingte Symptomatik jetzt erst deutlich krankheitswertig auftritt. Das nachträgliche Ereignis kann dann *Auslöser* für die Veränderung sein, die *Ursache* bleibt aber in der eigentlichen Traumatisierung, wie z. B. der Haft, zu sehen. Auch die Möglichkeit einer *Reaktivierung* der früheren Hafterlebnisse durch neue Ereignisse, die z. B. wiederum zur völligen Hilflosigkeit geführt haben, sollte vom Gutachter ausreichend berücksichtigt werden. Eine Verschiebung der Wesensgrundlage muss bedacht werden, wenn nachträgliche Ereignisse nachweislich eine wesentlich stärkere Bedeutung für die Entwicklung der heute vorliegenden Symptomatik aufweisen als das zurückliegende Trauma der Haftzeit.

3 Probleme in der Durchführung der Gutachten

Bei der Durchführung von Gutachten politisch Verfolgter sollten Gutachter besonders die verfolgungsbedingten veränderten Einstellungen der Betroffenen und die sich aus der traumabedingten Symptomatik ergebenden Probleme in der Kommunikationsfähigkeit der Klienten berücksichtigen (Haenel 2004; Ebbinghaus 2013, 2014). Aufgrund ihrer negativen Erfahrungen haben Betroffene häufig das Vertrauen in den Staat und die Menschen verloren. Diese Bedingungen stellen deshalb hohe Anforderungen an die Gutachter. Diese werden von den Betroffenen sowohl als mögliche Retter oder aber als erneute Täter angesehen und sollten sich entsprechend neutral, aber auch einfühlsam verhalten. Gerade für politisch Verfolgte sind die Atmosphäre und der Rahmen, in denen eine Begutachtung stattfindet, die Haltung des Gutachters, das Gefühl von Sicherheit und ausreichendem Vertrauen in den Gutachter, wichtige Voraussetzungen für eine ausreichende Mitteilungsbereitschaft. Diese wichtigen Bedingungen werden Klientenberichten zufolge nach wie vor zu wenig beachtet.

3.1 Beispiele für eine ungünstige Wahl des Begutachtungsortes

Mehrfach berichteten ehemalige Haftopfer, dass sie von Gutachtern zum Termin in eine forensische Abteilung einbestellt wurden, mit entsprechenden Schutzanlagen wie Mauern und Gitterzäunen, oder dass die Untersuchungen in sehr engen Räumlichkeiten stattfanden. Durch diese Umgebungsbedingungen wurden die Betroffenen an ihre Haftzeit und die Zellensituation erinnert und reagierten mit einer Steigerung von Angst und Misstrauen, die Hafterlebnisse wurden also reaktiviert. Die Begutachtung wurde dadurch maßgeblich erschwert oder Betroffene kehrten schon beim Anblick des Ortes um und verweigerten die Begutachtung.

3.2 Beispiele für einen inadäquaten Umgang mit Betroffenen

Immer wieder berichten Betroffene, dass sie lange, auch in einem überfülltem Wartezimmer, ausharren mussten, keine persönliche Begrüßung durch den Gutachter stattfand und der Ablauf der Begutachtung nicht erklärt wurde. Dies führte zu einer Steigerung von Angst und Misstrauen schon vor dem Beginn der eigentlichen Begutachtung.

Zum Teil wurden während der Begutachtung ohne vorherige Absprache Tonbandaufzeichnungen durchgeführt, oder der Gutachter sprach ständig in sein Diktiergerät und unterbrach so auch den Redefluss der Klienten.

Diese fühlten sich dadurch an frühere Verhörsituationen erinnert und wurden in ihrer Mitteilungsbereitschaft eingeschränkt.

Auch eine starre Gesprächsführung und eine wenig einfühlsame, autoritäre Haltung von Gutachtern werden häufig beklagt. Betroffene reagieren dann ängstlich oder mit verstärkter Reizbarkeit, fühlen sich wieder an die ungerechte Behandlung während der Haftzeit erinnert und verschließen sich oder werden wütend, so dass ein völlig verzerrtes Bild über die Person und eine falsche Bewertung durch den Gutachter entstehen kann. So folgerten z. B. Gutachter aus der zunehmend aggressiven Haltung des Betroffenen während der Begutachtung, die aufgrund des autoritären Umgangs vonseiten der Gutachter entstand, dass es aus ihrer Sicht keinen nachvollziehbaren Grund für dieses Verhalten des Klienten gegeben habe und dieser deshalb sicherlich schon vor der Haft unter einer querulatorischen Persönlichkeitsstörung gelitten habe.

In einem Fall (ähnlich wurde auch in anderen Fällen argumentiert) äußerte ein Gutachter Zweifel an der Glaubhaftigkeit der Angaben des Klienten zur Entstehung seiner Haftfolgesymptome, da in den Akten keine Befunde aus der DDR-Zeit vorlagen und der Klient nach seiner Ansicht aber auch dort zu einem Arzt hätte gehen können, denn er hätte ja die wirkliche Ursache verschweigen können. In zwei weiteren Folgegutachten im Gerichtsprozess wurde dem Klienten dann eine haftbedingte Traumafolgestörung bescheinigt. Der Richter wollte nun trotzdem persönlich die Glaubhaftigkeit des Betroffenen prüfen und ihn diesbezüglich vorladen. Der Betroffene fühlte sich dadurch an die früheren Gerichtsverfahren in der DDR erinnert, wo er unschuldig verurteilt wurde und man ihm auch keinen Glauben schenken wollte, und er dekompensierte daraufhin völlig.

4 Probleme mit der diagnostischen Zuordnung in die Klassifikationssysteme ICD/DSM

Die belastenden Ereignisse der politischen Verfolgungs- oder Haftzeit in der SBZ/DDR umfassten körperliche und, besonders ab den 70er Jahren, meist psychische Folter mit dem Ziel, die Persönlichkeit der Betroffenen zu „zersetzen". Beispiele für psychische Folter während der DDR-Haft sind z. B. Unterstimulation, Schlafentzug, Isolation, ständige Entwürdigungen, Schikanen, Sonderarreste, menschenunwürdige Transporte und die Androhung von Gewalt.

Um einen Entschädigungsanspruch geltend machen zu können, müssen die belastenden Ereignisse die Kriterien einer Traumatisierung erfüllen, um daraus wiederum die Entstehung einer möglichen Traumfolgestörung ausreichend begründen zu können. In den vorliegenden Klassifikationssystemen, dem ICD-10 und dem DSM-IV, die einer Begutachtung zugrunde gelegt werden müssen, werden die Eingangsvoraussetzungen für die Definition eines traumatischen Ereignisses unterschiedlich beschrieben. Im DSM-IV heißt es: „Die Person erlebte, beobachtete oder war mit einem oder mehreren Ereignissen konfrontiert, die tatsächlichen oder drohenden Tod oder ernsthafte Verletzungen oder eine Gefahr der körperlichen Unversehrtheit der eigenen oder anderer Personen beinhaltete." Es wird hier also besonders die Lebensbedrohung oder körperliche Verletzung als Traumaursache hervorgehoben.

Die Definition im ICD-10 ist allgemeiner gehalten: „Die Betroffenen sind einem kurz oder lang anhaltendem Ereignis oder Geschehen von außergewöhnlicher Bedrohung oder mit katastrophalem Ausmaß ausgesetzt." Diese Formulierung ist sehr vage, und es kann deshalb auch sehr unterschiedlich und subjektiv ausgelegt werden, was als eine außergewöhnliche Bedrohung erlebt wird.

Unter den genannten Beispielen für mögliche traumatische Ereignisse wird in beiden Systemen der Begriff der Folter ohne Spezifizierung aufgeführt, es heißt: „[…] oder selbst Opfer von Folterung, Terrorismus, Vergewaltigung oder anderen Verbrechen zu sein." *Psychische* Folter wird leider nicht explizit benannt, auch im neuen DSM-5 und dem geplanten ICD-11 wird diese nicht direkt angeführt (Denis et al. 2014). Dies hat zur Folge, dass einige Ämter oder Gutachter aufgrund dieser unterschiedlichen und nicht eindeutigen Definitionen eines traumatischen Ereignisses in einigen Fällen Anträge mit der Begründung ablehnten, es habe „nur psychische Folter" und somit keine Lebensbedrohung, wie im DSM-IV verlangt, vorgelegen, deshalb wäre das Eingangskriterium der PTBS aus ihrer Sicht nicht erfüllt. Nach Amnesty International wird aber psychische Folter, auch die weiße Folter genannt, in der Bewertung der möglichen Auswirkungen auf Menschen der körperlichen Folter gleichgesetzt (Pross 1994), und diversen Studien zufolge (Maercker/Schützwohl 1996; Priebe et al. 1993; Priebe/Bauer 1995) kann auch psychische Folter Traumafolgestörungen auslösen. In den S 3 Leitlinien 2013 (Flatten et al. 2013) für die PTBS wird unter den Beispielereignissen Folter und zusätzlich auch die *politische* Haft als mögliches traumatisches Ereignis direkt benannt. In Fachkreisen wird die psychische Folter, besonders auch nach den klinischen Erfahrungen in der Behandlung der Betroffenen, überwiegend als ausreichend traumatisierend angesehen. Der weitaus größere Teil der Gutachter und Ämter erkennt deshalb die psychische Folter als eine mögliche Traumaursache an. Wünschenswert wäre aber, um eine eindeutige Klarheit herzustellen, für die Zukunft eine explizite Nennung der *psychischen* Folter als mögliche Traumaursache in den Klassifikationssystemen.

4.1 Beispiel für falsche Bewertungen der Eingangskriterien aufgrund mangelnder Hintergrundkenntnisse

Für die Beurteilung der Haftumstände ist das Hintergrundwissen des Gutachters zu den Haftumständen von großer Bedeutung, nur so kann er während der Begutachtung auch zielgerichtete Fragen stellen. Die Betroffenen machen aufgrund ihres Schamgefühles und Vermeidungsverhaltens oft nur Andeutungen zu traumatischen Ereignissen oder erwähnen unwürdige Transporte oder Sonderarreste von sich aus gar nicht. In vielen Fällen wird ersichtlich, dass Gutachter aufgrund mangelnder Kenntnisse nicht ausreichend die Details der Haftumstände nachgefragt haben. So wurde z. B. die Andeutung eines Betroffenen „Ich war Frischfleisch" von einem Gutachter nicht ausreichend hinterfragt und der damit gemeinte sexuelle Missbrauch in der Haft gar nicht eruiert. Der Gutachter kommt dann zu dem Schluss, es

hätten ja nur leichte Belastungen in der Haft vorgelegen, und das Eingangskriterium einer Traumfolgestörung sei somit nicht erfüllt.

4.2 Diagnostische Einordnung der Symptomatik
nach ICD-10 und DSM-IV

Die Diagnosemöglichkeiten der Klassifikationssysteme ICD-10 und
DSM-IV decken das Spektrum psychischer Traumafolgestörungen bei weitem nicht ab. Besonders die komplexen Traumafolgestörungen können oft
nicht nur mit einer Diagnose umschrieben werden. Sie setzen sich z. B. aus
einer partiellen oder kompletten posttraumatischen Belastungsstörung,
Symptomen anderer psychischer Störungen, wie z. B. dissoziativen, depres-
siven, angstbezogenen, zusammen, meist verbunden mit einer Änderung
der persönlichen Einstellungen und des Verhaltens, bis hin zu Suchtproble-
men als Selbstmedikationsversuch. Auch die vorgeschriebene Mindestan-
zahl oder auch Kombination von Symptomen erschwert die Diagnosestellung. Da bisher keine ausreichende Einigung auf ein Störungskonzept der
Traumafolgestörungen vorliegt, bleibt die diagnostische Einordnung in
der Begutachtungspraxis weiterhin schwierig und werden deshalb häufig
unspezifische und schwer nachprüfbare Bezeichnungen, wie z. B. „psychoreaktive Störung", von Gutachtern gewählt, sehr unterschiedliche Diagnosen oder auch Mehrfachdiagnosen gestellt.

Auch durch die Änderungen im neuen, bereits erschienen DSM-5 und
in den Veröffentlichungen der Arbeitsgruppe zum geplanten ICD-11
(Maercker et al. 2013), sind keine ausreichenden Verbesserungen für die
Begutachtungspraxis zu erwarten, obwohl die Einführung der Diagnose der komplexen Traumafolgestörung im ICD-11 zu begrüßen ist. Viele
Betroffene weisen aber im langen Krankheitsverlauf aufgrund inadäquater
Kompensationsversuche z. B. weniger Vermeidungssymptome auf, als für
die neue Diagnose erforderlich wäre, dafür aber nun eine ständige Überforderung durch Ablenkungsversuche über Arbeitsleistung mit Entwicklung depressiver Symptomatik. Im DSM-5 ist die PTBS-Diagnose sogar

um zusätzliche Symptome ausgeweitet worden (Friedman et al. 2011). Die partiellen Störungsbilder werden weiterhin in beiden Systemen nicht ausreichend berücksichtigt. Die Unterschiede in der Klassifikation psychischer Traumfolgestörungen zwischen ICD-11 und DSM-5 sind noch größer geworden, so dass eine einheitliche nachvollziehbare Diagnosestellung in der Begutachtung zukünftig noch schwerer als zuvor erscheint.

4.2.1 Ein Beispiel für Probleme mit der Diagnosestellung

Der Gutachter eruiert in der Anamnese und Befunderhebung eine große Anzahl von typischen komplexen Traumafolgesymptomen. Er versucht diese streng in die vorliegenden Klassifikationssysteme ICD-10 und DSM-IV einzuordnen, aber keine psychiatrische Diagnose, wie z. B. PTBS, Phobie, Depression usw. ist vollständig, sondern immer nur partiell erfüllt. Er kommt in der Beurteilung zu dem Schluss, dass somit keine Diagnose für eine psychische Störung gestellt werden könne und lehnt auch einen Folgeschaden ab. Er beschreibt also zwar das Bild einer komplexen Traumfolgestörung und eine ausreichende Funktionsbeeinträchtigung des Betroffenen, da er aus seiner Sicht aber keine Diagnose stellen könne, lässt er die Folgesymptomatik quasi einfach unter den Tisch fallen. Auch wenn die Diagnose der Komplexen PTBS bisher im ICD-10 gar nicht und im DSM-IV nur im Anhang aufgeführt wird, hätte der Gutachter diese Diagnose wählen können oder auch jeweils die partiellen Störungsbilder aufführen und die Funktionseinschränkungen mit einer entsprechenden GdS bewerten müssen.

5 Das „Thüringer Modell"

Um die Begutachtungspraxis psychischer Folgeschäden nach politischer Verfolgung in der SBZ/DDR zu verbessern, hat Thüringen als erstes Bundesland bereits 2000 ein eigenes Modell entwickelt. Alle Begutachtungen psychischer Störungen infolge politischer Verfolgung in der SBZ/DDR werden nur durch Gutachter mit spezieller Qualifikation in Psychotraumatologie und ausreichenden Kenntnissen der Hintergrundbedingungen der politischen Verfolgung durchgeführt. Diese Außengutachter arbeiten unabhängig vom Versorgungsamt, und die Durchführung der Gutachten findet somit an einem neutralen Ort statt. Außerdem wurde eine regelmäßige Fortbildung für die Mitarbeiter/-innen des Versorgungsamtes über die Entstehung und den Verlauf der möglichen psychischen Störungsbilder durchgeführt. Es findet ein intensiver Informationsaustausch statt, und auf diese Weise können strittige Fälle auch immer wieder ausreichend diskutiert und gelöst werden. Für das Bundesland Thüringen ist damit auch ein erhöhter Kostenaufwand verbunden, da auswärtige Gutachter für ihren Aufwand honoriert werden müssen und Fahrtkosten für die Klienten zur Begutachtung erstattet werden. Für die Klienten ist die Begutachtung oft mit einem höheren Zeitaufwand durch die weiteren Wege verbunden. In den meisten Fällen führt diese Lösung aber zu einem höheren Vertrauen der Klienten, auf diese Weise eine gerechte Begutachtung zu erhalten, und es besteht damit eine ausreichende Motivation, diesen Umstand auf sich zu nehmen. So sind deutlich weniger Streitfälle und Gerichtsprozesse anhängig als in anderen Bundesländern, wodurch wiederum erhebliche Kosten eingespart werden. In der Zwischenzeit haben auch einige andere Bundesländer, wie Sachsen und Niedersachsen, ihre Begutachtungspraxis entsprechend dem „Thüringer Modell" verändert.

6 Erfahrungen bei der Entwicklung von Qualitätsstandards für die Begutachtung

In meinem Teilbeitrag (D. Denis) möchte ich gerne über die Entwicklung von Qualitätsstandards bei Begutachtungen im Rahmen des Sozialen Entschädigungsrechts berichten. Dabei möchte ich die Entwicklung der Verbesserungsversuche über die zurückliegenden Jahre und den heutigen Stand der Dinge darstellen. Da sich dieses Thema wie ein roter Faden durch meine eigene Berufsbiografie zieht, seien einige Bemerkungen zu persönlichen Erfahrungen mit der Problematik erlaubt. 1991 erschien die ICD-10, in der erstmalig in dem für Europa verbindlichen Klassifikationsmanual für psychische Störungen auch die Posttraumatische Belastungsstörung (PTBS) aufgeführt ist – jene Diagnose also, die für die Klassifizierung von Haftfolgeschäden einen ganz besonderen Stellenwert hat. Vier Jahre später, also vor knapp 20 Jahren, erfolgte mein beruflicher Einstieg in das Feld der Psychotraumatologie, und zwar mit einem Projekt, mit dem die Behandlungs- und Begutachtungssituation von ehemaligen politischen Häftlingen aus der DDR verbessert werden sollte. Zu Beginn des Projektes, das an der Abteilung für Sozialpsychiatrie der Freien Universität Berlin angesiedelt war, führten wir eine Telefonbefragung in Berlin durch, um den damaligen Kenntnisstand zu PTBS und die Häufigkeit der Behandlungskontakte mit ehemaligen Häftlingen zu erfassen. Ein Blick auf die Zahlen zeigt, dass es zu diesem Zeitpunkt durchaus Sinn machte, über eine der wichtigsten psychischen Haftfolgestörungen zu informieren.

Telefonbefragung: Es wurden insgesamt 64 Personen befragt, davon 40 niedergelassene Psychiater aus allen 23 Berliner Bezirken und 24 diensthabende Ärzte von psychiatrischen Abteilungen in 12 Berliner Krankenhäusern. 17 niedergelassene Ärzte und 17 Ärzte in psychiatrischen Abteilungen (N=34) haben wissentlich ehemalige politisch Inhaftierte aus der DDR behandelt (also 53 % der Gesamtstichprobe). Nahezu zwei Drittel dieser Kollegen (64,7 %, N=34) haben die psychischen Schäden auch als Haftfolgestörung beurteilt. Allerdings konnten ebenso viele Befragten, nämlich 53 %, kein einziges Kriterium der posttraumatischen Belastungsstörung benennen. Lediglich eine Person kannte und nannte die Diagnosekriterien A-E der PTBS. Das heißt, die behandelnden Ärzte sahen zwar haftbedingte psychische Störungen bei ehemaligen Häftlingen aus der DDR, kannten sich aber mit dem damit häufig verbundenen Störungsbild nicht allzu gut aus.

In den folgenden Jahren wurden im Rahmen des erwähnten Projektes zahlreiche Fortbildungsveranstaltungen für Gutachter, Juristen und Versorgungsbehörden durchgeführt. Und man kann durchaus sagen, dass uns bei diesen Weiterbildungen in der Regel ein harscher Wind um die Ohren wehte. Dies gilt sicherlich allgemein für das Klima in Fachvorträgen und Weiterbildungen zu Haftfolgestörungen in dieser Zeit. Den wissenschaftlichen Erkenntnissen und klinischen Erfahrungen, die zur Aufnahme der PTBS in die internationalen Diagnosemanuale DSM und ICD geführt haben, standen die Teilnehmer der Fortbildungsveranstaltungen sehr skeptisch gegenüber. Eine von außen verursachte seelische Erkrankung stand im Widerspruch zu der klassischen psychiatrischen Krankheitslehre. Dementsprechend wurde diese Möglichkeit einer von äußeren Ursachen hervorgerufenen psychischen Erkrankung teilweise gänzlich verneint, die Sinnhaftigkeit einer entsprechenden Diagnose in Frage gestellt und Haftfolgeschäden, die auch nach Jahren noch fortbestehen, als unmöglich angesehen.

Ende der 90er Jahre gründete sich dann die *Deutschsprachige Gesellschaft für Psychotraumatologie (DeGPT)*, eine Fachgesellschaft, die sich für die Verbesserung der Behandlung und Begutachtung von traumatisierten Menschen engagiert. Durch meine Tätigkeit bei der DeGPT hatte ich in den letzten zehn Jahren die Möglichkeit, an der Entwicklung von Qualitätsstandards mitzuwirken. Ich erinnere mich noch gut an die Erleichterung, mit der der Vorstand der DeGPT nach langjährigen Arbeitsgruppen und Diskussionsrunden schulenübergreifende Weiterbildungs- und Qualifikationsanforderungen für Behandler festgelegt hat. Die erste Zertifizierung in „Spezieller Psychotraumatherapie" erfolgte schließlich Ende 2005. Zurzeit hat die DeGPT 1615 Mitglieder, davon besitzen mittlerweile 888 Mitglieder die Zusatzqualifikation in „Spezieller Psychotraumatherapie". Ende Januar 2008 erfolgte eine erste Zertifizierung in „Spezieller Psychotraumatherapie mit Kindern und Jugendlichen". Zum jetzigen Zeitpunkt haben 264 Therapeuten die Zusatzqualifikation zur Behandlung von Kindern und Jugendlichen erlangt.

Für den Bereich der Begutachtung hat bereits in den 1990er Jahren die häufige Nichtanerkennung von Haftfolgestörungen im Rahmen des Strafrechtlichen Rehabilitierungsgesetzes immer wieder den Bedarf an Listen mit in diesem Bereich besonders qualifizierten Gutachtern laut werden lassen. Von politischer Seite wurde dies in mancher Anhörung auch in Aussicht gestellt, und zum Teil kursierten in der Vergangenheit auch Gutachterlisten, ohne dass klar gewesen wäre, unter welchen Gesichtspunkten sie zusammengestellt wurden. Bisher gab es keine festgelegten fachlichen Kriterien, wie denn die Qualifikationsnachweise, um auf eine solche Liste zu kommen, aussehen können.

Dies hat sich im letzten Jahr erfreulicherweise durch die Einführung einer Zusatzqualifikation „Begutachtung reaktiver psychischer Traumafolgen im sozialen Entschädigungsrecht und in der gesetzlichen Unfallversicherung" durch die DeGPT verändert. Mitte 2013 erfolgte eine erste Zertifizierung für die „Begutachtung reaktiver psychischer Traumafolgen (DeGPT) im sozialen Entschädigungsrecht und in der gesetzlichen Unfallversicherung"; bislang haben zehn Mitglieder der DeGPT diese Zertifizierung erhalten, und weitere Anträge sind in Bearbeitung.

Zum Schluss nochmals ein persönlicher Eindruck: Als Anbieterin eines aktuellen Begutachtungs-Curriculums kann ich sagen, dass der anfangs erwähnte harsche Wind in den Fortbildungen einer sehr kooperativen Brise gewichen ist. In den heutigen Seminaren zur Begutachtung sitzen kompetente Traumatherapeuten, die das Gutachterhandwerk erlernen wollen, langjährige Gutachter, die ihre psychotraumatologischen Kenntnisse erweitern möchten, sowie engagierte Mitarbeiter der Versorgungsbehörden. Und alle diskutieren gemeinsam, wie die Begutachtungen im sozialen Entschädigungsrecht fachgerecht durchgeführt werden können.

Schlussendlich ist noch das Erscheinen einer SK2-Leitlinie zur Begutachtung psychischer und psychosomatischer Erkrankungen (AWMF-Register-Nr. 051/029) im letzten Jahr zu erwähnen. Allerdings wird der Teil der Kausalitätsbegutachtung psychischer Schädigungsfolgen in der Fachwelt an einigen Stellen eher kritisch diskutiert. Doch zeigt dies, dass Qualifikationsstandards zur Begutachtung in den letzten Jahren viel stärker in den Mittelpunkt gerückt sind. So ist die Entwicklung zur Verbesserung der Begutachtung zwar ein langer und langsamer, aber doch fruchtbarer Prozess. Und es bleibt zu hoffen, dass die Zertifizierung von Gutachtern mit dazu beitragen kann, die immer noch vorhandenen Probleme in der Begutachtung perspektivisch abzubauen.

7 Schlussfolgerungen

In der heutigen Begutachtungspraxis psychischer Traumafolgestörungen politisch Verfolgter der SBZ/DDR bestehen einerseits aufgrund der Komplexität einer Kausalitätsbegutachtung nachvollziehbare Probleme, aber viele Fehler, z. B. in der Beziehungsgestaltung und Durchführung der Gutachten, könnten bei besserer Qualifikation und ausreichender Fortbildung der Gutachter vermieden werden.

Um die Situation zu verbessern, wurden durch die Arbeitsgruppe zur Begutachtung psychischer Traumafolgen der Deutschsprachigen Gesellschaft für Psychotraumatologie (DeGPT) Mindestanforderungen zur Qualifikation der Gutachter in Form eines Curriculums mit abschließender Zertifizierung entwickelt (www.degpt.de). Die Ausbildungsinhalte basieren auf dem aktuellen Wissensstand zur Begutachtung Traumatisierter im sozialen Entschädigungsrecht und der gesetzlichen Unfallversicherung. Eine Liste entsprechend qualifizierter Gutachter ist als Empfehlung auf der Webseite veröffentlicht und wird laufend ergänzt. Auch die zuständigen Versorgungsämter und Gerichte könnten zu einer Verbesserung beitragen, wenn sie bei der Auftragsvergabe der Gutachten zukünftig stärker die Empfehlungen des BMA berücksichtigen würden.

Literatur

Bundessozialgericht (BSG), 9. Senat, Urteil vom 18.10.1995, AZ 9/9a RVg 4/92, Quelle: juris-das Rechtsportal oder Bundessozialgericht Kassel.

Bundessozialgericht (BSG) AZ B 9 VG 1/02 vom 12.06.2003, Quelle: juris-das Rechts- portal.

Davison, E. H./Pless, A. P./Gugliucci, M. R./King, L. A./King, D. W./Salgado, D. M./Spiro, A./ Bachrach P.: Late-life emergence of early-life trauma – The phenomenon of late-onset stress symptomatology among aging combat veterans. Res. Aging 2006; 28 (1): S. 84–114.

Denis, D./Liebermann, P./Ebbinghaus, R.: Gutachterliche Diagnostik der Posttraumatischen Belastungsstörung. In: Themenheft Begutachtungspraxis psychisch reaktiver Traumafolgen, Trauma & Gewalt, 8 Jg., Heft 2, Mai 2014, Klett-Cotta, Stuttgart.

Friedman, M. J./Resick, P./Bryant, R. A./Brewin, C. R. (2011): Review. Considering PTSD for DSM-5. Depression and Anxiety 28, S. 750–769.

Ebbinghaus, R.: Die Gutachterliche Diagnostik. In: Komplexe Traumafolgestörungen, hg. v. Sack et al; Schattauer 2013, Kapitel 7: S. 125 ff.

Ebbinghaus R./Denis, D./Biesold, K-H.: Probleme in der aktuellen Begutachtungspraxis psychischer Traumfolgestörungen. In: Themenheft Begutachtungspraxis psychisch reaktiver Traumfolgen, Trauma & Gewalt, 8. Jg., Heft 2, Mai 2014, Klett-Cotta, Stuttgart

Gäbler I./Maercker, A.: Revenge phenomena and posttraumatic stress disorder in former east German political prisoners. J Nerv Mebtal Dis; 2011; 199 (5): S. 287–294.

Haenel F.: Psychotraumatologische Begutachtung. Z Psychotraumatol 2004; 4, S. 19 ff.

Heuft G.: Traumatisierung im Lebenslauf und Trauma-Reaktivierung im Alter. Psychother Alter 2004; 3 (3): S. 23–35.

Kruse, A./Schmitt, E. (1999): Reminiscence of traumatic experiences in (former) Jewish emigrants and termination camp survivors. In: Maercker, A./Schützwohl, M./Solomon, Z. (eds.): Post-Traumatic-Stress Disorder – A lifespan Developmental Perspective, Göttingen: Hogrefe, S. 155–176.

Maercker A./Schützwohl, M. (1996): Posttraumatische Belastungsstörungen bei ehemaligen Inhaftierten der DDR. Symptomatik, verursachende und aufrechterhaltende Faktoren – die Dresden Studie. In: Priebe, S./Denis, D./Bauer, M. (Hg.): Eingesperrt und nie mehr frei, Darmstadt, Steinkopff, S. 45–56.

Maercker, A. et al.: Diagnosis and classification of disorders specifically associated with stress: proposals for ICD-11. World Psychiatry, Oct. 2013.

Priebe, S./Rudolf, H./Bauer, M./Häring, B. (1993): Psychische Störungen nach politischer Inhaftierung in der DDR-Sichtweisen der Betroffenen. Fortschritte der Neurologie-Psychiatrie 61, S. 55–61.

Priebe, S./Bauer, M. (1995): Inclusion of psychological torture in PTSD criterion A, American Journal of Psychiatry, 152, S. 1691–1692.

Pross C. (1994): Gesundheitliche Folgen politischer Repressalien in der DDR. Berliner Ärzte, 31, 19.

SK2-Leitlinie zur Begutachtung psychischer und psychosomatischer Erkrankungen. Eine Stellungnahme, Briefe an die Herausgeber, F. Haenel, K.-H. Biesold, D. Denis, R. Ebbinghaus, G. Flatten, P. Liebermann, A. Linde, Nervenarzt 2013 © Springer-Verlag Berlin Heidelberg.

Solomon Z./Ginzburg K.: Aging in the shadow of war. In: Maercker, A./Schützwohl, M./Solomon, Z. (eds.): Traumatic stress disorder – A Lifespän Developmental Perspective. Göttingen: Hofgreve 1999, S. 137–154.

Besonderheiten in der psychosozialen Beratung politisch Verfolgter der SED-Diktatur

Stefan Trobisch-Lütge

Die mehrjährige Erfahrung in der Behandlung und Beratung von politisch Verfolgten der SED-Diktatur in der Beratungsstelle „Gegenwind" soll in ihrer Vielseitigkeit dargestellt werden.[1] Die im Folgenden beschriebenen vier Kontexte sind für die psychosoziale Beratung und Behandlung von politisch Verfolgten der SED-Diktatur bedeutsam, weil sie häufig beobachtete Aspekte der Lebensrealität der Betroffenen aufgreifen. Diese vier Kontexte sind: (1) Politisch Traumatisierte der SED-Diktatur im Gedenkstättenkontext: *Leid-Wächter*. (2) Politisch Traumatisierte im Kontext von Entschädigungsverfahren und Rehabilitierung: *Misstrauenswürdige*. (3) Politisch Traumatisierte im Kontext von Behandlung und Beratung: *Heimatlose*. (4) Politisch Traumatisierte im familiären Kontext: *Überwachte*.

1 Politisch Traumatisierte der SED-Diktatur im Gedenkstättenkontext: Leid-Wächter

Konkurrierende Erinnerungskulturen sind eine Realität, mit der sich politisch Verfolgte der SED-Diktatur ganz ausdrücklich auseinandersetzen müssen. In ihren Begegnungen mit Besuchern von Gedenkstätten treffen Zeitzeuginnen und Zeitzeugen nicht nur auf Zustimmung. Ebenso begegnen ihnen Besucher, die aus ihrer Anschauung positive Aspekte der ehemaligen DDR verteidigen. Auch müssen sich Zeitzeugen mit demonstrativ zur Schau gestelltem Desinteresse, demütiger Unterwerfung,

---

1 Der Text ist eine gekürzte und leicht überarbeitete Fassung von Trobisch-Lütge (2015).

Provokationen und in einzelnen Fällen gar mit unverhohlenen Drohungen oder Beleidigungen auseinandersetzen. In vielen Aussagen von Zeitzeugen wird deutlich, mit welch hohem Engagement sie für die Aufklärung des Unrechtscharakters der DDR einstehen. Zeitzeugen sind das lebendige Element innerhalb von Gedenkstätten, die als Mahnmale politischen Unrechts neben dem Aufklärenden häufig auch etwas Zwingendes haben, was entsprechende Widerstände hervorrufen kann. So bemerken etwa Klewin/ Liebold (2014, S. 182) zu Orten politischen Unrechts in der ehemaligen DDR: „Es ist ein negatives Erbe, das niemand haben will, aber keiner ausschlagen darf und kann, weil es untrennbarer Bestandteil der deutschen Geschichte ist und weil es erkennen lässt, wie groß der Wert eines demokratischen Gemeinwesens ist." Ebenso versucht ein Auszug aus dem sächsischen Gedenkstättengesetz von 2012 mit appellhaft-mahnendem Ton einer häufiger vorzufindenden inneren Tendenz entgegenzuwirken, das Unrecht der SED-Diktatur einem schnellen Vergessen zu übergeben: „Die Stiftung (zur Erinnerung an die Opfer politischer Gewaltherrschaft) hat die Opfer der nationalsozialistischen Diktatur und der kommunistischen Diktatur, insbesondere der SED-Diktatur, zu ehren."

Geschichtsvergessenheit entgegenzuwirken sowie einem unerträglichen Gefühl zu entgehen, die eigenen Leiden umsonst auf sich genommen zu haben, ist Ansporn vieler Zeitzeugen, mit denen wir gesprochen haben. Manche Zeitzeugen gehen hierbei, um Aufklärung und Überzeugungsarbeit zu leisten, bis an die Grenze der psychischen und physischen Erschöpfung. Nicht selten wirken sie dabei wie auf einem „Feldzug in eigener Sache". Nach gescheiterten beruflichen Biografien, die sich häufig als Resultat ihrer psychischen Schädigung durch einschneidende Verfolgungserlebnisse darstellen, ist für einige das Zeitzeugenamt jedoch auch zu einer wichtigen finanziellen Ressource geworden. Die Zeitzeugen empfinden sich vor allem als *Wächter einer für sie leidvollen Ära,* die nach ihrer Auffassung viel zu wenig Aufmerksamkeit und Anerkennung bekommt. Das Gefühl, in einem geschichtslosen Raum der Bedeutungslosigkeit zu versinken, beunruhigt und empört sie. Unter anderem deshalb sind sie auch dazu bereit, sich mit ihrer persönlichen Geschichte so stark zu engagieren. Das kann manchmal so wirken, als wollten sie die verweigerte Anerkennung erzwingen. Seismographisch wird auf Ostalgie-Tendenzen reagiert, die als „doppelte Demütigung" empfunden wird. Dem stellen sich viele politisch Verfolgte entgegen und hoffen, über den Weg der eigenen, auch emotionalen Auslieferung an den Besucher quasi noch zu retten, was zu retten ist. Doch sind hoch emotionale Beschreibungen der Folgen von Haft und Zersetzung sowie der Verweis auf die eigene Erkrankung nicht immer geeignet, die Besucher von Gedenkstätten von der Schwere der eigenen Schädigung und der Härte des verfolgenden SED-Staates zu überzeugen. So kann es mit einzelnen Besuchern zu einem Kampf um die „historische Wahrheit" kommen, welche sich nicht unbedingt mit dem Erlebten und Erlittenen der Zeitzeugen decken muss. Auch in Auseinandersetzungen mit Historikern, die sich in den Gedenkstätten mit dem Unrechtserbe der SED-Diktatur befassen, gibt es ein Ringen um die „historische Wahrheit" einerseits, und um die subjektiven Erinnerungen der Menschen, die in den Haftanstalten der DDR gelitten haben, andererseits. Diese Erlebnisse müssen häufig verteidigt werden. Würde es diese subjektive Wahrheit nicht mehr geben, empfänden viele Zeitzeugen dies als ein Auslöschen dessen, was ihr Leben aus dem Gleichgewicht gebracht hat. Der Konflikt besteht darin, dass die Zeitzeugen neben einem Bemühen um die Vermittlung von seriösen, abgesicherten historischen Daten diese auch mit ihren subjektiven Erfahrungen „abgleichen" müssen. Gleichzeitig besteht aber das Risiko, mit traumatischen Gedächtnisinhalten konfrontiert zu werden, die im „emotionalen Gedächtnis" (Welzer, 2008) gespeichert sind. Traumatisierte Menschen können grundsätzlich mit zwei unterschiedlichen traumatischen Erinnerungstypen konfrontiert sein. Belastende Erfahrungen können zum einen als gut verarbeitete Erinnerungen im *expliziten bzw. autobiografischen Gedächtnis* abgelegt sein. Es handelt sich dann um bewusst abrufbare Erinnerungen beziehungsweise um eine Vergangenheitsumschreibung, die auch traumatische Erfahrungen zum Inhalt haben kann. Diese Codierungen in narrativer, symbolischer, semantischer Form sind dem Sprachzentrum zugänglich, sind erzählbar und damit auch kontrollierbar. Es mag der Zeitzeugin zwar schwerfallen, über ihre Erinnerungen zu berichten, aber sie kann kontrolliert darüber entscheiden, wann und wieviel sie in symbolischer, also versprachlichter Form offenbaren möchte. Mit diesen Erinnerungen sind natürlich auch Gefühle verbunden. Doch handelt es sich dabei nicht um die ungefilterten Gefühle einer damals überfordernden Situation, sondern um die bearbeiteten Erinnerungen an bestimmte Gefühle, wie sie sich im Laufe der Zeit verändert haben und „umgeschrieben" wurden.

Im *impliziten oder emotionalen Gedächtnis* werden dagegen Informationen abgelegt, die unter hohem Stress und Angst erzeugt wurden. Hier sind erschreckende Bilder, Sinneseindrücke, Gefühlszustände unzusammenhängend und chaotisch abgelegt. Diese Erinnerungen werden durch äußere Reize ausgelöst, die nicht unmittelbar mit den erlebten Extremsituationen zusammenhängen müssen. Implizite Erinnerungen sind nicht kontrollierbar. Sie überfluten gleichsam die Betroffenen und sind deshalb in ihren Auswirkungen potentiell trauma-reaktivierend. Die traumatischen Fragmente sind über Jahre stabil und können den Betroffenen dann, durch einen Hinweisreiz ausgelöst, unmittelbar und nicht kontrollierbar „überfallen". Plötzlich befindet er sich wieder in einem Zustand von Angst und Ohnmacht, auch mit den physiologischen Begleiterscheinungen, wie Zittern, Panik, Schwitzen, Mundtrockenheit, und macht die auch körperlich spürbare Erfahrung, die Auswirkungen einer längst vergangenen Situation nicht kontrollieren zu können, wieder in der damaligen überfordernden Situation gefangen zu sein. Dabei ist klar, dass diese Gegenüberstellung von *explizitem* und *implizitem Gedächtnis* idealtypisch ist und in der Realität immer ein Mischverhältnis besteht, was die Lage zusätzlich erschwert.

Der Zeitzeuge trägt also das Risiko, in eine unbeabsichtigte Traumaexposition zu geraten. Gedenkstätten sind so gesehen für viele Zeitzeugen eine Herausforderung, für manche auch eine „Zumutung". In gewisser Weise sind sie aber auch zu einem „sicheren Ort" geworden. Sie sind nur in Teilen die Orte, an welche die Zeitzeugen/Zeitzeuginnen mit unverarbeiteten Erinnerungen und emotionalen Grenzerfahrungen ihrer Leidenszeit gebunden sind. Die Gedenkstätten sind für die Betroffenen auch zu Orten geworden, an denen engagierte Menschen versuchen dafür zu sorgen, dass nicht ein historischer Revisionismus um sich greift, Erinnerungen und die persönliche, erlebte Geschichte nicht vergessen werden. Zeitzeugen sind an diese Orte gleichsam „gekettet", müssen dort immer wieder in ihre Vergangenheit eintauchen, um möglicherweise das zu finden, was sie am meisten brauchen: Wertschätzung und Anerkennung dessen, was ihnen widerfahren ist. Es handelt sich also gewissermaßen auch um Formen einer selbstverordneten Therapie, die nach unseren Beobachtungen aber nicht selten weit über die Kraft des einzelnen hinaus geht, teilweise sogar kontraindiziert ist. Eine innere Zerrissenheit und die hohe Ambivalenz gegenüber den Orten des Leidens und der Verarbeitung merkt man vielen Zeitzeugen/ Zeitzeuginnen an. Zeitzeugenschaft ist somit auch ein gelebter Versuch, einen Ausgleich zwischen Vergangenheit und Gegenwart zu finden. Dies den Besuchern von Gedenkstätten kontext-angemessen zu erklären, sollte nicht vergessen werden.

2 Politisch Traumatisierte im Kontext von Entschädigungsverfahren und Rehabilitierung: Misstrauenswürdige

Obwohl mit den SED-Unrechtsbereinigungsgesetzen die Grundlage für die rechtliche Aufarbeitung von SED-Unrecht gelegt wurde, dominiert bei vielen ehemals politisch Verfolgten noch heute ein Unrechtsempfinden, welches über Nachbesserungsforderungen von Aufarbeitungsinitiativen und Opferverbänden wie der UOKG (Union der Opfer kommunistischer Gewaltherrschaft), dem BSV (Bund stalinistisch Verfolgter) oder der VOS (Verein der Opfer des Stalinismus) nicht immer einheitlich formuliert wird. Dabei geht es neben der Kritik an zu geringen Rentenzahlungen und gesellschaftlichen Verharmlosungstendenzen in Bezug auf die ehemalige DDR auch um Defizite in den Anerkennungsverfahren von haft- und verfolgungsbedingten Gesundheitsschäden. Isoliert durch ihr starkes Misstrauen, reagieren ehemals Verfolgte hochgradig emotional auf gesellschaftliche Prozesse, die oft auch als Angriffe auf Formen der Gemeinschaft von Opfern verstanden werden (z. B. Pross, 1998; Trobisch-Lütge, 2004). Dabei macht der Kampf um persönliche Anerkennung einen großen Teil aus. Besonders in den Entschädigungsverfahren wird das hohe Misstrauen vieler Verfolgter der SED-Diktatur deutlich, das teilweise auch Vertretern der psychologisch-medizinischen Berufsgruppen entgegenschlägt.

Bei vielen politisch Verfolgten hat sich ein chronischer Ungerechtigkeits- und Verbitterungszustand eingestellt, für den immer neue Anlässe gesehen werden. Insbesondere Anträge auf Anerkennung psychischer Haftfolgeschäden werden häufig erst dann gestellt, wenn den Betroffenen die Kompensation der Langzeitfolgen psychischer Traumatisierung nicht mehr gelingt. So können im Zusammenhang mit biografischen Umbrüchen und Verlusterfahrungen verborgene Symptome mit einer deutlichen Manifestierungsverzögerung erkennbar werden, die eine Antragstellung auf Beschädigtenversorgung rechtfertigen.

Die Besucherinnen und Besucher der Beratungsstelle Gegenwind berichten von sehr langwierigen Rehabilitierungs- und Entschädigungsverfahren, Verfahrenszeiten bis zu fünf Jahren bei Anträgen auf Beschädigtenversorgung sind keine Seltenheit. Dabei kommt es leider immer noch zu Begutachtungen durch fachlich ungeeignete und unsensible Gutachter, denen fundierte Kenntnisse über psychoreaktive Störungen nach politischer Verfolgung unter den spezifischen Bedingungen der SBZ/DDR fehlen. Entsprechend berichten viele politisch Verfolgte von Trauma aktualisierenden und retraumatisierenden Begutachtungssituationen und fehlender Verfahrenstransparenz. Anträge auf Beschädigtenversorgung bei den Versorgungsämtern werden nur in sehr wenigen Fällen auf Anhieb positiv beschieden. Gehäuft kommt es zu Klagen vor den Sozialgerichten. Ein hohes Misstrauen unserer Klienten/Klientinnen besteht gegenüber Ämtern und Behörden, insbesondere in Bezug auf mögliche Stasi-Verstrickungen. So kam es im Zusammenhang mit dem Rehabilitierungsverfahren zu wiederholten psychischen Destabilisierungen und Trauma-Reaktivierungen.

Von Seiten der Antragsteller stellt die Darstellung des Erlebten gegenüber dem Versorgungsamt häufig eine große Herausforderung dar. Gerade stark psychisch belastete Klienten sehen sich nicht in der Lage, die Rehabilitierungsverfahren durchzustehen, sich einer umfangreichen Prüfung und Begutachtung auszusetzen und vermeiden deshalb die Antragstellung. Dies hängt auch damit zusammen, dass die Betroffenen sich in der Rolle von Bittstellern sehen. Sich mit dem eigenen Begehren bei den Versorgungsämtern verständlich machen zu müssen, wird von vielen politisch Verfolgten im Sinne einer Infragestellung ihres Verfolgungsschicksals erlebt und als Zumutung empfunden.

In der Analyse entsprechender Gutachten wird häufiger ein Mangel an Kompetenz im Bereich der Psychotraumatologie sowie an Wissen über Lebensbedingungen in der DDR und den Besonderheiten der Verfolgungspraktiken deutlich. Nur eine tiefere Einsicht in die Lebensbedingungen in der DDR und die damit verbundenen Einschränkungen lässt letztlich nachvollziehen, welche persönlichkeitsspezifischen Möglichkeiten der Einzelne hatte, sich besonderen Formen von Repression zu entziehen, die weit über die normalen Regelbelastungen des Lebens in der DDR hinausgehen. Auch die Analyse der posttraumatischen Situation verlangt ein profundes Wissen über pathogene Faktoren beim Verlauf einer posttraumatischen Belastungsstörung. Im Zusammenhang mit den Symptomen der PTSD ist beispielsweise entscheidend, was als Vermeidungsverhalten verstanden wird. So wird manchen ehemaligen politischen Gefangenen heute von Gutachtern der Versorgungsämter vorgeworfen, sie würden das Kriterium der Vermeidung nicht erfüllen, da sie sich für Zeitzeugenprogramme zur Verfügung stellen und damit demonstrieren würden, dass sie sich mit ihrer Vergangenheit durchaus symptomfrei beschäftigen können. Wie aber bereits oben ausgeführt wurde, treibt persönliche Not und oft auch ein die eigene Gesundheit gefährdender Aufklärungswille den oder die einzelne an. Insbesondere stehen ehemalige Haftanstalten für viele ehemalige politische Gefangene heute in ihrer Gedenkstättenfunktion für sichere Orte, an denen sie die dringend nötige Anerkennung ihrer Leiden erfahren. So will etwa die ehemalige Haftanstalt Cottbus neben der Förderung des Gedenkens an frühere Unrechtshandlungen vor allem auch persönliche Begegnungen ermöglichen, die den Betroffenen eine Perspektive geben können.

In der Begutachtungssituation wird von den Antragstellern verlangt, dass sie umfassend Auskunft über sich geben. Dabei geht es nicht allein um die von ihnen als schädigend erlebten politischen Verfolgungsmaßnahmen. Der Auftrag des Gutachters ist, herauszufinden, ob den genannten schädigenden Einflüssen eine besondere Bedeutung zukommt und diese mit ausreichend großer Wahrscheinlichkeit für das Auftreten der psychischen Symptomatik verantwortlich zu machen sind. Zur Beurteilung herangezogen werden die geäußerten Fakten, also biographische Angaben, Angaben zu den schädigenden Ereignissen, der zu beobachtende Eindruck, den der Antragsteller macht, die in den Akten vorhandenen Angaben über Gesundheitsstörungen vor, während, nach der Haft, eventuell Aussagen in den Stasiakten, Testergebnisse, z. B. zu PTSD-typischen Symptomen.

Auf der Seite des Antragstellers bestehen neben einer Hoffnung auf Verständnis auch Angst vor erneuter Demütigung und Misstrauen. In Hinblick auf die Kompetenz und den Willen des Gutachters, eine Schädigung tatsächlich anzuerkennen, müssen die Antragsteller ihr Misstrauen ein Stück weit aufgeben. Für sie ist neben einer finanziellen Kompensation vor allem die „neutrale" Sicht des Gutachters wichtig. Die Gutachterin steht als Repräsentantin des Versorgungsamtes stellvertretend für die Anerkennung der Schädigung und damit verbunden auch für die Würdigung des eigenen Schicksals. Somit ist die Begegnung häufig emotional aufgeladen. Ein starkes Begehren, dem Kampf in eigener Sache Ausdruck zu verleihen, trifft mithin auf eine gewisse fachliche Nüchternheit. Der Gutachter steht in der Pflicht, einerseits dem Antragsteller gerecht zu werden, andererseits auf der Grundlage objektiver Fakten seinem Auftraggeber – dem Versorgungsamt oder Gericht gegenüber – plausibel machen zu müssen, ob eine gesundheitliche Störung vorliegt und ob sie mit ausreichend großer Wahrscheinlichkeit durch rechtsstaatswidrige schädigende Ereignisse ausgelöst wurde.

Der von massivem Unrechtsempfinden begleitete Wunsch nach Anerkennung beim Antragsteller trifft somit auf eine eher „neutrale" Haltung des Gutachters, die sich häufiger als Überdistanzierung herausstellt. Nicht selten begegnen Antragsteller einer auch inhaltlichen Distanzierung, zu der beiträgt, dass der Zeitpunkt des schädigenden Ereignisses schon viele Jahre her ist. Häufig entsteht dann der Eindruck, dass der Charakter des schädigenden Ereignisses nicht ausreichend exploriert wird, viele der Betroffenen auch ungewollt zu einer Unterschätzung ihrer Situation beitragen, da besonders gravierende Anteile ihrer Leidensgeschichte schamvoll verborgen werden bzw. große Schwierigkeiten bestehen, überhaupt über traumatische Erinnerungen zu sprechen. Ein schemahaftes Abfragen erleichtert diesen Vorgang nicht. Nicht selten werden von den Antragstellern in diesem Zusammenhang auch Situationen geschildert, in denen sie ein Herunterspielen der vorliegenden Thematik spürten. Äußerungen wie: „Sie sind doch jetzt auf der Gewinnerseite!" oder „Sollte Honecker sich denn bei jedem entschuldigen?!" verweisen auf eine nicht nur nicht neutrale, sondern sogar (ab)wertende Haltung. Die teilweise vielleicht auch gut gemeinten gutachterlichen Statements zeigen zudem ein Unverständnis für die psychische Situation ihres Gegenübers auf. Nicht selten wird eine tendenziöse Haltung sichtbar, die zum einen wenig Einfühlungsvermögen in die Leidensgeschichte der Betroffenen zeigt und darüber hinaus noch den Vorwurf eine selbstgerechte Opferhaltung und ein übersteigertes Entschädigungsbegehrens unterstellt. Teilweise wird von Gutachterseite sogar ein Verständnis für die Täter abverlangt: Die „anderen" seien doch „heute verbittert". Durch solche Einlassungen verstummen einige der Antragsteller, andere verweisen mit Nachdruck auf ihre Problematik. Der Versuch, ein Einfühlen in die eigene Situation zu erzwingen, führt aber eher zu Abwehrreaktionen des Gutachters und lässt den Verdacht der Simulation bzw. Täuschung noch wachsen. In den vergangenen Jahren ist es so zum Einsatz von Spezialisten für Aggravation (gesteigertes Vorbringen) bzw. Simulation gekommen, deren Aufgabe es ist, Täuschungsabsichten auszuschließen. Zur Nicht-Anerkennung der erlittenen traumatischen Erfahrungen beziehungsweise dem Absprechen einer daraus resultierenden Symptomatik gesellt sich nun also für einige politisch Verfolgte noch die Unterstellung einer Täuschungsabsicht. Dies ist für die Betroffenen, wie wir in unserer Praxis häufiger erfahren haben, extrem irritierend und demütigend.

3 Politisch Traumatisierte im Kontext psychosozialer Beratung: Heimatlose

Das Erleben, dass familiärer Druck und staatlicher Zwang zur Anpassung in der DDR in ein kollektives Bestrafungssystem mündeten, ist für viele der Besucher unserer Beratungsstelle eine tiefgreifende Erfahrung gewesen. Das Erschrecken über die massive Bestrafung der eigenen Wünsche nach persönlicher Freiheit ist heute noch spürbar. Viele unserer Besucher fühlen sich gegenwärtig heimatlos. Sie haben nachhaltige Einbußen in ihren beruflichen Biografien zu verkraften, sind innerhalb ihrer Familien isoliert, leben allein und zurückgezogen oder aber mit Partnern, die sich auf ihre Problematik eingestellt haben und damit häufig überfordert sind. Viele Besucherinnen der Beratungsstelle Gegenwind verbindet heute zudem die Enttäuschung über das Handeln staatlicher Organisationen im wiedervereinigten Deutschland, die als distanziert bis abwesend, unbezogen, misstrauisch oder ablehnend erlebt werden. Viele fühlen sich allein gelassen bei ihrem Kampf um Anerkennung hinsichtlich ihrer Verfolgungserfahrungen.

Nach dem Zusammenbruch der DDR und der Wiedervereinigung suchten viele Menschen, die in der ehemaligen DDR verfolgt wurden, nach Hilfe und Verständnis, um ihrer psychischen Entwurzelung etwas entgegenzusetzen. Mit einem speziellen Beratungsangebot, das über die Jahre auch immer wieder modifiziert wurde, hat die Beratungsstelle Gegenwind versucht, darauf angemessen zu reagieren. Die Folgen der erlebten Traumatisierungen zeigen sich bei unseren Besuchern als tiefes Misstrauen, depressive Symptomatik, in Ängsten und psychosomatischen Störungsbildern sowie als dysfunktionale traumatische Aktivierungsmuster – Vermeidung, Übererregung, Intrusionen. Ferner sind immer wieder Amnesien und dissoziative Identitätsstörungen zu beobachten.

Regelmäßig erleben wir unsere Besucherinnen und Besucher darin, dass sie Antworten suchen auf persönliche Verstrickungen in die traumatische Situation. Noch heute melden sich Betroffene, die nach Jahren der Abkapselung bemerken, dass sie versucht haben, alles zu vermeiden, was sie in die Nähe der traumatischen Erfahrung hätte bringen können. Diese häufig als Jahre der Stagnation und Abschottung erlebten Zeiten entpuppen sich bei näherer Betrachtung jedoch auch als Experimentierphasen, um Stabilisierung und Beruhigung zu finden. Wenn sich oft erst nach vielen Jahren Betroffene in der Beratungsstelle melden, besteht der große Wunsch, der bedrohenden destruktiven Erschütterung der persönlichen Identität eine eigene, subjektive Bedeutung zu geben.

Empfindliche Störungen im Verhältnis der inneren zur äußeren Realität führen zu schweren Einschränkungen. Häufiger ist der Zugang zu Bereichen inneren Erlebens versperrt, es kann aber auch eine Abschottung gegenüber der äußeren Welt erfolgen. Viele Betroffene vermitteln dabei einen ratlosen bis pessimistischen Eindruck und beschreiben die überwältigende Kraft der zurückliegenden Verletzungen. Es fällt nicht immer leicht, das Verhältnis von äußeren Einflüssen und subjektiver Reaktion richtig einzuschätzen. In unseren Beratungen und Behandlungen müssen wir beides im Auge behalten. Die Macht der zerstörerischen Erlebnisse der Vergangenheit und die subjektive Welt des Patienten, seine persönliche Bedeutungszuweisung müssen ermittelt werden. Auch die aktuelle Realität muss immer wieder einbezogen und das Verhältnis zu ihr austariert werden. Nicht selten gilt es, unrealistische Forderungen zu erkennen, zu entkräften und realistische Möglichkeiten zu erarbeiten. Es geht für den einzelnen darum, die Schwere der eigenen Verletzung und das Machbare im Außen in ein erträgliches Verhältnis zu setzen.

Im Kontext psychosozialer Beratung geht es schließlich darum zu verhindern, dass sich die traumatischen Komplexe auf die gesamte Vergangenheit und die Gegenwart ausdehnen. Häufig stellt sich die Frage, inwieweit Erlebnissen von Angst, Demütigung, Bedrohung, Erniedrigung und Verlust die Macht gegeben wird, die Gegenwart zu bestimmen, und alle – auch die positiven Erfahrungen der Vergangenheit – zu durchdringen und zu entwerten. Daher ist gerade die Anerkennung des erlebten Unrechts für viele Betroffene von wesentlicher Bedeutung, auch wenn die massiven Selbstwertstörungen nicht allein durch Zuspruch von außen veränderbar sind. Vielmehr müssen die Bereiche aufgespürt werden, die für die innere Aufrechterhaltung der demütigenden Erfahrungen verantwortlich sind. Nicht selten stoßen wir dabei auch auf übersteigerte innere Ansprüche an die eigene Resilienz, aber auch auf Zumutungen, die von außen kommen.

Häufig stoßen politisch Verfolgte auf Misstrauen und sehen sich mit dem Vorwurf konfrontiert, dass dem Einfluss von Verfolgungserfahrungen ein zu großer Raum gegeben würde. So gelten politisch Verfolgte und andere komplex traumatisierte Patienten in psychotherapeutischen Praxen als eher „unbeliebtes" Klientel. Nicht selten wird in einer angestrebten Behandlung für komplex traumatisierte Patienten von Gutachtern speziell der psychoanalytischen Fachrichtung der Vorwurf erhoben, der Patient sei durch Probleme „im Außen" absorbiert. Es sei ein nur stabilisierendes Arbeiten mit ihm möglich, Strukturveränderungen seien nicht zu erreichen. Die komplexen innerseelischen Anpassungsleistungen, die die Betroffenen oft über Jahre zu leisten hatten, werden nicht erkannt oder abgewertet. Das schwierige Austarieren zwischen zu verhindernder unbeabsichtigter Trauma-Reaktivierung und komplizierter Arbeit in der Übertragung wird als supportives Arbeiten mit traumatherapeutischem Hintergrund deklassiert. Die Fixierung auf das Trauma der Verfolgung gilt als Rationalisierung eigentlicher Störungsanteile. Deshalb sei eine psychotherapeutische Beschäftigung mit dem Verfolgtenstatus kontraproduktiv. Insgesamt wird von dieser Seite die Auffassung vertreten, dass der Beschäftigung mit der eingebrochenen traumatisierenden äußeren Realität des Verfolgten nicht zu viel Beachtung geschenkt werden solle. Die strukturelle Veränderung etwa an den Selbstobjekten des Verfolgten wird hier gründlich unterschätzt, so auch der immer wieder beschriebene Verlust des Glaubens an eine heile und gerechte Welt beziehungsweise das Entstehen eines grundsätzlichen Misstrauens anderen Menschen gegenüber mit entsprechenden psychosozialen Folgen. Wie oben beschrieben, sind politisch Verfolgte nicht selten sozial isoliert, in den noch bestehenden Beziehungen – etwa zu den eigenen Kindern – zeigen sich komplizierte Störungsmuster. Hier werden nun fachliche Kommentierungen vorgebracht, die Betroffenen würden auf pathologisch-unreife Art mit der traumatischen Erfahrung umgehen, würden das Trauma funktionalisieren. Empathische Reaktionen dürfen politisch Verfolgte nur dann erwarten, wenn sie nicht mehr auf die Intensität der

Verfolgungszeit mit ihren schwerwiegenden Auswirkungen pochen, sondern ihre störungsaufrechterhaltenden Anteile reflektieren. Das Beharren auf die nötige Bestätigung und Anerkennung von außen wird pathologisiert und mehr einer innerseelischen Schieflage, charakterlichen Defiziten oder einer zugrundeliegenden psychischen Störung zugeordnet, als dass ein tatsächlicher Mangel im Außen erkannt und so dem Betroffenen Respekt für eine sehr anspruchsvolle Bewältigungsleistung entgegengebracht würde. So fühlen sich viele politisch Verfolgte in ihrem ureigenen Problem nicht erkannt und auch diesbezüglich heimatlos.

4 Politisch Traumatisierte im familiären Kontext: Überwachte

Aspekte einer transgenerativen Weitergabe traumatischer Erfahrungen unter den spezifischen Verfolgungsbedingungen in der ehemaligen DDR/SBZ sind bislang wenig erforscht. In einer eigenen qualitativen Untersuchung des Autors wurde der Frage nachgegangen, in welcher Weise Kinder von politisch Verfolgten der SED-Diktatur durch die traumatischen Erfahrungen ihrer Eltern beeinflusst oder geprägt wurden beziehungsweise welche Auswirkungen sich aus dem Miterleben von Verfolgungsszenen ergeben haben (Trobisch-Lütge, 2015). Es wurden zehn problemzentrierte Interviews mit Kindern politisch Verfolgter ausgewertet, bei denen die Eltern mindestens sechs Monate als politische Gefangene inhaftiert gewesen waren; zudem wurden Interviewausschnitte von vier Kindern politisch Verfolgter aus einem Dokumentarfilm über die Folgen der SED-Diktatur untersucht. Die Auswertung der Interview-Transkripte erfolgte in Anlehnung an die Forschungsstrategie Grounded Theory.
Die Nachkommen politisch Verfolgter der SED-Diktatur sind in vielfältiger Weise in das Verfolgungsgeschehen ihrer Eltern involviert. Durch die häufig zu beobachtende Chronifizierung der elterlichen Verfolgungssymptomatik – bestimmt von sozialem Rückzug, hohem Misstrauen sowie Verbitterung – sind viele Nachkommen zu einer Auseinandersetzung beziehungs-

weise einer Rekonstruktion der elterlichen Verfolgungsgeschichte quasi gezwungen. Im Erleben der Nachkommen zeichnet sich die rekonstruierte elterliche Belastung 20 Jahre nach der Wende durch einen hohen Grad an *protrahierter Unbestimmbarkeit* aus. Eigenes Erleben der Nachkommen trifft häufig auf nur bruchstückhafte und als solche verunsichernde Erinnerungssegmente der Elterngeneration. Verwirrung erzeugende Verfolgungspraktiken der Stasi mit der Folge schwerer persönlicher Verunsicherungen haben häufig bewirkt, dass Zweifel am Gehalt der autobiografischen Erinnerungen entstanden sind. Persönliche Entscheidungs- und Verarbeitungsprozesse unter den Lebensbedingungen einer Diktatur, die auch den Umgang mit den eigenen Kindern betrafen, sowie externe Verfolgungseinflüsse der verfolgten Elterngeneration lassen sich aus Sicht der Nachkommen nur schwer voneinander unterscheiden. Die Rechtmäßigkeit und Angemessenheit der eigenen Erinnerung wird durch geschichtliche Relativierungsversuche im öffentlichen Raum bezüglich des Unrechtscharakters der DDR angezweifelt. Somit steht die Folgegeneration vor der schwierigen Aufgabe, Fragen an die Angemessenheit und die Berechtigung der eigenen und der elterlichen Erinnerungen zu stellen.

Die Ergebnisse zeigen, dass sich die Einstellungen und Verhaltensweisen der zweiten Generation in einem *permanenten Abtastvorgang des eigenen und des elterlichen Schädigungspotentials* darstellen lassen. So treten in der Überwachung der elterlichen Geschichte bei den Nachkommen auch Zweifel an bestimmten Persönlichkeitsmerkmalen der Eltern auf. Damit reagieren die Nachkommen auf die schweren persönlichen Verunsicherungen der Eltern, die durch Haft und realitäts-irritierende Verfolgungspraktiken der Stasi hervorgerufen wurden.

Literatur

Klewin, S./Liebold, C. (2014): Komplexes Gedenken: Zeitzeugen an historischen Orten des DDR-Unrechts. In: C. Ernst (Hg.): Geschichte im Dialog? ‚DDR-Zeitzeugen' in Geschichtskultur und Bildungspraxis, Schwalbach/Ts.: Wochenschau, S. 182–194.
Fischer, G./Riedesser, P.(1998): Lehrbuch der Psychotraumatologie, München: Reinhardt.

Pross, C. (1988): Wiedergutmachung. Der Kleinkrieg gegen die Opfer, Frankfurt a. M.: Athenäum.

Trobisch-Lütge, St. (2015): Besonderheiten in der psychosozialen Beratung politisch Verfolgter der SED-Diktatur. In: ders./Bomberg, K.-H. (Hg.): Verborgene Wunden: Spätfolgen politischer Traumatisierung in der DDR und ihre transgenerationale Weitergabe, Gießen: Psychosozial, S. 72–83.

Trobisch-Lütge, St. (2015b): Überwachte Vergangenheit: Auswirkungen politischer Verfolgung der SED-Diktatur auf die Zweite Generation. In: ders./Bomberg, K.-H. (Hg.): Verborgene Wunden: Spätfolgen politischer Traumatisierung in der DDR und ihre transgenerationale Weitergabe, Gießen: Psychosozial, S. 195–244.

Trobisch-Lütge, St. (2004): Das späte Gift – Folgen politischer Traumatisierung in der DDR und ihre Behandlung, Gießen: Psychosozial-Verlag.

Welzer, H. (2008): Das kommunikative Gedächtnis. Eine Theorie der Erinnerung, München: Beck, 2. Aufl.

Psychotherapie mit SED-Verfolgten

Harald J. Freyberger

Ich werde keinen theoretischen Vortrag halten, sondern Ihnen zwei Geschichten von in Psychotherapie befindlichen Menschen vorstellen –
Herr S., der in der DDR Hafterfahrung und Zersetzung erfahren hat, und
Frau A., ein DDR-Heimkind –, um daran einige Aspekte der Behandlung
mit diesen Menschen aufzuzeigen. Die erste dieser Therapien hat übrigens
fünfzehn, die zweite zwölf Jahre gedauert, was bedeutet, dass die therapeutische Arbeit mit politisch Traumatisierten eine recht komplizierte und
langwährende Aufgabe ist.

Herr S., 52 Jahre alt, hat DDR-Haft hinter sich, ist frühberenteter Hausmeister, ich bin ihm zunächst in der ambulanten Sprechstunde begegnet, sein niedergelassener Arzt hatte ihn geschickt mit dem Anliegen der Medikamentenumstellung, und nach zehn Minuten war klar, er hatte Hafterfahrung hinter sich, war aber vollkommen unfähig, darüber zu sprechen. Seine Erinnerung war besetzt von intrusiven Bildern, die ihn völlig blockierten. Er war ein in absoluter sozialer Isolation lebender Mensch, der eine komplizierte Traumafolge-Symptomatik depressiver Prägung hatte.

**Die erste Begegnung mit Herrn S.,
52 Jahre alt, nach DDR-Haft
frühberenteter Hausmeister**

Ort: ambulante Sprechstunde
Anlass: Medikamentenumstellung
Szene: zunächst kein Gespräch über die DDR-
              Hafterfahrungen möglich, da intrusive
              Erinnerungen und Vermeidungsverhalten
              neben sozialer Isolation dominieren.
Diagnosen: chron. PTSD / anh. Persönlichkeitsänderung
              rez. depressive Störung

Die Traumasequenz

1974-1976 zweijährige Haft in Bautzen mit mehr-
wöchiger Isolationshaft und mehrfacher
Vergewaltigung durch 2 Wärter
danach: komplexe Kontroll- und
Zersetzungsmaßnahmen mit verweigerter
angemessener Berufsausbildung
1994-1998 langjähriges Anerkennungsverfahren mit
stark retraumatisierendem Charakter

Im Laufe der Arbeit stellte sich dann heraus, dass er als Achtzehnjähriger zwei Jahre in Bautzen inhaftiert gewesen war und dort mehrfach isoliert wurde, mit mehrmaliger Vergewaltigung durch kriminelle Mitgefangene, auch durch zwei Wärter. Als er dann entlassen wurde, folgten drei Jahre komplexe Zersetzungsmaßnahmen, er hatte keine Möglichkeit zur beruflichen Entwicklung, ein intelligenter Mann, der dann zu DDR-Zeiten als Hausmeister arbeitete. 1994 begann sein Rehabilitierungs-Verfahren, und er durchlief all das, was wir hier schon gehört haben: fragwürdige Praxis der Versorgungsämter, unaufgeklärte Gutachter, später wurde er von Frau Dr. Denis (siehe in diesem Band) begutachtet.

Zentrale Befunde

- unkontrollierbare intrusive Bilder mit Angst-, Ekel- und Schamaffekten
- kein klares Narrativ verfügbar, Täter und Orte haben weder zeitliche Zuordnungen noch Namen noch Gesichter
- nach erfolgreicher Begutachtung in Berlin weitgehende soziale Isolation ohne sinnvolle Tagesstruktur
- negativistische Grundhaltung („... mir hilft sowieso keiner..."; „... ich werde behindert bleiben...")

Der Anfangspunkt der Behandlung waren bestimmte zentrale Befunde:

• erstens unkontrollierbare, intrusive Erinnerungsbilder mit intensiven Angst-, Ekel- und Schamaffekten, mit sexuellem Hintergrund

• zweitens der Tatbestand, dass kein klares inneres Narrativ oder Abbild der Vorgänge für den Patienten verfügbar war, weder Täter noch Orte hatten wirkliche Namen, noch stimmte die zeitliche Zuordnung

• dritter Aspekt war, dass er in die soziale Isolation geraten war, ohne sinnvolle Tagesstruktur und Identität

• und der vierte Ausgangspunkt war eine negativistische Grundhaltung seinem eigenen Leben gegenüber, die partiell als verfolgungsbedingt zu sehen ist und mit den Worten zu tun hat wie: „Mir hilft sowieso keiner" und „Ich werde behindert bleiben".

Behandlungselemente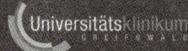

A. Einzelpsychotherapie über etwa 50 Stunden (modifizierte narrative Expositionstherapie)

B. Anschließende gruppenpsychotherapeutische Behandlung über 3 Jahre in einer gemischten psychodynamischen Gruppe mit Verfolgten und nicht-Verfolgten.

C. Teilstationäre Arbeitstherapie mit anschließender Integration auf 400-Euro Basis als Hausmeister der FH

D. Engagement in evangelischer Selbsthilfegruppe

E. 6-monatige Katamnesegespräche bis heute

Auf jeden dieser vier Aspekte musste eine Antwort gefunden werden. Wir machten eine Einzeltherapie, das war damals im Rahmen eines Forschungsprojekts – das werde ich gleich erklären –, und zwar führten wir eine *modifizierte Narrative Expositionstherapie* durch. Er wurde ferner drei Jahre lang in einer von mir selbst geleiteten gemischten psychodynamischen Gruppe mit verfolgten und nicht-verfolgten Patienten behandelt. Zudem erhielt er eine teilstationäre Arbeitstherapie mit Integration als Hausmeister an unserer Fachhochschule auf 400-Euro-Basis. Außerdem engagierte er sich in einer evangelischen Selbsthilfegruppe.

Vier Antworten auf vier Problemfelder

Narrative Expositionstherapie

- für den Einsatz in Krisengebieten entwickelt
- emotionale Exposition gegenüber dissoziierten Erinnerungen mit Habituation
- Reorganisation in kohärente chronologische Narrative unter Einbeziehung der gesamten Biographie
- zentrales Trauma steht im Vordergrund und wird exemplarisch bearbeitet

Was bedeutet „Narrative Expositionstherapie (NET)"? Es handelt sich dabei um ein emotional exponierendes Verfahren, das wir psychodynamisch modifiziert haben. Auf der sogenannten *testimonial-therapy* basierend, besteht die Hauptstrategie darin, ein Narrativ zu erstellen, also eine genaue Nacherzählung der kognitiven, emotionalen und anderen Aspekte des Traumas. Das wurde im Wesentlichen von der Arbeitsgruppe um Th. Elbert, F. Neuner und M. Schauer aus Konstanz entwickelt und stellt im Grunde eine systematische Konfrontation gegenüber den erinnerten Situationen und Affekten dar. Man versucht damit, das erlebte Trauma in kohärenten chronologischen Narrativen unter Einbeziehung der gesamten Biografie zu rekonstruieren. Die Traumata werden gewichtet und von leicht bis extrem angeordnet, um schließlich dem zentralen Trauma begegnen zu können. In der Regel führt dies zu einer Reorganisation der gesamten traumatischen Belastung und der sogenannten *Furchtstruktur*. Das „heiße", implizite, traumatische Gedächnis wird somit in das „kalte", explizite, biografische Gedächnis überführt.

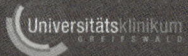

Lebensrückblicksinterventionen - Annahmen

1. Lebensbilanzannahme: Traumaerinnerungen interferieren negativ mit positiven Erinnerungen und beeinflussen zentrale Narrative
2. Traumagedächtnisannahme: Das Traumagedächtnis ist in seiner Bedeutung ungenügend strukturiert und mangelhaft in andere Erinnerungskontexte integriert
3. Sinnfindungsannahme: Es besteht eine individuelle Tendenz zur Sinnfindung insbesondere in der Verarbeitung aversiver kognitiver und emotionaler Ereignisse.

Wir sprechen hier ja über relativ lange zurückliegende Traumaschäden, das heißt es geht um Verläufe mit zahlreichen, kumulativen Schädigungen, da kommen oft verschiedene biografische Aspekte zum Tragen. Unser Gedächtnis ist so gestaltet, dass die Gedächtnisinhalte in verschiedenen Arealen des Hirns repräsentiert sind. Das gilt auch für positive und negative Erinnerungen, insbesondere bei schwer traumatisierten Menschen. Denn das *Traumagedächtnis* ist – eben weil es in verschiedenen Orten unseres Gehirns abgelagert ist – ungenügend strukturiert und geordnet, es gibt eine unzureichende Anzahl von emotionalen und kognitiven Verbindungen, und es fehlt oft eine Kontextualisierung.

Der dritte Aspekt dieser Lebensrückblick-Perspektive ist die *Sinnfindung,* das heißt die individuell zu beantwortende Frage, wie ein Trauma und dessen Folgeschäden bei Vorliegen aversiver kognitiver und emotionaler Erlebnisse verarbeitet werden kann.

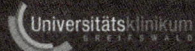

Ziele der Lebensrückblicksinterventionen

1. Bilanzierung der positiven und negativen Erinnerungen mit Verbesserung der Kontrolle über den bewußten Zugriff
2. Emotional aversiv besetzte traumatische Erinnerungen werden elaboriert und zu einem Narrativ verarbeitet.
3. Dem Erlebten kann ein (ggf. transgenerationaler und/oder individuell veränderungsrelevanter) Sinn gegeben werden.

Das heißt also, wir stellen Narrative mit positiven und negativen Erinnerungen her, differenzieren diese aus und verbessern dadurch die Kontrolle über den bewussten Zugriff. Die stark aversiv besetzten traumatischen Erinnerungen werden elaboriert und zu einem verschriftlichten Narrativ verarbeitet, und dem Erlebten wird damit zudem eine transgenerationale Bedeutung gegeben. Konkret beim betreffenden Patienten machten wir als Teil der Therapie narrative Exposition und untersuchten die daraus entstandenen Texte mit literaturwissenschaftlichen Methoden.

Eines kann man, die Forschungsergebnisse zusammenfassend, fast sicher sagen: Konfrontation, Exposition mit der Angst und sonstigen begleitenden Affekten ist wahrscheinlich der zentrale Wirkanteil in der Therapie mit politisch Traumatisierten.

Therapieresumee von Herrn S.

„… Es war sehr anstrengend, diese Therapie zu machen. Es ist auch nicht alles weg. Ich erschrecke mich immer noch, wenn sich mir jemand von hinten nähert und gelegentlich träume ich auch noch nachts. Ich bin aber nicht mehr allein und ich lebe wieder.…"

Das Therapie-Resümee von Herrn S. ist: „Es war sehr anstrengend, diese Therapie zu machen. Es ist auch nicht alles weg. Ich erschrecke mich immer noch, wenn sich jemand von hinten nähert, und gelegentlich träume ich nachts auch noch davon. Aber ich bin nicht mehr allein und ich lebe wieder …"

Die erste Begegnung mit einem ehemaligen „DDR-Heimkind": Frau A., 31 Jahre alt, Köchin

Ort: geschlossene Akutstation der Klinik

Anlass: Aufnahme nachts mit einer Alkoholintoxikation und suizidal

Szene: Bad der Station, Versuche, sich mit einem Bademantelgürtel zu erdrosseln. Dissoziativer Zustand: in einer anderen Welt, unverständliche Worte.

Diagnosen: chronischer Alkoholismus, schizoaffektive Störung.

Das zweite Fallbeispiel: Ein Heimkind, das ich kennengelernt habe, als sie noch 31 Jahre alt war, von Beruf Köchin, kam an einem Morgen auf unsere geschlossene Aufnahmestation, und man sah gleich, wie diese junge Frau versucht hatte, sich mit dem Bademantelgürtel zu erdrosseln, nachdem sie am Abend zuvor mit einer schweren Alkohol-Intoxikation aufgenommen worden war. Sie war zu jenem Zeitpunkt des Suizidversuchs in einem völlig ich-fremden Zustand, überhaupt nicht zugänglich. Als ich dann die Stationsärztin frage, sagte sie, es handele sich um chronischen Alkoholismus, eine schizoaffektive Störung aufgrund einer Traumafolgestörung. Und an dieser komplexen Traumatisierung würde ich gerne die Komplexität von Traumafolgestörungen diskutieren.

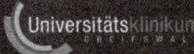
Prä- peri- und postnatale Faktoren

- alkoholkranke und nikotinkonsumierende Mutter (18, ungelernt), die in sozial verwahrlosten Verhältnisse lebt und während der Schwangerschaft promisk lebt

- alkoholkranker und dissozialer Vater (18, Maurer), selbst in Heimen aufgewachsen, mit mehrfachen gewalttätigen Übergriffen in der Schwangerschaft

- komplizierte Geburt, hypoxischer Hirnschaden (?) mit späterem ADHS und LRS, geringe Größe und geringes Gewicht

- „unruhiges Kind", „schreit viel", von Beginn an vernachlässigt (Ernährung und Fürsorge)

Die Schädigungsgeschichte dieser jungen Frau fängt sehr früh an:

• alkoholkranke und nikotin-konsumierende Mutter, bei Geburt der Tochter 18 Jahre alt, in vollkommen verwahrlosten Verhältnissen lebend

• alkoholkranker und dissozialer Vater, der selbst in Heimen aufgewachsen war, und mehrfach gewalttätige Übergriffe während der Schwangerschaft vorgenommen hatte

• sehr komplizierte Geburt, mutmaßlich hypoxischer Hirnschaden, jedenfalls waren die frühen Entwicklungsbedingungen dadurch verkompliziert, dass ein Aufmerksamkeitsdefizit-Syndrom und eine Lese-Rechtschreib-Schwäche vorlag

• Sie war ein „unruhiges Kind", das viel schrie, auch reaktiv aufgrund von Vernachlässigung bei Ernährung und Fürsorge. Also ein denkbar desaströser Beginn eines Lebens, Förderung hat dieses Mädchen nicht viel erhalten, systematische schon gar nicht.

Innere und äußere Bindungen

- kein konsistentes Bild von den beiden Eltern, sie werden mit nicht integrierten Eigenschaften beschrieben
- durch einen Wechsel von Nähe und Distanzierung gekennzeichnete Beziehung zum Bruder (+2 Jahre), der zunächst im gleichen, später in anderen Heimen aufwächst
- kaum Erinnerungen an die Heim-Peergroups („jeder kämpfte wohl ums Überleben")
- Erzieher als kühl, distanziert, bedrohlich, repressiv und gewalttätig beschrieben
- Versuche mit Pflegeeltern scheitern 2 x
- Ehe mit Geburt eines Sohnes mit einem alkoholkranken Heimkind, das 1 Jahr später stirbt
- anschließend durch den Bruder des Mannes prostituiert

Der zweite Umstand für Psychotherapie ist ein Bild von der inneren und äußeren Bindungslandschaft dieser Frau.
- sie hat kein konsistentes Bild von ihren Eltern
- auch ein zwei Jahre älterer Bruder ist kein wirklich verfügbares Objekt, es wechselt laufend zwischen Nähe und Distanz
- es gibt auch kaum Erinnerungen an die im Heim Gleichaltrigen, „jeder kämpfte ums Überleben"
- die Erzieher erlebt sie nicht als stabilisierende Beziehungsfiguren
- Versuche mit Pflegeeltern scheitern zwei Mal
- kurze Ehe mit einem alkoholkranken Mann mit einem Sohn, der Mann stirbt ein Jahr später
- anschließend wird sie vom Bruder des Ehemannes prostituiert

Insgesamt also eine grauenvolle äußere und innere Beziehungslandschaft.

1. Herausnahme aus dem Elternhaus im 1. Lebensjahr.

2. 2.-4. Lebensjahr Kinderheim

3. 1. Pflegefamilie gemeinsam mit dem Bruder, der nach 8 Wochen ins Heim zurückgegeben wird. Pflegevater ehemaliger SS-Mann, Pflegemutter „Hexe"

4. 4. Klasse: Heim für schwer erziehbare Mädchen

5. 5.-8. Klasse Kinderheim „Juri Gagarin" in S.

6. Kurzzeitiger 2. Versuch mit einer Pflegefamilie

7. Bis zum 18. Lebensjahr Heim für schwer erziehbare Kinder in G.

Wochenende gelegentlich bei den Pflegeeltern..

Beziehungsabbrüche: Die Patientin

- wurde im ersten Lebensjahr aus dem Elternhaus herausgenommen
- wird vom zweiten bis zum vierten Lebensjahr in einem ersten desaströsen Kinderheim untergebracht
- dann kommt sie in die erste Pflegefamilie, bei einem ehemaligen SS-Mann
- dann in der 4. Klasse in ein Heim für schwererziehbare Kinder
- dann von der 5. bis 8. Klasse in ein erstes Spezialheim
- dann die zweite Pflegefamilie
- dann wieder in ein Heim

Die 4 subjektiv bedeutsamsten Traumata bei Frau A. in der realen Welt

1. Als Strafe von den Pflegeeltern entweder über Nacht in den dunklen Keller oder bei Gewittern auf dem Dachboden eingesperrt zu werden („...seitdem habe ich Angst...").

2. Von der Pflegemutter geschlagen zu werden, wenn der Pflegevater nicht da war und Verleugnung dieser Vorfälle durch die Pflegemutter.

3. In der Schule wegen eines Aufmerksamkeits-Defizit-Hyperaktivitätssyndroms und einer Lese-Rechtsschreibschwäche bestraft zu werden, „obwohl ich es nicht besser konnte".

4. Vergewaltigung durch den Bruder des verstorbenen Mannes und Bezahlung hierfür.

Am Ende der Therapie nach zwölf Jahren war diese Patientin schließlich dazu in der Lage, ein Narrativ dessen abzuliefern und differenziert zu gewichten, was sie erlebt hat.

Die vier subjektiv bedeutsamsten Traumata in der realen Welt waren:
- das nächtliche Eingesperrtsein als kleines Kind durch die Pflegeeltern, auf dem Dachboden, woraus sich eine Urangst entwickelte
- von der Pflegemutter geschlagen zu werden und zudem eine problematische Position gegenüber dem Pflegevater zu haben
- in der Schule drangsaliert und gequält zu werden wegen einer Lese-Rechtschreib-Schwäche, für die diese junge Frau aber nichts konnte
- als viertes Kerntrauma die Vergewaltigung durch den Bruder des gerade verstorbenen Mannes, anschließend Zwangsprostitution

Die 4 subjektiv bedeutsamsten Traumata bei Frau A. in der Heimwelt

1. Ab dem 6. Lebensjahr regelmäßiges Eingesperrtwerden in eine „Gefängniszelle" über 48 Stunden ohne Essen und Trinken als individuelle oder kollektive Strafe, wahllos, ohne erkennbare innere Logik.

2. Massive körperliche Misshandlung durch andere Heimkinder („... die Erzieher standen manchmal lachend daneben...").

3. Verhöhnung durch Erzieher („aus Dir wird sowieso nichts") verbunden mit plötzlichen Gewaltübergriffen oder sexuellen Grenzüberschreitungen während der Adoleszenz (Rebellion vs. „sozialistische Persönlichkeit").

4. Ohnmachtserfahrung („auch wenn ich mich angestrengt habe, passierte immer dasselbe").

Die vier bedeutsamsten Traumata dieser Frau in der Heimzeit waren:

- das Eingesperrtsein in einer „Gefängniszelle" für 48 Stunden ohne Essen, wahllos, ohne erkennbare Logik
- massive körperliche Misshandlungen durch andere Heimkinder
- Verhöhnung und
- Ohnmachtserfahrungen gegenüber den Erziehern.

All das zusammen hat natürlich eine ausgesprochen komplexe Symptomatik zur Folge.

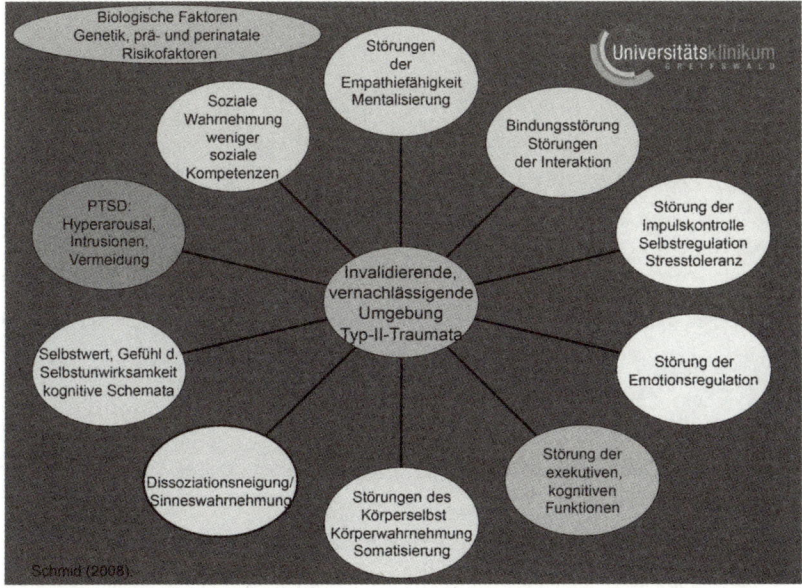

Schmid (2008)

Das Beschwerdebild beginnt bei der Störung der Mentalisierungsfähigkeit: Die Betroffene kann das, was in ihr vorgeht, sehr schwer beschreiben. Ferner gibt es weitere Bindungs- und Beziehungsstörungen, dies aus einer solch komplexen Traumageschichte entstehen, etwa die Störung der Emotionsregulation und anderes.

Frau A. heute

- Lebt heute allein, teilberentet, arbeitet als Köchin in einer psychosozialen Einrichtung
- Nach 28 stationären Entgiftungbehandlungen seit 5 Jahren abstinent
- Keine dissoziativen Symptome mehr, die Traumatisierungen sind im Rahmen einer Gruppenpsychotherapie über 10 Jahre als versprachlichte Narrative verfügbar
- Verschiedene Täter (Erzieher, Bruder des Ehemannes) wurden erfolglos angezeigt („aber die wissen jetzt endlich, das sie „Scheiße" gebaut haben")
- Rekonstruktion der weiteren Lebensgeschichte durch Bearbeitung der Jugendamtsakte, Kontaktwiederaufnahme mit dem Bruder
- Wichtigste subjektive Wirkfaktoren in der Therapie: „Egal was ich gemacht habe, Sie sind bei mir drangeblieben"; gemeinsam in der Gruppe Probleme bewältigen (z.B. Besuch der alten Heime), die besondere Beziehung zu meinem Sohn (Einleitung einer kinder- und jugendpsychiatrischen Intervention)

Frau A. lebte heute allein und arbeitet als Köchin in einer psychosozialen Einrichtung. Sie hat 28 Entgiftungsbehandlungen hinter sich, seit 5 Jahren ist sie abstinent. Es gab 5 stationäre Therapien von jeweils mindestens dreimonatiger Dauer. Sie hat keine dissoziativen Symptome mehr, machte 10 Jahre gruppentherapeutische Arbeit, bei einer Dosierung von einmal eineinhalb Stunden pro Woche. Die Täter wurden angezeigt oder aufgesucht – nicht sehr erfolgreich –, aber immerhin sagt sie dazu: „Jetzt wissen die endlich, dass sie Scheiße gebaut haben." In einem mühevollen Prozess, den wir in einer Einzeltherapie geführt haben, unter Hinzuziehung der Jugendamtsakte und weiterer Unterbringungs-Unterlagen sowie durch Kontaktaufnahme mit dem Bruder ist eine halbwegs vernünftige Rekonstruktion ihrer Lebensgeschichte gelungen. Wenn man sie selbst fragt, was denn in der Therapie geholfen habe, sagt sie: „Egal was ich gemacht habe, die Therapeuten sind bei mir drangeblieben". Weitere Faktoren waren: gemeinsam in der Gruppe Probleme bewältigen, z. B. gemeinsame Fahrt in der Gruppe in die alten Heime, die besondere Beziehung zu ihrem Sohn, der selber ein Aufmerksamkeitsdefizitsyndrom hatte und, mit kinder- und jugendpsychiatrischen Interventionen, übrigens ein sehr erfolgreicher Koch geworden ist.

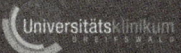
**Häufigkeit von nicht beachteten Kontra-
indikationen bei Patienten mit PTSD (n = 127
Abbrecher)**

1. Belastbarkeit und Alter: 17%
2. Instabile Symptomatik (z.B. unbeherrschbare
    Intrusionen, Suizidalität, Impulsivität,
    Halluzinationen, Wahn): 34 %
3. Instabile Komorbidität: 31 %
4. Vermischung von Täter- und Opferrollen: 11%
5. Trauma gehört zur Identität des Patienten: 7%

Aber: Traumatherapien scheitern auch. Etwa 12 bis 15 % aller Traumatherapien dieser Art mit Verfolgten werden abgebrochen, entweder von den
betroffenen Menschen selbst oder von den Kliniken oder Therapeuten.
Wir haben einmal die 127 Abbrecher aus unserer Klientel angeschaut, und
da finden wir, dass die Belastbarkeit und das Alter eine Rolle spielt, also
die Frage: Ist ein Mensch in der Lage, sich mit der angstbesetzten Erinnerung in vollem Umfang zu konfrontieren – das ist eine Frage, die vor
jeder Therapie gestellt werden muss. Zweitens die beschriebene instabile
Symptomatik, instabile Beziehungskonstellationen, d.h. wird durch eine
Therapie möglicherweise ein Zustand destabilisiert? Bei nicht wenigen geht
es zusätzlich um die Frage, dass die Betreffenden nicht nur Opfer waren,
sondern auch Täter, also zum Beispiel aus dem Gefängnis entlassen wurden
und dann für die Staatssicherheit arbeiteten. Eine weitere Frage ist, ob das
traumatische Erleben zur Identität eines Betroffenen gehört, zum Halt seiner „Nach-Wende-Identität" geworden ist, denn dann würde die Psychotherapie unter Umständen diesen Lebenssinn infrage stellen.

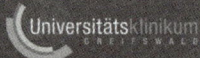

Nebenwirkungen nach Therapeuten-angaben (n = 111 stationäre Patienten)

1. Suizidalität und Selbstbeschädigung: 28%
2. Interaktionen mit dem Täter oder signifikanten Dritten: 21 %
3. Dissoziation: 44%
4. Temporäre Verschlechterungen im Therapieprozess (Depression, Angst, psychotische Symptome): 51%

Und andere ?

Psychotherapie ist oft auch mit Nebenwirkungen verknüpft, es ist eine Illusion zu glauben, dass eine Therapie immer nur in einem linearen Prozess den Heilerfolg bringt.

Diese Nebenwirkungen sind:

• in einem beträchtlichen Umfang eine Situation, in der man so verzweifelt ist, dass man sich das Leben nehmen möchte oder sich selbst schädigt

• dissoziative Phänomene, das heißt es stellen sich Wahrnehmungs- und Bewusstseinsveränderungen ein; das, was an aufdrängenden Erinnerungen kommt, führt dazu, dass die Wahrnehmung der realen Situation beeinträchtigt wird

• fordernde Auseinandersetzungen mit den Täter-Introjekten oder auch realen Tätern

• es kann zu Depression, Angst, psychotischen Symptomen als temporäre Verschlechterungen im Therapieprozess kommen, das spielt sogar eine substanzielle Rolle

Sie sehen also, der Aufwand, der geleistet werden muss, um Modifikationen des traumatischen Erlebens und Verhaltens bewirken zu können, sind beträchtlich, und es ist nicht nebenwirkungsfrei, aber aus meiner Sicht lohnt es sich sehr.

Seelsorge für Verfolgte der SED-Diktatur

Curt Stauss

Einführung

Sie haben im Programm dieser Fachtagung nach der psychosozialen und der therapeutischen auch die seelsorgerliche Perspektive vorgesehen, und ich danke Ihnen für die Einladung, dazu zu sprechen. Ich bin Pfarrer mit einer langen seelsorgerlichen Praxis mit Jugendlichen und Studenten, mit Kollegen und Kolleginnen, mit Menschen v. a. in Beziehungsstörungen, in Lebenskrisen. Im Institut für Diktatur-Folgen-Beratung bin ich am Aufbau eines Netzwerks von Beratungsstellen für psychosoziale Beratung für die Folgen von Systemunrecht der DDR beteiligt. *Beratung* steht hier im Vordergrund – was aber ist *Seelsorge* für Verfolgte der SED-Diktatur?

Ich beginne (1) mit zwei Fallbeispielen, frage (2), was „Seelsorge" ist, komme (3) auf Widerstände gegen Seelsorge zu sprechen und schließlich (4) auf Perspektiven im Sinne von Aufgaben.

1 Erfahrungen: zwei Beispiele

Frau K., eine fachlich sehr qualifizierte Frau, bittet mich um ein Gespräch: Ihr sei anlässlich des Abituraufsatzes ihrer Tochter plötzlich ihre eigene Schulzeit in der DDR in Erinnerung gekommen. Sie habe immer wieder Dinge geschrieben oder gesagt, die „die Lehrer erwarteten", obwohl sie das peinlich fand und ganz anderer Überzeugung war, manchmal auch gegen besseres Wissen Falsches gesagt. Das habe sie jahrelang verdrängt, nun aber schäme sie sich, dass sie sich derart habe demütigen lassen. Ihre Freunde, denen sie davon erzählt habe – als sie weiterspricht, beginnt sie zu weinen –, würden sie auslachen: „Das mussten wir doch alle, das hat doch niemand ernst genommen, nun hab dich nicht so!" Ich frage nach, frage nach ihrer starken emotionalen Bewegung. Ihre Freunde, dann auch ihre elterliche Familie kommen zunehmend in den Blick, genauer: deren Verhältnis zu Frau K. Wir verabreden ein zweites Gespräch: Auch hier zeigt sie bald eine starke Emotionalität; sie kann Wut ausdrücken gegenüber der Schule, dem System der DDR – aber sie bricht immer wieder in langes Weinen aus, wenn die Freunde und die Familie ins Gespräch kommen. Ich frage, ob sie diese Beziehung schon einmal genauer angeschaut habe. Mit der Vermutung, dass dies ein Thema für sie sein könnte und mit der Verabredung, kein weiteres Gespräch zu führen, sondern die aufgebrochene Beziehungsfrage in ein psychotherapeutisches Gespräch mitzunehmen, gehen wir auseinander. Sie nimmt, wie sie mir später berichtet, eine ambulante Therapie auf, die sie gut zu Ende bringen kann.

Herr A. meldet sich telefonisch, er wird von einem Psychologen geschickt. Er wohnt auf dem Bauernhof der Eltern, den er geerbt hat, und betreibt als Wiedereinrichter eine Landwirtschaft. Sein Bruder lebt ebenfalls auf dem Hof. Testamentarisch ist verfügt, dass der Bruder dort Wohnrecht hat. Die beiden verstehen sich nicht gut. Und: Der Bruder habe als IM auch über ihn berichtet, das habe er in seiner Stasi-Akte gefunden. Er denke, das habe für ihn keine schlimmen Folgen gehabt, aber die Tatsache kränke ihn. Nun fühle er sich schuldig: Den Wunsch des Vaters, den Bruder hier leben zu lassen, könne er nur widerwillig erfüllen. Er bete für den Bruder, aber das stimme für ihn irgendwie nicht. Er müsse ihm vergeben, habe sein Pfarrer gesagt. Aber das könne er nicht. Herr A. ist ein gläubiger Mensch. Doch er kommt mit dem, was die christliche Tradition ihm anbietet, nicht zurecht. Als ich ihm sage, dass Vergebung nicht entschuldige, blickt er überrascht auf: „Wie bitte?" Die Tradition unterscheide Person und Tat; kein Mensch dürfe auf seine Taten reduziert werden, jede Person sei mehr als ihre Taten. Darum gelte Vergebung der Person – die so wieder aufrecht stehen und sich den Folgen der eigenen Taten stellen könne.

Ich schlage ihm vor, dass wir zusammen eine biblische Geschichte anschauen, in der seine Themen möglicherweise vorkommen. Damit ist er einverstanden. Ich erzähle ihm in Ausschnitten die Joseph-Geschichte; er kennt sie noch aus der Kindheit, hat sie seitdem nicht mehr gehört oder gelesen. Ich richte den Blick besonders auf den Schluss, Gen 50: Die Brüder kommen auf Weisung das Vaters, Jakob, der eben gestorben ist, zu Joseph. Sie sollen ihm – der Vaters hat's gesagt – ausrichten, er möge doch die Last des Verbrechens seiner Brüder, die für diese zu schwer ist, tragen! Josef verzeiht ihnen nicht – und hier steht der berühmte wichtige Satz „Ja, bin denn ich an Gottes Stelle?" –, aber er lässt sie aufatmen (so steht es da wörtlich, zumeist übersetzt mit „tröstet sie"), er versorgt sie, so dass sie weiterleben können, ohne von ihrer Schuld erdrückt zu werden. Nun können sie sich ihrer Schuld stellen, können mit dieser leben[1].

Wir sprechen darüber, ob es möglich sei, sich auch ohne Vergebung zu versöhnen. Herr A. zeigt eine starke emotionale Bewegung, seine Körpersprache wird lebendiger als vorher, dann sagt er: nicht vergeben müssen und ohne Schuldgefühle weiterleben können – das könne er sich vorstellen. Wir arbeiten weiter miteinander, er fragt, ob denn der Bruder im Gericht vor Gott bestehen könne – und wir sprechen darüber, woran Menschen vor Gott gemessen, beurteilt würden. Wir sprechen über ein Gleichnis, Lk 15, 8–10: Da sucht eine Frau nach einer Münze; zehn besitzt sie, die eine will sie finden und stellt dazu das Haus auf den Kopf. Als sie sie gefunden hat, lädt sie Nachbarinnen und Freundinnen ein, ihre Einladung ist die Pointe des Gleichnisses, das von Gott spricht: Sie werde nicht Ruhe geben, ehe nicht der letzte Verlorene gefunden ist. Allmählich gelingt es Herrn A., gegenüber dem Bruder einen inneren Abstand herzustellen und auf Rachewünsche zu verzichten.

In diesen wie in vielen anderen Fällen geschehen Seelsorge, Beratung und Therapie in großer Nähe. Dabei ist das erste Fallbeispiel ein eher unspezifisches, das zweite ein eher spezifisch seelsorgerliches. Das Thema, zu dem

---

1 Text aus: Bibel in gerechter Sprache, hg. von U. Bail u. a., Gütersloh 2011. Zur Auslegung der Genesis v. a.: Jürgen Ebach: Kommentar zu Genesis 37 – 50, HThKAT Freiburg 2007.

ich sprechen soll, fragt nach der *Seelsorge*. Nach welchen Standards erfolgt sie? Woran ist zu erkennen, was Seelsorge ist?

2 Was ist Seelsorge?

Bedeutet das Wort, dass eine Seelsorgerin, ein Seelsorger tätig wird? Also eine Funktions- oder Berufsbezeichnung? Aber da tauchen doch in den Medien Seelsorger auf, wo Psychologen, Notfallhelfer/-innen tätig wurden, und umgekehrt wird gewürdigt, dass zum Beispiel in Erfurt 2002 sogleich und spontan zahlreiche Psychologen/Psychologinnen an den Tatort geeilt waren und sich um die zutiefst erschütterten und verängstigten Mitschüler/-innen und Kollegen und um die Angehörigen der Getöteten kümmerten; das waren zumeist Klinikseelsorger/-innen, Notfallseelsorger, auch Schulpfarrer/-innen, also Menschen mit dem Hauptberuf Pfarrer.

… *oder* macht sich Seelsorge an der Qualifikation und beruflichen/professionellen Begleitung durch Supervision und am Fachverband fest: Deutsche Gesellschaft für Pastoralpsychologie (DgfP), wozu seit einigen Jahren auch die Ausbildung in systemischer Seelsorge gehört. – … *oder* daran, dass Seelsorge kostenfrei gewährt wird. – … *oder* wir erkennen, was Seelsorge ist, an der Verabredung zu Beginn oder zum Abschluss eines Gesprächs: Worüber wir hier gesprochen haben, das bleibt in diesem Raum! Diese Verabredung – die für beide gilt, für Seelsorgerin und Klient hat zwei Aspekte: Sie sichert das Vertrauen, das die Beteiligten in ein solches Gespräch setzen, und sie spricht die rechtlichen Regelungen an: die seelsorgerliche Schweigepflicht. Schweigepflicht und Beichtgeheimnis werden Thema in Konfliktfällen und vor Gericht:

„StGB 139 (2) Straflosigkeit eines Geistlichen bei Nichtanzeige einer geplanten Tat, von der er als Seelsorger erfahren hat.

STPO 53 (1) [Zeugnisverweigerungsrecht aus beruflichen Gründen]: Zur Verweigerung des Zeugnisses sind ferner berechtigt Geistliche über das, was ihnen in ihrer Eigenschaft als Seelsorger anvertraut worden oder bekanntgeworden ist."

Allerdings: In ihrer Eigenschaft als Seelsorger anvertraut oder bekannt geworden ist nicht nur das, was ihnen in einem Beichtgespräch mitgeteilt worden ist, sowie die Tatsache des Beichtganges selbst,[2] sondern alles, was sie in Ausübung seelsorglicher Tätigkeit erfahren oder wahrgenommen haben. In der kirchlichen Gesetzgebung sind Schweigepflicht und Beichtgeheimnis positiv verpflichtend festgelegt, nicht nur wie oben ausgeführt negativ als Verweigerungsgrund. Als Geistliche in diesem Sinne gelten auch Laien bzw. Ehrenamtliche, die mit einem kirchlichen Auftrag bzw. mit einem Auftrag ihrer Religionsgemeinschaft seelsorglich tätig sind, zum Beispiel in Strafanstalten oder in der Telefonseelsorge; freilich ist deren rechtlicher Status in der Rechtspraxis umstritten. Pfarrer, die die seelsorgerliche Schweigepflicht verletzten, als sie Informationen etwa über Ausreisewillige an die Stasi weitergaben, sind im Zuge der kirchlichen Aufarbeitung in den Verfahren vor Kirchengerichten verurteilt und unter Verlust der Ordinationsrechte und ihrer Bezüge aus dem Dienst entfernt worden.

Ein besonderer Fall *behaupteter* Schweigepflicht ist berichtenswert: *Hans-Joachim Mund*, der erste Gefängnisseelsorger, den es zu Beginn der DDR gab, eine eindrückliche, noch wenig bekannte Gestalt: Er ‚streikte' 1951 und 1952 zweimal, wie die Häftlinge, die Bautzener SMT-ler, das nannten, weil ihm ein Offizier in die Seelsorgegespräche gesetzt wurde. Er hielt daran fest, Seelsorge sei grundsätzlich ein Zweiergespräch im geschützten Raum und anders nicht vollziehbar. Er hatte damit nach jeweils zwei Wochen Erfolg – ein Erfolg, der sich später nie wieder einstellte: Die Gefängnisseelsorger mussten in der DDR stets einen kontrollierenden Offizier akzeptieren.

Woran also ist zu erkennen, ob etwas „Seelsorge" ist? Zwischen Kirchenzucht und Therapie, Freundesgespräch und Beichte, Glaubenshilfe und Lebensberatung gilt Seelsorge innerhalb ihrer Disziplin, der Praktischen Theologie, als „das am wenigstens strukturierte Arbeitsfeld"[3] – verglichen mit der Homiletik, der Religionspädagogik, der Diakonik. Auch das Setting

---

2   Rolf Hannich (Hg.): Karlsruher Kommentar zur Strafprozessordnung, 7., neu bearb. Aufl., München 2013, Rn 11–12.

3   Jürgen Ziemer: Seelsorgelehre. Eine Einführung für Studium und Praxis, 3. durchges. u. aktual. Aufl., Göttingen 2008, S. 41.

ist nicht definiert: vom Gespräch über den Gartenzaun bis zur verabredeten Gesprächsreihe, zwischen Geh-Struktur und Komm-Struktur ist vieles möglich.

Abgegrenzt wird die Seelsorge gegenüber der allgemeinen Pastoraltheologie, *cura animarum generale* (v. a. katholischerseits) oder aber gegenüber der Lebensberatung. Hier fällt sie in einer sich zunehmend ausdifferenzierenden Szene rasch in eines der Fächer der *Sonderseelsorge (cura animarum specialis):* Gefängnis-, Polizei-, Armee-, Schul-Seelsorge; dazu die insbesondere bei Unfällen und Katastrophen kaum noch wegzudenkenden Notfallseelsorge- und Kriseninterventionsteams. Seelsorge für Verfolgte der SED-Diktatur ist in der Literatur bisher nicht zu finden.

Was ist nun Seelsorge für Verfolgte der SED-Diktatur? Sie ist *Beteiligung an der psychosozialen Beratung und mitmenschlichen Begleitung mit einer besonderen Verantwortung für die spirituellen Aspekte und Erfahrungen dieser Arbeit im Blick auf politisch Verfolgte des SED-Systems.* Sie arbeitet mit den Mitteln professioneller Seelsorgetätigkeit. Dazu gehört, die Sondersituation jedes und jeder Einzelnen wahr und ernst zu nehmen, die Aufgaben und die Grenzen der eigenen Person wie der eigenen Rolle zu wissen und durch fachliche Begleitung oder Supervision zu sichern, Lösungen nicht vorzugeben, die Klientin zu sichern und zu stärken. In der beruflichen Praxis meint dies eine Seelsorge, die konfrontiert und Schutz gibt, die die Emotionalität der Klienten und der Seelsorgeperson wahrnimmt und sie als wesentlich für die Kommunikation erachtet.

Ziel der Seelsorge ist stets sowohl Trost als auch Protest: die Stärkung der Individualität und der Fähigkeit und Strategie, sich mit den bestehenden Verhältnissen nicht abzufinden. Damit hat Seelsorge eine individuelle, eine professionelle, eine spirituelle und eine sozialpolitische Dimension: In der Tradition der Prophetenverkündigung und der Verkündigung des Jesus von Nazareth, kurz und pointiert in den Worten von ‚Salz und Licht' Mt-Evangelium Kap. 5 Verse 13–16 ist immer beides gleichermaßen da, Trost und Protest, nie nur die Anpassung an die gegebenen Verhältnisse, als die später in der kirchlichen Praxis ‚Trost' nicht selten missverstanden wurde.

Wie kann Seelsorge abgegrenzt werden zur Beratung? Am ehesten durch den spirituellen, den religiösen Aspekt. Wie sieht die Abgrenzung zur Psychotherapie aus? Therapie ist nicht meine Profession und auch nicht meine Absicht: Ich intendiere nicht Therapie, wenn ich als Seelsorger tätig bin – aber: meine Arbeit hat durchaus (auch) therapeutische, heilende Wirkungen! Konrad Stauss[4] unterscheidet als zwei gleichermaßen notwendige Aspekte *Heilung* als den Modus des Tuns und Heiligung als den Modus des Sein-Lassens, also den wissenschaftlich begründeten Aspekt der Psychotherapie und den aus Erfahrung, alter wie neuer, belegten Aspekt der Spiritualität, den er „transzendentes Vertrauen" nennt.

Meine eigenen Lernschritte in der Seelsorge beginnen Ende der 1960er Jahre im Studium mit der Lektüre der ersten Aufsätze von Carl Rogers: eine Befreiung, zugleich die Erfahrung einer hilfreichen Begrenzung der pastoralen paternalistischen Rolle, der Neigung, anderen zu raten, ihnen zu sagen, wo es langgeht und was für sie gut ist. Und dann war da die Freundin, die Psychologie studierte, und die auf meinen beeindruckt-begeisterten Bericht von der Rogers-Lektüre antwortete: „Spiegeln ist ein Verbrechen!" Was sie meinte, habe ich erst mühsam und langsam gelernt: sich dem/der anderen als Person mit meiner Personalität nicht vorzuenthalten! Dazu war nötig, die eigene Person viel deutlicher und kritischer in den Blick zu nehmen. Der umfangreiche Anteil von Selbsterfahrung und von Supervision in den Aus- und Fortbildungen wurde plausibel.

Noch einmal: Die *Person* des Seelsorgers, der Seelsorgerin ist wesentlich: Seelsorger/-in ist Vermittler/-in; er/sie begleitet im Vertrauen auf spirituelle, göttliche Energie, und er/sie möchte das Vertrauen vermitteln, aus dem er/sie selbst lebt; was Seelsorge ist, bestimmt sich nicht nur und nicht zuerst an Inhalt und an Intention, sondern (auch) an der Person des Seelsorgers, der Beraterin – Menschen, die „in sich selbst die Überwindung des Kränkenden und Krankmachenden aus der Vision eines großen Vertrauens erfahren haben."[5]

---

4 Konrad Stauss: Nichts war umsonst. public forum extra ‚Heil und Heilung' 6/10, S. 15 ff.
5 Norbert Peikert: Psychosoziale Beratung für Betroffene von Systemunrecht und Gewaltherrschaft, in: Politische Diakonie, Themenheft der Zeitschrift Evangelische Theologie, 70. Jahrgang Heft 2/2010, S. 149 f.

3 Widerstände

Seelsorge spielt bisher bei der sogenannten Aufarbeitung eine geringe Rolle. Einen ersten Hinweis finde ich bei Ludwig Drees. Er konstatiert eine „posttotalitäre Neurose", die alle betreffe – aber dann gebe es eine Differenz:

> „Ich beginne mit einem Beziehungsproblem. In der Beziehung zwischen Opfern politischer Gewalt in der DDR und uns – den übrigen ehemaligen DDR-Bürgern, den potenziellen Helfern, Politikern, Anwälten, Beratern, Seelsorgern oder Therapeuten – gibt es einen latenten Konflikt. Er hat seinen Ursprung darin, dass wir mit ihnen, den Opfern, eine gemeinsame Vergangenheit haben. Wir haben zusammen in dem großen Lager der DDR, in ihren hohen Mauern und Stacheldrahtzäunen, gelebt, wir haben darin aber ein verschiedenes Schicksal gestaltet, wir haben uns verschieden verhalten. Wir sind gewissermaßen Geschwister von totalitären Eltern und verhielten uns unterschiedlich in der Erziehung und Pflege. Sie, die späteren Opfer, wurden dafür benachteiligt oder bestraft, dass sie weniger ‚pflegeleicht‘ waren als wir."[6]

Doch nicht nur diese Differenz ist es; ich nehme im Blick auf Seelsorge in dem Feld, über das wir hier sprechen, zwei *Widerstände* wahr, *zum einen* das Klischee „Du bist doch auch einer von der Kirche des Sozialismus"; so wurde ich mehrmals in Opferverbänden begrüßt. Ich verstehe diese Begrüßung so: Da mischt sich eine pauschale Kritik an der Rolle der Kirchen in der DDR (von der andere ziemlich Positives und Hilfreiches berichten) mit dem Ärger über „die Linksprotestanten" heute. Dass die Formel „Kirche im Sozialismus" nicht Anpassung bedeutete, sondern eine Ortsangabe war: Hier, wo uns Gott hingestellt hat, haben wir zu arbeiten; dass die Formel „Kirche im Sozialismus" aber zugleich die Weigerung bedeutete, in die in-

---

6 Ludwig Drees: Möglichkeiten und Grenzen der Therapie, in: (Wie) ist Heilung von Erinnerung möglich? 2. Fachtag des Instituts für Diktatur-Folgen-Beratung, Dokumentation, Schwerin 2013, S. 15.

nere Emigration zu gehen – das ist kompliziert und scheint heute schwer vermittelbar zu sein.

Ist das – auch – die ostdeutsche Konfessionslosigkeit? Jedenfalls wird Konfessionslosigkeit beschrieben als ein Akt der Selbstbehauptung der Ostdeutschen: Man habe ihnen nach 89 fast alles genommen – ihre Konfessionslosigkeit jedoch könne man ihnen nicht nehmen! Tatsächlich ist der Anteil der Hilfesuchenden mit einer religiösen Sozialisation außerordentlich gering (die Ehe-, Familien- und Lebensberatungsstellen (EFL) der Diakonie schätzen 1 %). Aber: wie auch in anderen Arbeitsfeldern haben wir dies nicht zur Bedingung für Unterstützung und Kooperation gemacht! Und Konfessionslose nehmen religiöse Angebote selbstverständlich in Anspruch. Sie sind zwar in einer institutionell-bürokratischen Perspektive konfessionslos, aber in verschiedener Weise spirituell geprägt, interessiert und tätig.

Zum anderen nehme ich einen Widerstand gegenüber Seelsorge wahr, genauer: gegenüber der Frage nach Religion, nach Spiritualität. Ich vermute, man kommt dann unweigerlich zu Themen wie Vergebung oder Versöhnung. Diese aber nötigen, eine *Rollenblockade* zu lösen, aus der Opfer-Rolle herauszutreten. *Die Intention* dieser Seelsorge-Arbeit möchte ich so beschreiben: Respekt vor der Person des oder der Betroffenen und dem, was sie erlitten hat und erleidet; die Wahrnehmung der Landschaft, in der die Erinnerung stattfindet; die Frage nach dem Ziel – „Was wollen Sie erreichen?" – und nach der Hoffnung, mit der sie oder er lebt; die Frage nach den eigenen Anteilen: „Für welche Teile Ihrer Biografie, auch die schmerzhaften, dunklen, die erlittenen, die gescheiterten, können Sie Verantwortung übernehmen?"; die „Langsamkeit der Vergebung" und die Aufgabe, mit Schuld – fremder und eigener – zu leben.

Benno Gierlich, Berater für Sucht-Betroffene und für Diktaturfolgen in Rostock, fragte auf dem 2. Fachtag für Diktatur-Folgen-Beratung im Herbst 2012 in Wittenberg:

„Kann Vergebung Heilung bewirken? Sicher, dies ist mehr ein Thema aus dem Bereich der Seelsorge, zudem ein in unserem Zusammenhang schwieriges – aber Vergebung ist nie eine leichte Sache. Sie ist auch nicht die Regel in der psychosozialen Diktatur-Folgen-Beratung, aber es ist mir wichtig, sie zu erwähnen als eine Möglichkeit. Manchmal scheint eine Ahnung auf von der befreienden Wirkung, die sie entfalten kann – denn indem ich vergebe, hat der Schuldner keine Macht mehr über mich. Und das Gefühl der Ohnmacht, des weiterhin Ausgeliefertseins, begegnet uns immer wieder bei den Hilfesuchenden. Aber kann man verzeihen ohne Schuldeingeständnis, das man selten erhalten wird, selbst dann, wenn die damals handelnden Personen noch erreichbar sind? Die Frage ist nicht theoretisch zu beantworten, sondern immer nur konkret von dem einzelnen Betroffenen. Zu wünschen wäre es, denn so könnte auch ohne Mitwirken des Schuldners und unabhängig von behördlichem Handeln ein Akt der Selbstbefreiung gelingen, der dem Betroffenen ermöglicht, die Bindung an das vergangene Geschehen zu lösen und sich dem Leben, das sich immer im Gegenwärtigen ereignet, wieder zuzuwenden."[7]

4 Aufgaben

1. Was *die eigenen Anteile* am Funktionieren der DDR waren, soll nicht verschwiegen und bagatellisiert werden. Mir erscheint wichtig, darauf hinzuweisen, dass die seelischen und geistigen Folgen der DDR häufig etwas verstärken, was über mehrere Generationen schon deutsche Mentalitäten geprägt hat: Es genügt nicht, die DDR als Unterdrückungssystem zu betrachten. Was damals geschah und was uns bis heute unruhig und oft abwehrend sein lässt, ist unser eigenes Verhalten: unsere Bereitschaft, uns demütigen zu lassen; der in Deutschland lange schon eingeübte Ruf nach dem „starken Mann"; die Ungeduld mit Menschen, die anders sind: wer sich unterordnet, ist okay, aber wer sich abweichend verhält? Es hieß und es heißt im Alltag oft heute noch „unterordnen", nicht etwa „einordnen". Hier wird

---

7 Ebd., S. 12, Anm. 6.

von „totalitären Objekten" gesprochen, den „mit absoluten Wahrheiten herrschenden destruktiven autoritären Strömungen im Menschen".[8] Solche tief sitzenden Einstellungen sind schwer bewusst zu machen und schwer zu verändern; wir geben sie an unsere Kinder weiter, und sie bestimmen uns in unserem Verhalten anderen gegenüber, auch in unserem Leitungsverhalten! Die schwere Arbeit, die eigenen Anteile anzuschauen, ist ein wesentliches Hindernis für Versöhnung; dazu noch einmal Ludwig Drees:

„Worum geht es bei Versöhnung? Das Leben und die Vorgänge, in uns vor allem, anders und neu zu sehen und zu verstehen. Aussöhnung geschieht nicht in einem Moment, als sei es dann getan; sondern sie ist ein langer Prozess, ich glaube ein lebenslanger Prozess des besseren Verstehens und Einordnens des Schlimmen und des Scheiterns. Ich glaube, dass wir uns mit dem Schlimmen in uns anfreunden können, es ist ein wichtiger Teil von uns. Es wäre eine Entwicklung, in der man die eigene innere und äußere Geschichte akzeptiert und mit der Art, wie man darin geworden ist, etwas macht und allmählich das Schlimme darin schrittweise verwandelt, vielleicht in etwas Positives, Konstruktives.
Ich glaube, man müsste sich auch mit dem Scheitern versöhnen können; und aus seinem Scheitern etwas für sich und die Anderen lernen und etwas Kreatives daraus machen. Man könnte überhaupt das Scheitern als den Anfang des Kreativen sehen, den Urkern des Kreativen. Vielleicht kann man auch sagen: Versöhnung ist ein innerer Prozess der Verdauung, der Umwandlung und Verstoffwechselung des Schlimmen."[9]

---

8 Ludwig Drees, „Ich bin nicht besser als meine Väter ..." – Regression und Gegenübertragung des Analytikers nach zwei totalitären Systemen – Spurensuche, in: P. Diederichs/J. Frommer/F. Wellendorf (Hg.): Äußere und innere Realität. Theorie und Behandlungstechnik der Psychoanalyse im Wandel, Stuttgart 2011, S. 296. Drees bezieht sich auf einen Begriff von Michael Sebek.
9 Vortrag „Wie ist zwischen Trauma, Desinteresse und Idealisierung auch Versöhnung möglich?" Spiegelsaal-Gespräch Magdeburg 12. Februar 2014 zwischen der Landesbeauftragten für die Unterlagen des Staatssicherheitsdienstes der ehemaligen DDR, Birgit Neumann-Becker, Dr. Ludwig Drees, Psychiater und Psychotherapeut, und der Landesbischöfin der Evangelischen Kirche in Mitteldeutschland, Ilse Junkermann. Magdeburg, ungedruckt

2. Das „Netzwerk für Vergebungsarbeit"[10] hat sich vor allem die Aufgabe ge-stellt, in einem erprobten Verfahren Betroffenen zu helfen, sich von der Tä-ter-Fixierung zu lösen, das Täter-Introjekt zu überwinden und so durch Ver-gebungsarbeit frei zu werden. Unterdessen sind über 70 Psychotherapeuten/Psychotherapeutinnen und ebenso Seelsorger/-innen in Vergebungsarbeit ausgebildet worden; das Netzwerk, das im Allgäu begonnen hat, breitet sich allmählich aus. Es hat aktuell seine Aufmerksamkeit ausdrücklich auch auf die Problematik der Situation politisch Verfolgter der DDR gerichtet.

3. Die von Kommunitäten ausgehende „geistliche Begleitung", die in ver-schiedenen Landeskirchen als Fortbildung angeboten wird, hat sich für 2015 „geistliche Begleitung für Menschen, die unter Diktatur-Folgen lei-den", vorgenommen.

4. Die *Sicherung der Fachlichkeit in der Seelsorge* gehört zu den dringen-den Aufgaben. Dazu gehören Fortbildungen etwa in Trauma-Seelsorge (s. Anm. 11), aber auch die Warnung vor Biografiearbeit ohne ausreichende fachliche Kenntnisse: Bei schweren Traumatisierungen,[11] aber auch bei niedrigem Strukturniveau sollte wegen möglicher Trauma-Reaktivierun-gen nur im Rahmen professioneller Psychotherapien gearbeitet werden.

5. In diesem Gedenkjahr, 25 Jahre nach dem Herbst 89, wird auch danach gefragt werden, *was an Hoffnungen uneingelöst ist*. Das werden gewiss auch die Themen sein, die über unser Land hinausreichen – und hier ist insbe-sondere an die Ökumenische Versammlung zu erinnern: Sie umfasste alle christlichen Konfessionen und Vertreter der Kirchenleitungen wie der ge-sellschaftskritischen Gruppen. Drei „vorrangige Verpflichtungen" wurden festgehalten:

---

10 Siehe: petramayer.net/Netzwerk-Vergebung.html (09.09.2015).
11 Konrad Stauss: Die heilende Kraft der Vergebung. Die sieben Phasen spirituell-therapeu-tischer Vergebungs- und Versöhnungsarbeit, München 2010, S. 261, Anm. 135; Maria Elisa-beth Aigner: Leben nach der Katastrophe. Trauma und Traumatisierung als Herausforderung für die Seelsorge, in: Stimmen der Zeit 10/2013, S. 671–680.

- Gerechtigkeit für alle Benachteiligten und Unterdrückten zu schaffen
- dem Frieden mit gewaltfreien Mitteln zu dienen
- Leben auf dieser Erde zu schützen und zu fördern[12]

Die Beschlüsse der ÖV wurden von den beteiligten Kirchen in aller Form übernommen. Mit dem gleichen Ernst werden die Kirchen in diesem Herbst Gesprächsräume öffnen, in denen über DDR-Unrecht und die Folgen bis heute gesprochen werden kann. Sie werden zur Seelsorge und zur geistlichen Begleitung, und sie werden zu Gebeten einladen – auch für Versöhnung!

Was aber jetzt und immer wieder dran ist, nenne ich eine veränderte Wahrnehmung: Unser Blick ebenso wie unser Gedächtnis ist geübt, schlechte Beispiele zu sehen und zu speichern. Darin arbeitet es analog zu den (meisten) Medien: Nur eine schlechte Nachricht sei eine gute Nachricht, haben wir gelernt. Ich bin überzeugt von der Möglichkeit, die Wahrnehmung zu verändern, den Blick und das Gedächtnis zu üben und auf die guten Beispiele, auf die Hoffnungsgeschichten zu achten. Sie haben Gewicht, weil sie zeigen, dass das, was ist, nicht alles ist – und dass darum das, was ist, sich ändern kann. Frau S., die soeben eine schwere Krankheit überlebt hat, erzählt: Als sie nach Hoheneck gebracht wurde und erfuhr, sie werde mit einer früheren KZ-Aufseherin und mit zwei Kriminellen in eine Zelle kommen, begann sie zu weinen. Da habe eine „Erzieherin" (so nannte man damals die Wärterinnen) sie zur Seite genommen und gesagt: „Die müssen nicht sehen, dass du weinst." Frau S. hat also in einer schlimmen Situation von einer „feindlichen" Person eine warmherzige, mitmenschliche Geste erfahren – und sie ist in der Lage, dies nicht nur zu erinnern, sondern es im Rahmen einer „geheilten Erinnerung" auch zu erzählen.

---

12 Ökumenische Versammlung für Gerechtigkeit, Frieden und Bewahrung der Schöpfung, hg. v. d. Aktion Sühnezeichen/Friedensdienste, Pax Christi, Berlin 1990, S. 17.

Vier Jahre psychosoziale Beratung für SED-Verfolgte in Sachsen-Anhalt: Auswertung und Perspektiven

Freihart Regner

Einleitung

Ausgangspunkt für die folgende perspektivische Auswertung ist die Einladung des Landtags von Sachsen-Anhalt, Ausschuss für Recht, Verfassung und Gleichstellung, zu einer Stellungnahme im Rahmen der Anhörung „Neuorientierung des Amtes der Landesbeauftragten für die Unterlagen des Staatssicherheitsdienstes der ehemaligen Deutschen Demokratischen Republik in Sachsen-Anhalt", die am 23.05.2014 in Magdeburg stattfand. Hintergrund ist meine vierjährige, im Juni 2014 beendete Tätigkeit als Klinischer Psychologe im Projekt *„Psychosoziale Beratung für SED-Verfolgte"*, das in Verbindung mit der Landesbeauftragten, seit 2013 Birgit Neumann-Becker, sowie der Universitätsklinik für Psychosomatische Medizin und Psychotherapie in Magdeburg (Prof. Dr. J. Frommer) durchgeführt wurde, zeitweise unter Trägerschaft der Vereinigung der Opfer des Stalinismus (VOS), Landesverband Sachsen-Anhalt, sowie Zeitgeschichte(n) e. V., Halle. Für die Projekt-Auswertung im Einzelnen wurde in die erwähnte Stellungnahme für den Rechtsausschuss unten ein Absatz zu Normativem Empowerment eingefügt, auf dessen konzeptioneller Grundlage die Beratungstätigkeit durchgeführt wurde.

Das Menschenrecht auf Gesundheit

Da der Rahmen für die folgenden Ausführungen die Anhörung vor einem Rechtsausschuss war, möchte ich gerne rechtlich beginnen. Oft zitiert wird der erste Satz des Grundgesetzes der Bundesrepublik Deutschland: „Die Würde des Menschen ist unantastbar". Weniger oft wird der zweite Abschnitt von Artikel 1 zitiert: „Das Deutsche Volk bekennt sich darum zu unverletzlichen und unveräußerlichen Menschenrechten als Grundlage jeder menschlichen Gemeinschaft, des Friedens und der Gerechtigkeit in der Welt". Entgegen dem allgemeinen Rechtsbewusstsein, welches die Menschenrechte öfter als eine Art „Luxusrechte" wahrzunehmen scheint, die unverbindlich über der Rechtsgemeinschaft schweben, ist daher mit Bezug auf das Grundgesetz festzuhalten: *Die Menschenrechte bilden die unveräußerliche Grundlage des deutschen demokratischen Rechtsstaats.*

Was aber sind die Menschenrechte eigentlich? Ein entscheidender Hinweis findet sich bereits in der Präambel der Allgemeinen Erklärung der Menschenrechte von 1948, die von den Vereinten Nationen unter anderem verkündet wurde, „da die Nichtanerkennung und Verachtung der Menschenrechte zu Akten der Barbarei geführt haben, die das Gewissen der Menschheit mit Empörung erfüllen" und „da es notwendig ist, die Menschenrechte durch die Herrschaft des Rechtes zu schützen". Demgemäß definierte der Philosoph Heiner Bielefeldt, vormaliger Direktor des Deutschen Menschenrechtsinstituts und jetziger Inhaber des Lehrstuhls für Menschenrechte und Menschenrechtspolitik der Universität Erlangen-Nürnberg, die Menschenrechte im Kern treffend als *„Antworten auf strukturelle Unrechtserfahrungen"*.[1] Sie sind demnach untrennbar mit den persönlichen Leiderfahrungen politisch verfolgter Menschen, etwa Verfolgten der SED-Diktatur, verbunden. Bemüht man diesen Zusammenhang nicht nur rhetorisch, sondern nimmt ihn in seiner politisch-rechtlichen Bedeutung tatsächlich ernst, so ergibt sich daraus, *dass der Rechtsstaat Deutschland normativ auf den Leid- und Unrechtserfahrungen politisch verfolgter und dadurch oftmals traumatisierter Menschen basiert.* Entsprechend wäre den Betroffenen vonseiten des Staates und der Gesellschaft mit besonderem Respekt, Wertschätzung und Wohlwollen zu begegnen. Demhinge-

---

1 Bielefeldt (2007, S. 64; 1998).

gen zeigt die psychosoziale Praxis mit SED-Verfolgten immer wieder, dass in der Realität oftmals das Gegenteil der Fall ist: Die Anliegen der Betroffenen werden von Politik, Justiz und Administration nicht selten ignoriert, vernachlässigt, beschwichtigt, aufgeschoben, abgelehnt. Damit ignoriert der Rechtsstaat aber im Grunde sich selbst. Und für die Verfolgten kann dies eine weitere traumatische Sequenz bedeuten, die somit ihr *Recht auf Gesundheit verletzt.*

Das *Menschenrecht auf Gesundheit* wird definiert als das Recht eines jeden Menschen auf das für ihn oder sie erreichbare Höchstmaß an körperlicher und geistiger Gesundheit, wofür der Staat die entsprechende Infrastruktur bereitzustellen hat;[2] es gilt als ein *empowerment right,* da seine Gewährleistung die Voraussetzung dafür darstellt, auch die anderen Menschenrechte wahrnehmen zu können.[3] Dies Recht auf Gesundheit wurde und wird bei Verfolgten der SED-Diktatur oftmals schwer verletzt. Im Unrechtsstaat DDR sollten politisch Unangepasste oft gezielt in die Krankheit getrieben werden, etwa durch massiv gesundheitsschädigende Haftbedingungen oder sogenannte „Zersetzungsmaßnahmen". An den zum Teil schweren gesundheitlichen Folgeschäden leiden viele Betroffene bis heute. Die Gesamtheit einer Abfolge von traumatischen Verletzungen und Schädigungen *(Sequentielle Traumatisierung* nach Hans Keilson)[4] äußert sich in schwerwiegenden Symptomen, wie Ängsten, Depressionen, starkem Misstrauen, ausgeprägten psychosomatischen Beschwerden. Aber auch im Rechtsstaat des wiedervereinigten Deutschland kamen weitere belastende Sequenzen hinzu.[5] Ein besonders zermürbender Faktor ist hier die *verweigerte Anerkennung gesundheitlicher Folgeschäden:*[6] Die Betroffenen müssen die Ursache ihrer Leiden akribisch darlegen – und dennoch werden ihre Ansprüche von den Versorgungsämtern ganz überwiegend abgelehnt, obwohl das Rehabilitierungsgesetz diesbezüglich eigentlich entgegenkommend formuliert

---

2   Internationaler Pakt über wirtschaftliche, soziale und kulturelle Rechte, Art. 12, 1966.
3   Kessler & Welsh (2006).
4   Keilson (1979).
5   Trobisch-Lütge (2006).
6   Frommer & Regner (2012).

ist! Von staatlicher Seite verweigerte Anerkennung verschlimmert aber die traumatischen Leiden und stellt daher eine Verletzung des Rechts auf Gesundheit dar. Entsprechend wurde auch im Koalitionsvertrag von 2013 zwischen CDU und SPD formuliert: „Für SED-Opfer, die haftbedingte Gesundheitsschäden erlitten haben und deshalb Versorgungsleistungen beantragen, werden wir gemeinsam mit den Ländern die medizinische Begutachtung verbessern".

Die erwähnte menschenrechtliche Verpflichtung des Staates, eine angemessene Infrastruktur zur Gesundheitsversorgung bereitzustellen, wird in Sachsen-Anhalt mit Blick auf SED-Verfolgte nicht hinreichend erfüllt, wie sich etwa in der jahrelangen prekären Finanzierung des betreffenden Beratungsprojektes zeigt. Von den zuständigen Ministerien wird hier bisweilen auf die allgemeine Regelversorgung, also entsprechende Beratungsstellen, Kliniken und niedergelassene Therapeuten verwiesen. *Bei politischer Traumatisierung handelt es sich jedoch um ein Spezialgebiet,* welches besonderer Kenntnisse und Erfahrungen im psychotraumatologischen, politischen, rechtlichen und historischen Bereich und vor allem im Zusammenwirken dieser Bereiche bedarf. Nicht umsonst sind in der *Bundesweiten Arbeitsgemeinschaft für Flüchtlinge und Folteropfer (BAfF)* 26 Einrichtungen und Initiativen zusammengeschlossen, die mit ihrer speziellen Expertise eine unverzichtbare Ergänzung zur Regelversorgung bilden.[7] Von daher ist es erforderlich, in Kooperation mit der Landesbeauftragten *ein landesweites Kompetenznetzwerk für politische Traumatisierung aufzubauen,* welches in einer Fachklinik *zentral koordiniert* werden sollte, um die Expertise zu bündeln und die Qualität, Kontinuität und Nachhaltigkeit des Netzwerks zu gewährleisten. Dabei ist es aufgrund der oben ausgeführten fundamentalen gesellschaftspolitischen Bedeutung der psychosozial-therapeutischen Praxis mit politisch traumatisierten Menschen mit rein praktischer Beratung und Therapie nicht getan; hinzukommen müsste eine koordinierte Vernetzung (z. B. mit den Gedenkstätten), Fortbildung (z. B. von Richtern und Behörden), wissenschaftliche Forschung (z. B. über die Bedeutung des

---

7 www.baff-zentren.org.

Zugangs zu demokratischen Institutionen für SED-Verfolgte), Lehre (z. B. Betreuung relevanter Qualifikationsarbeiten) sowie Öffentlichkeitsarbeit (z. B. Organisation von Fachtagungen), um die Thematik in fundierter Weise in den zivilgesellschaftlichen Diskurs tragen zu können, was wiederum förderlich auf die seelische Gesundheit der Betroffenen zurückwirken würde. Die wissenschaftliche Rahmenkonzeption hierfür kann *Normatives Empowerment* sein, das heißt menschenrechtliche Hilfe zur Selbsthilfe für Personen, die von schweren Menschenrechtsverletzungen betroffen sind.[8]

Normatives Empowerment

Normatives Empowerment war die Grundkonzeption für das vierjährige psychosoziale Beratungsprojekt für SED-Verfolgte, weshalb seine fünf Strategien zur *rückblickenden Evaluation* dienen können. Dazu sei der Ansatz kurz erläutert. Politisch verfolgte Menschen haben *tiefgreifende Ohnmachtserfahrungen* erlitten, etwa durch Verhöre, Folter, entwürdigende Haftbedingungen, „Zersetzungsmaßnahmen". Diese Ohnmachtserfahrungen sind seelisch in hohem Maße belastend. Oft – aber nicht immer – resultiert daraus eine gesundheitlich bedeutsame Belastungsstörung, ein *seelisches Trauma*. Daher ist es notwendig, verfolgten Menschen die Erfahrung von Macht und Mächtigkeit zu vermitteln, um sie von ihren belastenden Ohnmachtserfahrungen so weit wie möglich zu entlasten. Genau dies ist die Kernbedeutung von *psychosozialem Empowerment*, von *Er-mächtigung*. Gemeint ist damit ein Ansatz der solidarischen Hilfe zur Selbsthilfe, der Betonung von „Menschenstärken" und einer gesellschaftspolitischen Sicht auf den Menschen. Dieser allgemeine Ansatz wurde bei *Normativem Empowerment* auf den besonderen Adressatenkreis politisch verfolgter und traumatisierter Menschen zugeschnitten und bezeichnet somit *eine konzeptuelle Grundhaltung für die psychosoziale und therapeutische Praxis mit politisch Verfolgten auf der Wertebasis der Menschenrechte*. Maßgeblich dabei ist der Gedanke, dass

---

8   Regner (2008). Siehe für Kurzbeschreibungen auch www.inter-homines.org.

es fünf Dimensionen sind, durch die unsere politische Lebenswelt wesentlich gekennzeichnet ist: *Macht, Recht, Wahrheit, Freiheit* und *Öffentlichkeit.* Bei politischer Verfolgung und Traumatisierung werden diese Dimensionen in ihr Gegenteil verkehrt: in *Ohnmacht,* woraus Belastungen und Traumata entstehen; in *Unrecht,* etwa wenn die Justiz sich in den Dienst der Verfolger stellt; in *Unwahrheit,* die sich in Diffamierung und Propaganda zeigt; in *Unfreiheit,* wenn Oppositionelle verfolgt und inhaftiert werden; und in *Nicht-Öffentlichkeit,* etwa wenn Medien manipuliert und gleichgeschaltet werden. In der psychosozialen und psychotherapeutischen Praxis mit politisch verfolgten und traumatisierten Menschen muss es schließlich um eine Umkehr dieser verkehrten Dimensionen gehen – soweit dies im Rahmen gesundheitlicher Praxis möglich und sofern es in Anbetracht des Einzelfalls angezeigt ist. Normatives Empowerment zeichnet sich daher durch fünf Strategien aus, die im folgenden durch Beispiele aus der Beratungspraxis verdeutlicht werden sollen, wobei die Zuordnung idealtypisch ist und es in der Praxis oft Überschneidungen zwischen den Strategien gibt.[9]

Er-mächtigung

Die Vermittlung von kommunikativer Macht (vgl. Arendt, 1970), Selbst-Mächtigkeit (Schmid, 1998) und Wir-Mächtigkeit: Politisch verfolgten Menschen soll dabei geholfen werden, ein möglichst selbstbestimmtes Leben in einer solidarischen Gemeinschaft zu führen. – Frau E. wurde als Jugendliche durch gewisse biografische und traumatische Umstände von der Staatssicherheit zunächst erpresst, später auf brutale Weise dazu gezwungen, sich im Rahmen einer großen Messe jahrelang an Prostitution mit längerfristiger Beziehungsaufnahme zu beteiligen, um auf diese Weise an Informationen über westliche Geschäftsmänner zu gelangen. Nach einigen Jahren brach sie diese Tätigkeit schließlich aus eigener Initiative und mit erheblichem Sicherheitsrisiko für ihre Person ab. – Anlass für die Beratung war der

---

9 Folgende Abschnitte sind gekürzt entnommen aus Regner (2015, S. 291 ff.).

Wunsch der Klientin gewesen, sich über jene belastete Vergangenheit, damit verbundene aktuelle Problemlagen hinsichtlich Familie und Wohnsituation sowie traumatisch mitbedingte psychosomatische Beschwerden fachlich auszutauschen. Frau E. konnte in eine tiefenpsychologisch fundierte Psychotherapie vermittelt werden, von der sie nach eigenen Aussagen sehr profitiert hat. Darin wurde unter anderem ihre autobiografische Aufarbeitung therapeutisch begleitet,[10] indem unbewusste Lebenszusammenhänge – etwa Manipulierbarkeit durch frühe Verlusterfahrungen – aufgezeigt wurden. So erhöhte sich Frau E.s Selbstvertrauen, indem ihre damaligen Entscheidungen – „Warum habe ich mich nur auf diese Tätigkeit eingelassen?" – kritisch reflektiert und den schwierigen Umständen entsprechend respektiert wurden. Parallel zur Psychotherapie fand nach Bedarf die eher pragmatisch ausgerichtete psychosoziale Beratung statt, bei der beispielsweise der geplante Auszug aus einem Haus, in dem auch Ex-Stasi-Mitarbeiter wohnten, besprochen wurde. Die Vermittlung in ein Gruppenangebot verlief nicht erfolgreich. Im Rahmen einer anderen Einrichtung nahm die Klientin indes regelmäßig an einem vom Verfasser mitgeleiteten Kampfkunst-Angebot für politisch traumatisierte Frauen teil, das darauf abzielte, entmächtigenden Gewalterfahrungen durch körperbezogene Übungen zur Selbstermächtigung und Selbstverteidigung entgegenzuwirken.[11] Frau E. berichtet, dass ihr lähmendes Ohnmachtsgefühl angesichts körperlicher Gewalt sich dadurch positiv verändert habe. Insgesamt hätten sich durch die bislang vierjährigen Maßnahmen Angst-, Schuld-, Scham- und Rache-

---

10 Der folgende Ausschnitt beschreibt das Verhör, in dem sie erpresst wurde: „"Sie müssen nichts zugeben', sagte der Ältere, als ich länger schwieg. ,Wir wissen, mit wem und wie viel Sie getauscht haben, wir haben mehrere Aussagen.' Dann kam der Hinweis, dass ich bei einem Devisenvergehen diesen Umfangs mit einer Strafe von mindestens zehn Jahren Freiheitsentzug rechnen muss. Bei einem so langen Freiheitsentzug erfolgt auch die Aberkennung der Mutterrechte. Das bedeutet, meine Tochter kommt in ein Heim und wird zur Adoption freigegeben. Dieser Aufzählung folgte ein längeres Schweigen. Ich saß wie gelähmt, fühlte nichts, dachte nichts, spürte nur Leere. Ein Traum, das ist ein böser Traum. Doch die Realität saß mir gegenüber und genoss mein Entsetzen. Die Kälte des Blickes, mit dem mich der Jüngere fixierte, und dieses Grinsen verursachten in mir Angst. Unsägliche Angst."
11 www.inter-homines.org/kampfkunst3.html.

gefühle vermindert, und sie erlebe sich heute als deutlich selbstbewusster, entspannter und innerlich freier.

Er-rechtigung

Die Vermittlung von Menschenrechten, Recht und Gerechtigkeit: Politisch Verfolgten soll zu ihren grundlegenden Rechten und zu ihrer Anerkennung als Menschenrechtsperson verholfen werden, besonders im Hinblick auf das Recht auf Gesundheit. – Herr A. wurde im späten Kindesalter zwangsweise in ein Kinderheim verbracht; es folgten zwei Spezialkinderheime und ein Jugendwerkhof. Die oppositionelle Tätigkeit in einem Jugendclub habe zunächst zu Schikanen bei Ausbildung und Arbeit geführt. Mit Anfang 20, in den 1970er Jahren, habe er als Kraftfahrer im Kohlehandel gearbeitet. Der Betrieb sei marode, die Geräte und Fahrzeuge kaputt gewesen, wogegen er protestiert habe. Immer unzufriedener mit den Missständen in der DDR, habe er einen ersten Ausreiseantrag gestellt. Derweil habe es einen Fahrunfall mit Todesfolge gegeben, an dem er aber keine Schuld trage. Darauf habe er einen zweiten Ausreiseantrag gestellt und im selben Jahr versucht, über die Grenze zu fliehen, sei aber gefasst worden. Protest, Unfall und Fluchtversuch zusammengenommen, habe die Richterin ausdrücklich ein Exempel an ihm statuieren wollen und ihn wegen „Beschädigung der Grenzanlagen, Vorbereitung zur Republikflucht und Diebstahl von Volkseigentum" zu knapp dreijähriger Haft verurteilt, was er als äußerst diffamierend erlebt habe. Die Haft habe Isolationshaft, Todesangst und Zwangsarbeit beinhaltet. Im Anschluss an die Entlassung seien die Repressalien und Schikanen fortgesetzt worden („Zersetzung"). Nach der „Wende" habe dann eine zermürbende Auseinandersetzung mit verschiedenen Gutachtern und Ämtern hinsichtlich der Anerkennung gesundheitlicher Folgeschäden stattgefunden. – Anlass für die Beratung war unter anderem der Wunsch des Klienten nach Unterstützung bezüglich eines Neufeststellungsantrags auf Beschädigtenversorgung nach dem Strafrechtlichen Rehabilitierungsgesetz. Es wurde eine ausführliche psychologische Stellungnahme in Anlehnung an die *Nar-*

rative Expositionstherapie (NET) (Neuner et al., 2009) verfasst, worin eine andauernde traumatische, ängstliche, depressive und somatoforme Störung diagnostiziert wurde. Vor dem Hintergrund seiner stark angegriffenen Gesundheit auch im körperlichen Bereich wurde der Klient vorsorglich auf die *beträchtlichen Risiken eines aufreibenden Rechtsstreits* hingewiesen. Das Versorgungsamt lehnte den Antrag schließlich – ganz erwartungsgemäß – ab.[12] Von einer Fortführung der Auseinandersetzung auf gerichtlicher Ebene wurde, wie einvernehmlich besprochen, aus gesundheitlichen Gründen abgesehen. – Eine unzureichende rechtliche und administrative Würdigung politischer Verfolgung resultiert in *Selbstmissachtung und Verbitterung,* wie sie bei vielen SED-Verfolgten – so auch bei Herrn A. – ausgeprägt festzustellen ist. Insofern sollten hier, außer Verbesserungen in den genannten Bereichen, von den Landesbeauftragten für die Stasi-Unterlagen *„weiche",* *quasi-rechtliche Anerkennungsinstrumente* entwickelt werden, um die Betroffenen vor den gesundheitlichen Risiken eines jahrelangen aufreibenden Rechtsstreits zu schützen.

Er-schließung von Wahrheit

Die Vermittlung von faktischem Realitätsbezug: Die oftmals diffamierend verzerrte Verfolgungsgeschichte soll mit Bezug auf die historische und aktuelle

---

12 In der – fachlich und faktisch an mehreren Stellen angreifbaren, hochselektiv bis zynisch zu Ungunsten des Antragstellers argumentierenden – Begründung heißt es gemäß einem notorischen Muster: „Die von Herrn Dr. Regner nach wenigen Gesprächen mit Ihnen vorgenommene, sich ausschließlich auf subjektive Angaben ohne Symptomvalidierung stützende Neu-Interpretation der Befunde mit Bewertung sämtlicher früherer und jetziger Beschwerden bzw. Störungen als Schädigungsfolgen […] ist aus versorgungsmedizinischer Sicht nicht nachvollziehbar." Nicht erwähnt wird freilich, dass die von mir gestellten Diagnosen praktisch gleichlautend sind mit dem bereits acht Jahre zuvor verfassten medizinisch-psychologischen Bericht eines renommierten Rehabilitationszentrums, auf dessen Basis dann die Frühberentung des Klienten eingeleitet wurde. So hätte wohl auch ein vom Gericht in Auftrag gegebenes Gutachten zu einem ähnlichen diagnostischen Ergebnis kommen müssen. Insofern ist umgekehrt das Argumentationsmuster des versorgungsmedizinischen Dienstes fachlich nicht nachvollziehbar.

Wirklichkeit entzerrt werden. Die Verfolgten können dadurch zu einer „gesunden Lebenswahrheit" finden. – Herr K. erlebte in der Jugendzeit wegen oppositionellem Verhalten erste Repressalien, betreffend Familie, Schule, Ausbildung und Arbeitsplatz. Im Zusammenhang mit einem ersten Fluchtversuch folgten verstärkte Repressalien und Stasi-Verhöre, was zu ersten gesundheitlichen Beeinträchtigungen führte. Der zweite Fluchtversuch zog eine mehrmonatige Untersuchungshaft mit Übergriffen, Demütigungen und ständigen Verhören nach sich. Es folgte ein fast zweijähriger Haftvollzug mit mehrfacher Isolationsfolter, extremen Demütigungen, medizinischer und hygienischer Deprivation, Zwangsarbeit für Westfirmen, eventuell Medikamentenversuche. Nach der Haftentlassung kam es zu weiteren Schikanen und „Zersetzungsmaßnahmen". Die nach der „Wende" zum Teil verweigerte Anerkennung der politischen Verfolgung trug wesentlich zu einer Chronifizierung der Haftfolgeschäden mit dem Ergebnis der Frühberentung bei. – Es wurde eine ausführliche, NET-orientierte psychologische Stellungnahme über die Verfolgungsgeschichte verfasst. Diagnostiziert wurde eine andauernde traumatische, verbitterte, depressive, neurasthenische und somatoforme Störung. Dem Klienten war es vor dem Hintergrund von Stasi-Diffamierungen sowie Ignoranz vonseiten bundesdeutscher Instanzen höchst wichtig, seine biografischen Angaben auch faktisch belegen zu können, wozu er extensive Recherchen unternahm, bei denen er von der Landesbeauftragten unterstützt wurde. Schließlich konnten fast alle Aussagen faktisch belegt werden.[13] Diese umfangreiche Belegsammlung wurde in der Beratung zusammen gesichtet und gewürdigt. Die psychologische Stellungnahme stützte sich unter anderem auf ein 38-seitiges hochkarätiges psychiatrisches Fachgutachten, in dem bereits eine Posttraumatische

---

13 So zum Beispiel die mehrmalige, insgesamt ca. 200-tägige Isolationshaft. In dem erst 2012 aufgefundenen Haftprotokoll heißt es: „Durch persönliche Schwierigkeiten (Wohnung) steigerte sich seine Haltung bis zur unverhohlenen Feindseligkeit gegenüber unserer Gesellschaftsordnung. In der StVA […] bezeichnete er sich als Staatsfeind. Er verfasste staatsverl. Gedichte und verweigerte laufend die Arbeit, mit der Maßgabe für diesen Staat keinen Finger krumm zu machen. Weiterhin stellte er einen Übersiedlungsantrag. Durch seine negativen Verhaltensweisen will er seinem Übersiedlungsantrag Nachdruck verleihen. Er erhielt sieben Disziplinarstrafen, die bei ihm zu keiner Besserung führten."

Belastungsstörung diagnostiziert worden war. Obwohl vom Versorgungsamt selbst in Auftrag gegeben, war diese Diagnose von der Amtsärztin mit
ganzen vier Zeilen (!) zu einer „psychoreaktiven Belastungsstörung" her-
abgestuft worden, mit der mutmaßlichen Absicht, Versorgungsansprüche
abzuwehren, was beim Klienten zu einer erneuten Krise führte. Derzeit
befindet sich die Auseinandersetzung mit den neuen Beweismitteln auf der
gerichtlichen Ebene, die bekanntlich auf juristischem Wege zur Wahrheits-
findung beizutragen hat.

Er-freiung

*Die Vermittlung von befreienden und freiheitlichen Erfahrungen: Zu einem
selbstbestimmten Leben in der Gemeinschaft gehören möglichst freie Wahl-
möglichkeiten.* – Mit dem zuletzt dargestellten Klienten war lange geplant
und vorbereitet worden, zusammen das Gefängnis zu besuchen, in dem
er inhaftiert gewesen war. Solche Interventionen können traumathera-
peutisch sehr bedeutsam sein, insofern damit nachträglich eine gewisse
Kontrolle über den Ort der Ohnmacht und Demütigung gewonnen wird.
Zudem sollte damit eine Aufarbeitungsinitiative hinsichtlich des betreffenden Gefängnisses angeregt werden. Derzeit ist ungewiss, ob dies eventuell
noch realisiert werden kann. – Herr M. wuchs in seinen ersten Lebensjah-
ren zeitweilig im westlichen Ausland auf, wo sein Vater arbeitete. In der
Schule erlebte er daher erste Ausgrenzungen wegen „Westkontakten" und
oppositionellen Aussagen. Für politisch motivierte Jugendkriminalität erhielt er eine drakonische Strafe: eineinhalbjährige Stasi-Untersuchungshaft
des Minderjährigen mit als Folter zu bezeichnenden Verhören und einjäh-
riger Isolationshaft. Es folgte ein eineinhalbjähriger Regelstrafvollzug unter
menschenunwürdigen und permanent traumatisierenden, höchst gewalt-
geprägten Bedingungen. Anschließend gab es weitere Überwachungen und
Verhöre bis 1989. Danach wurden mutmaßlich noch zwei Attentatsversu-
che auf ihn verübt. Bis heute wurden seine gesundheitlichen Folgeschäden nicht hinreichend anerkannt. – Hintergrund für eine psychologische

Stellungnahme war sein Antrag beim Rentenversicherungsträger auf Bewilligung einer Rehabilitationsmaßnahme in einer therapeutischen Kurklinik, was zunächst abgelehnt wurde. Die Anfertigung der Stellungnahme orientierte sich an der Narrativen Expositionstherapie; so fand eines der Explorationsgespräche in der Gedenkstätte am Moritzplatz in Magdeburg statt, wo der Klient inhaftiert gewesen war. Sein ehemaliger Vernehmer ist auf einer dortigen Informationstafel abgebildet, was aktiv in die Exploration einbezogen wurde. Diagnostiziert wurde eine somatoforme, traumatische, ängstliche, depressive und beginnende neurasthenische Störung. Die Reha-Maßnahme wurde aufgrund der Stellungnahme schließlich bewilligt und erfolgreich durchgeführt. Der in der Klinik behandelnde Verhaltenstherapeut empfahl, weitere Expositionsmaßnahmen in der Gedenkstätte durchzuführen; mit Abschluss der Beratung wurde der Klient an einen niedergelassenen Psychotherapeuten vermittelt.

Er-öffentlichung

Die Vermittlung des Zugangs zu verschiedenen Öffentlichkeiten und zur Zivilgesellschaft: Die „traumatische Einsamkeit" bei vielen politisch verfolgten Menschen soll überwunden werden. Sie sollen die Möglichkeit haben, ihr Leid in der Öffentlichkeit darzustellen. Die Gesellschaft sollte dann politische Verantwortung übernehmen. – Im psychosozial moderierten Gesprächskreis in Magdeburg wurde anlässlich eines Interviews angedacht, eine Projekt-Website zu erstellen, um gezielt Materialien über SED-Verfolgung zu erarbeiten und der Öffentlichkeit zugänglich zu machen.[14] Wegen der Beendigung des Projekts konnte diese Initiative jedoch nicht mehr umgesetzt werden. – Thema des erwähnten Interviews war die Bedeutung des Zugangs zur demokratischen Öffentlichkeit für SED-Verfolgte (Regner, abge-

---

14 Siehe www.inter-homines.org/familienprojekt.html. Konzeptuell siehe den „Vierten Weg der Heilung und Förderung" in der Integrativen Therapie, der auf die Förderung von exzentrischer Überschau und von Solidaritätserfahrungen durch alltagspraktische Hilfen und Empowerment abzielt (Petzold, 2012, S. 29).

schlossen). Die Verfolgungsgeschichte und die Intentionen der beiden Gesprächskreisteilnehmer fließen somit in die psychosozial-wissenschaftliche Aufarbeitung ein und werden dort ausführlich dargestellt. So äußerte sich Frau U., die sich bereits für eine Video-Darstellung in einer Gedenkstätte zur Verfügung gestellt hatte:

„Ich wollte damit zeigen, was mit Menschen in der DDR passiert ist, die sich nicht nach dem SED-Staat gerichtet haben. [...] Das Aufnahmeteam kam an mehreren Tagen zu uns nach Hause. Ich hatte es abgelehnt, das [in der Gedenkstätte] zu machen, weil ich da so an meine Haftzeit erinnert werde und mich bedrückt fühle. [...] Ich konnte sehr ausführlich erzählen, habe ihnen auch Briefe gezeigt, die mein Sohn damals geschrieben hat. Die Interviewerin und der Kameramann haben sich also wirklich Zeit genommen. Dabei entstand ein geradezu freundschaftliches Verhältnis mit der Befragerin, einer jungen Studentin. Sie war sehr gut vorbereitet, stellte vertiefende Fragen, hat sich nicht einfach mit etwas zufriedengegeben. [...] Da war ich angenehm überrascht, dass es junge Menschen gibt, die sich so intensiv mit diesem Thema befassen, das hat mich wirklich gefreut. [...] Ich möchte, dass diese Ungerechtigkeit und dieses Unrecht, die mir und vielen anderen widerfahren ist, nicht in Vergessenheit gerät, sondern dass auch die nachfolgenden Generationen erfahren, was in der DDR alles passiert ist.“

Die kasuistische Auswertung des vierjährigen Projekts nach den fünf Strategien Normativen Empowerments macht deutlich, dass es sich bei der psychosozial-therapeutischen Praxis mit politisch Traumatisierten im allgemeinen, mit SED-Verfolgten im besonderen um ein *schwieriges und anspruchsvolles Feld* handelt, da sämtliche Dimensionen der politischen Lebenswelt dafür relevant sind und entsprechende Interventionen erforderlich machen können; vom Beratenden/Behandelnden verlangt dies ein *hohes Maß an Interventionsbreite, Flexibilität und Engagement,* wie es im konventionellen Beratungs- und Therapieangebot nicht selbstverständlich anzutreffen ist, weshalb hier spezialisierte Angebote erforderlich sind.[15] Umso wichtiger ist es, für diese Arbeit verlässliche finanzielle und institutionelle Rahmenbedingungen bereitzustellen, was im betreffenden Projekt nicht hinreichend der Fall war und zu gewissen Schwierigkeiten und Diskontinuitäten geführt hat. Es gilt daher, diesen Missstand zugunsten der politisch Verfolgten zu verbessern.

Menschenrechtliche Neuorientierung des Amtes der Landesbeauftragten

Abschließend soll noch spezieller auf die avisierte „Neuorientierung des Amtes der Landesbeauftragten für die Stasi-Unterlagen in Sachsen-Anhalt" eingegangen werden. Bei der Amtseinführung von Frau Neumann-Becker hob der Bundesbeauftragte, Roland Jahn, in seiner Rede die kardinale Bedeutung der Menschenrechte für die Aufarbeitung der SED-Diktatur hervor. Auf der Website der Bundesbehörde heißt es dazu näher: „Je besser wir Diktatur begreifen, desto besser können wir Demokratie gestalten".[16] Dieser Ausrichtung möchte ich mich anschließen und fände es von daher wünschenswert, *wenn die Neuorientierung dieses Amtes in Sachsen-Anhalt explizit menschenrechtliche Vorzeichen erhielte.* Hinsichtlich des Rechts auf Gesundheit könnte das bedeuten, dass der – einschließlich psychosozialen – Beratung von SED-Verfolgten aufgrund ihrer oben dargelegten grundlegenden gesellschaftspolitischen Bedeutung ein prioritärer Stellenwert eingeräumt wird, wie dies bei den Landesbeauftragten in Brandenburg und Thüringen bereits der Fall ist.

Schließen möchte ich mit einem Verweis auf die *politische Philosophie,* da diese meines Erachtens am besten dafür geeignet ist, jenseits gesellschaftlicher Funktionssysteme wie Politik, Recht, Wirtschaft und Gesundheit

---

15 Petzold (2003).
16 www.bstu.bund.de.

weitsichtig orientierend zu wirken.[17] Die mit Blick auf politische Traumatisierung hochrelevante Gesellschaftstheorie des bekannten Sozialphi-
losophen Axel Honneth kreist um die beiden Begriffe *Anerkennung* und
soziale Freiheit; in einer Reaktualisierung der Hegel'schen Rechtsphilosophie betont er dabei die Rolle demokratischer Institutionen.[18] Dieser Ansatz könnte auch für die Behörde der Landesbeauftragten programmatisch
sein: Sie wäre demnach als eine menschenrechtlich fundierte Institution
anzusehen, deren Aufgabe wesentlich darin bestünde, *Betroffenen schweren politischen Unrechts offizielle Anerkennung dafür auszusprechen, dass
sie mit ihrem Verfolgungsschicksal gewissermaßen die Leidensträger unserer
demokratisch-rechtsstaatlichen Ordnung sind.* Die Befunde meiner unlängst
abgeschlossenen Forschung zeigen, dass mit solch öffentlicher Anerkennung tatsächlich das Erleben einer *inneren wie auch äußeren, sozialen Befreiung* einhergeht, was in sich schon gesundheitsförderliche Wirkungen
zeitigt.[19] Sowohl für Honneth in Hegel'scher Tradition als auch Bielefeldt
in Kant'scher Tradition stellt Freiheit den höchsten gesellschaftlichen Wert
dar. Dieser Wert ist naturgemäß besonders bedeutsam für Menschen, die
politisch verfolgt und dabei oftmals inhaftiert wurden. Zu deren innerer
wie äußerer Befreiung kann und sollte die Behörde der Landesbeauftragten
für die Stasi-Unterlagen beitragen.

Literatur

Bielefeldt, H. (2007): Menschenrechte in der Einwanderungsgesellschaft: Plädoyer für einen
aufgeklärten Multikulturalismus. Bielefeld: transcript.
Bielefeldt, H. (1998): Philosophie der Menschenrechte: Grundlagen eines weltweiten Frei-
heitsethos. Darmstadt: Primus.
Frommer, J./Regner, F. (2012): Fehlbegutachtungen politisch Verfolgter: Zur notwendigen Berücksichtigung des politisch-rechlichen Kontextes. In: Bundesstiftung zur Aufarbeitung der

---

17 Pollmann (2014).
18 Honneth (2011).
19 Regner (abgeschlossen).

SED-Diktatur/Stiftung Gedenkstätten Sachsen-Anhalt (Hg.): Es ist noch lange nicht vorbei: Erinnerungen und die Herausforderungen bei der Aufarbeitung der DDR-Vergangenheit. Berlin: Metropol.

Honneth, A. (2011): Das Recht der Freiheit: Grundriß einer demokratischen Sittlichkeit. Berlin: Suhrkamp.

Keilson, H. (1979): Sequentielle Traumatisierung bei Kindern: Deskriptiv-klinische und quantifizierend-statistische follow-up Untersuchung zum Schicksal der jüdischen Kriegswaisen in den Niederlanden. Stuttgart: Enke.

Kessler, St./Welsh, J. (2006): Schützen und achten: Amnesty International und das Recht auf Gesundheit. In: Amnesty Journal, November 2006.

Neuner, F./Schauer, M./Elbert, Th. (2009): Narrative Exposition und andere narrative Verfahren. In: Maercker, A. (Hg.): Posttraumatische Belastungsstörungen. Heidelberg: Springer.

Petzold, H. G. (2012): Integrative Therapie – Transversalität zwischen Innovation und Vertiefung: Die „Vier WEGE der Heilung und Förderung" und die „14 Wirkfaktoren" als Prinzipien gesundheitsbewusster und entwicklungsfördernder Lebensführung. In: Integrative Therapie, 3.

Petzold, H. G. (2003): Unrecht und Gerechtigkeit, Schuld und Schuldfähigkeit, Menschenwürde: Ein „Polylog" klinischer Philosophie zu vernachlässigten Themen in der Psychotherapie. In: Integrative Therapie, 1, S. 27–64.

Pollmann, A. (2014): Versagte Anerkennung, verletzte Menschenrechte: SED-Verfolgung aus Sicht der politischen Philosophie. Vortrag auf der Fachtagung „SED-Verfolgte und das Menschenrecht auf Gesundheit. Die Anerkennung gesundheitlicher Folgeschäden sowie psychosoziale, therapeutische und seelsorgerische Perspektiven", 24./25. Februar 2014, Magdeburg, Roncalli-Haus.

Regner, F. (abgeschlossen): Sich-frei-Sprechen: Zur psychosozialen Bedeutung des Zugangs zur demokratischen Öffentlichkeit für SED-Verfolgte.

Regner, F. (2015): Anerkennung und Normatives Empowerment bei SED-Verfolgten. In: Trobisch-Lütge, St./Bomberg, K.-H. (Hg.): Verborgene Wunden: Spätfolgen politischer Traumatisierung in der DDR und ihre transgenerationale Weitergabe. S. 275–299. Gießen: Psychosozial.

Regner, F. (2008): Normatives Empowerment: Das Unrechtserleben bei politisch Traumatisierten aus der Sicht von Unterstützern im Therapieumfeld. Saarbrücken: VDM.

Trobisch-Lütge, St. (2006): Politische Traumatisierung in der ehemaligen DDR/SBZ und ihre Verarbeitung im (post)traumatischen Raum des wiedervereinigten Deutschlands. In: Regner, F./Heckl, U. (Hg.): Politische Traumatisierung III: Menschenrechte, Recht, Gerechtigkeit. Zeitschrift für Politische Psychologie, Jg. 14, Nr. 1+2.

212

Autorinnen und Autoren

Karl-Heinz Bomberg, Dr. med., ist Facharzt für Psychosomatische Medizin und Psychotherapie, Anästhesie und Intensivmedizin in Berlin. Er arbeitet als Psychoanalytiker in eigener Praxis, ist Dozent, Lehranalytiker, Supervisor und verantwortlich für die Öffentlichkeitsarbeit der Arbeitsgemeinschaft für Psychoanalyse und Psychotherapie Berlin (APB). Zudem ist er Liedermacher.

Doris Denis, Dr. phil., ist Dipl.-Psychologin, psychologische Psychotherapeutin, Verhaltenstherapeutin. Sie ist als Psychotherapeutin und Sachverständige für Sozialgerichte in eigener Schwerpunktpraxis für posttraumatische Erkrankungen in Berlin tätig. Von 2006 bis 2012 Vorstandsmitglied der Deutschsprachigen Gesellschaft für Psychotraumatologie (DeGPT).

Ruth Ebbinghaus ist Fachärztin für Psychiatrie und Psychotherapie, zertifizierte Traumatherapeutin und zertifizierte Gutachterin für die Begutachtung psychischer Traumafolgen im sozialen Entschädigungsrecht und der GUV der DeGPT. Schwerpunktpraxis für die Behandlung und Begutachtung psychischer Traumafolgen in Würzburg, seit 1993 Erstellung zahlreicher Gutachten zu psychischen Folgeschäden nach politischer Verfolgung in der SBZ/DDR und nach dem OEG für Opfer von Gewalt/Missbrauch.

Harald J. Freyberger, Prof. Dr. med., ist Direktor der Klinik und Poliklinik für Psychiatrie und Psychotherapie der Universitätsmedizin Greifswald am Helios Hanseklinikum Stralsund. Arbeits- und Forschungsschwerpunkte: Klassifikation, Diagnostik und Epidemiologie psychischer Störungen, dissoziative und posttraumatische Belastungsstörungen, psychiatrische und psychotherapeutische Interventionsforschung sowie Versorgungs- und Therapieforschung.

213

Stefanie Knorr ist Dipl.-Psychologin, Systemische Therapeutin und Fachberaterin für Psychotraumatologie in Berlin. Seit 2004 Mitarbeiterin der Beratungsstelle „Gegenwind" für politisch Traumatisierte der SED-Diktatur. Gründungsmitglied des Berliner Vereins „Neue Arbeitsgemeinschaft für Zeitgeschichte + Sozioanalysen e. V.". 2013/14 Mitarbeiterin im Forschungsprojekt „Zwangsarbeit in der SBZ/DDR (1945–1990)".

Wolfgang Laßleben, Dr. jur., Volljurist, Studium an der Freien Universität Berlin, Promotion an der Universität Regensburg, Referendarzeit u. a. 1996 beim Bundesbeauftragten für die Stasi-Unterlagen, ist seit 1999 bei der Landesbeauftragten für die Stasi-Unterlagen in Sachsen-Anhalt als Jurist (SED-Unrechtsbereinigungsgesetze und StUG) und Berater tätig, koordiniert seit 2001 die Beratungssprechstunden zum SED-Unrecht in den Gemeinden Sachsen-Anhalts, und ist seit 2012 im Beirat der Beratungsstelle Heimkinderfonds Sachsen-Anhalt.

Birgit Neumann-Becker, Landesbeauftragte für Stasi-Unterlagen in Sachsen-Anhalt, Studium der Theologie 1982–1988 in Halle (Saale), Pfarrerin, Religionspädagogin, Erwachsenenbildnerin und Supervisorin (DGsV). Als Schülerin Mitarbeit in der Jungen Gemeinde, als Studentin bei „Frauen für den Frieden" in Halle, im ESG-Friedenskreis sowie bei der „Aktion Sühnezeichen".

Arnd Pollmann, PD Dr. phil, vertritt derzeit eine Professur für Praktische Philosophie an der Universität Hamburg. Zuvor war er Gastprofessor an der Universität Zürich und der FU Berlin. Mitbegründer der Arbeitsstelle Menschenrechte an der Otto-Guericke-Universität Magdeburg. Mitherausgeber u. a. von „Menschenrechte. Ein interdisziplinäres Handbuch" und „Menschenrechte und Demokratie".

Freihart Regner, Dr. phil., ist Dipl.-Psychologe, Heilpraktiker für Psychotherapie, seit 2015 psychologischer Leiter des Projekts „Inter Homines > Brandenburg" für traumatisierte Flüchtlinge. Von 2010 bis 2014 Durchführender des Projekts „Psychosoziale Beratung für SED-Verfolgte", in Verbindung mit der Landesbeauftragten für die Stasi-Unterlagen in Sachsen-Anhalt sowie der Universitätsklinik für Psychosomatische Medizin und Psychotherapie in Magdeburg.

Johannes Rink ist Landesvorsitzender der „Vereinigung der Opfer des Stalinismus (VOS)" in Sachsen-Anhalt. Im Oktober 1961 wurde er wegen „staatsfeindlicher Hetze" festgenommen, weil er sich offen gegen den Mauerbau ausgesprochen hatte. Nach seiner Verurteilung zu vier Jahren Haft wurde er im Oktober 1965 in die DDR entlassen, durfte aber nicht mehr in seinem Beruf als Hochseefischer arbeiten. Weil er den Wehrdienst verweigerte, wurde er 1973 erneut inhaftiert. Seine mehrfach gestellten Ausreiseanträge wurden nicht genehmigt.

Matthias Schützwohl, PD Dr., ist Dipl.-Psychologe an der Klinik und Poliklinik für Psychiatrie und Psychotherapie am Universitätsklinikum der TU Dresden und leitet dort die Arbeitsgruppe „Psychiatrische Versorgungsforschung". Er beschäftigt sich seit vielen Jahren wissenschaftlich mit den psychischen Folgen potenziell traumatisierender Erfahrungen und ist in diesem Bereich auch regelhaft gutachterlich tätig.

Carola Schulze ist Germanistin und Religionswissenschaftlerin. Seit August 2015 tätig bei der Beauftragten des Landes Brandenburg zur Aufarbeitung der Folgen der kommunistischen Diktatur (LAkD), Beratung von Opferverbänden zur Projektförderung sowie zum Härtefallfonds für ehemalige politisch Verfolgte im Land Brandenburg. 2007 bis 2015 tätig in der Geschäftsstelle der „Union der Opfer kommunistischer Gewaltherrschaft (UOKG)" in Berlin, Schwerpunkt Veranstaltungsorganisation sowie Beratung ehemaliger politisch Verfolgter im Kontext der SED-Unrechtsbereinigungsgesetze.

Carsten Spitzer, Prof. Dr. med., Facharzt für Psychiatrie, Psychotherapie und Psychosomatische Medizin, Ärztlicher Direktor des Asklepios Fachkli-

nikums Tiefenbrunn. Arbeits- und Forschungsschwerpunkte: Psychothera-
pieforschung, Dissoziation und dissoziative Störungen, Psychotraumatologie und Epidemiologie.

Curt Stauss ist Pfarrer und Beauftragter des Rates der Evangelischen Kirche
in Deutschland für Seelsorge und Beratung von Opfern der SED-Kirchen-
politik, theologisch und seelsorgerlich mit Versöhnungsarbeit beschäftigt
und im Institut für Diktatur-Folgen-Beratung tätig. Von 1986 bis 1999 im
Präsidium des Kirchentags tätig, Gemeinde- und Hochschul- und Studen-
tenpfarrer in Merseburg. Mitherausgeber der Zeitschrift „Evangelische
Theologie".

Stefan Trobisch-Lütge, Dr. phil., Diplom-Psychologe, Psychologischer Psychotherapeut, Psychoanalytiker, Traumatherapeut (EMDR), Lehrtherapeut
am PPT Berlin. Er ist Mitbegründer und seit 1998 Leiter der Beratungsstelle Gegenwind für politisch Traumatisierte der SED-Diktatur in Berlin und
niedergelassen in freier Praxis. Zahlreiche Veröffentlichungen zum Thema
politische Traumatisierung in der DDR sowie zur transgenerationalen Weitergabe von Verfolgungserfahrungen.